4D领导力
四维领导者深度训练课

（英）艾伦·沃特金斯 著　张成羽 译

4D LEADERSHIP
Competitive Advantage
Through Vertical Leadership Development

化学工业出版社
·北京·

4D Leadership: Competitive Advantage Through Vertical Leadership Development

Copyright © Complete Coherence 2016

This translation of 4D Leadership is published by arrangement with Kogan Page. All rights reserved.

本书中文简体字版由 Kogan Page 授权化学工业出版社独家出版发行。

本版本仅限在中国大陆（不包括中国台湾地区和香港、澳门特别行政区）销售。未经许可，不得以任何方式复制或抄袭本书的任何部分，违者必究。

北京市版权局著作权合同登记号：01-2018-8582

图书在版编目（CIP）数据

4D 领导力：四维领导者深度训练课 /（英）艾伦·沃特金斯（Alan Watkins）著；张成羽译 . —北京：化学工业出版社，2019.7

书名原文：4D Leadership: Competitive Advantage Through Vertical Leadership Development

ISBN 978-7-122-34296-6

Ⅰ. ①4… Ⅱ. ①艾… ②张… Ⅲ. ①领导学 Ⅳ. ① C933

中国版本图书馆 CIP 数据核字（2019）第 069411 号

责任编辑：王冬军　葛亚丽　　　　　装帧设计：水玉银文化
责任校对：宋　夏

出版发行：化学工业出版社（北京市东城区青年湖南街 13 号　邮政编码 100011）
印　　装：三河市双峰印刷装订有限公司
710mm×1000mm　1/16　印张 16　字数 250 千字　2019 年 7 月北京第 1 版第 1 次印刷

购书咨询：010-64518888　　　　　　售后服务：010-64518899
网　　址：http://www.cip.com.cn
凡购买本书，如有缺损质量问题，本社销售中心负责调换。

定　　价：49.80 元　　　　　　　　　　　　　　　　版权所有　违者必究

导　言

第一部分　"做"的客观世界

第 1 章　不断升级的领导力挑战
商业的前世今生 // 005

向股东价值的倾斜 // 009

由现实市场收益向预期未来收益的灾难性转移 // 011

技术的加速发展 // 014

VUCA 环境中的危机与机遇 // 017

在"它"这个维度过于看重一维模式的结果 // 019

责任病毒 // 020

巴克鲁式管理 // 023

第 2 章　"它"维度的垂直发展
绩效曲线 // 026

绩效管理通常会受到才能误测的干扰 // 029

领导行为评估时常见的陷阱 // 033

发展行为线的垂直提升 // 035

11 种绩效驱动行为 // 035

11 种行为中的能力等级 // 039

发展绩效驱动行为与行为构建 // 045

增加"它"外部世界的有效性 // 046

积极压力和极性管理 // 047

合弄制管理或有效的管理 // 051

工作关系分析 // 057

行动步骤 // 063

第二部分 "存在"的主观世界

第 3 章 "我"维度的垂直发展

综合性能模型 // 068

领导力是一项内在能力:"我"的力量 // 071

领导力中生理学的角色 // 072

把连贯性作为垂直发展的跳板 // 076

如何培养"我"维度的内部世界 // 079

生理技能 // 082

个人技能 // 090

行动步骤 // 110

第 4 章 成熟度中尚未开发的潜能

身份与"意义疾病"// 115

救赎之路:忘记、转移注意力,还是成熟 // 118

成人"自我"的成熟度 // 120

从孩童到成年人再到成熟的成年人 // 122

领导力成熟度分析 // 124

专注于最重要的事情 // 156

行动步骤 // 158

第三部分　无处不在的人际关系世界

第5章　"我们"维度的垂直发展

我们与别人的关系定义我们是谁 // 163

人际关系是一个棘手的问题 // 165

价值体系发展的螺旋动态化 // 167

使用螺旋动力学来更好地了解自己和他人 // 180

如何建立"我们"维度的人际关系世界 // 182

MAP 技能 // 185

欣赏别人的技巧 // 189

行动步骤 // 190

第6章　"我们"维度中成功关系的秘诀

视角选择 // 193

自我成熟与视角选择 // 196

第二人称视角稀少的原因 // 198

进入第二人称视角 // 201

领导行为与视角选择 // 203

团队发展 // 206

有效反馈 // 210

意图与影响 // 211

MAP 技能和关系缓冲 // 212

反馈的维度 // 213

定制反馈 // 214

重新审视网络分析 // 215

行动步骤 // 218

结语 // 221

参考书目 // 225

导　言

在一家坐落于英国郊外连绵起伏山丘上的高档酒店里，我站在四壁橡木镶嵌的图书馆中，向外俯瞰是锦标赛高尔夫球场。和我在一起的是来自一家非常成功的跨国集团的12名执行董事会成员。他们每一个人看起来都非常困惑。

我正在与他们探讨领导力的多维性问题。刚开始，我让他们在活动挂图上写下他们一整天的工作。这个要求很简单，这些高管迅速写了满满一页的内容，如战略、营销计划、绩效管理、推动顶线收入、达到底线目标的成本管理、目标设定、确定衡量主动性成果的指标，等等。让这些高管们列出他们全天"做什么"还是相当简单的，因为他们本来就生活在"行动""任务"和"做列表"的客观理性世界中。事实上，"做"是大多数高管几乎时时刻刻考虑的事情。这不是造成他们困惑的原因。困扰他们的是一个另外的问题："你能记下每一天发生在你内部的事情，内在的现象吗？"

聚集在这里的都是非常聪颖、经验丰富的商界专业人士，然而他们甚至似乎不明白这个问题是什么意思，更别说给出一个清晰的答案了。于是我决定给他们一点提示。我开玩笑说："你们应该都知道某种叫作'思考'的奇怪现象。"每个小组都在活动挂图上写下"思考"，然后脸上再次出现困惑的表情。所以我再次提示他们："也许你们还听说过一种叫作'情感'的奇怪东西吧？""啊，当然知道。"有人答道。有几个小组甚至开始写一份具体的情感列表。我提醒他们，他们写出来的都是一回事，写得再具体也不会有额外的奖励。这次沟通又失败了，他们无法想出其他的答案。"好吧，别管那个了。把纸翻过来，在上面写下你和其他人之间发生的一切事情。"所有人再次陷入混乱之中，只是没有刚才那么严重罢了。有几个小组给出了几个答案。"你是指信任和同情之类的东西吗？""是的，没错。"我鼓励道。但是在写了三四个词之后，这些人就没什么可写的了，整页纸几乎是空白的。

当将这些活动挂图页面放在一起时，房间里的每个人都清楚地看到，他们的个人和集体的管理焦点几乎完全是放在"做"的维度上。而另外的"存在"或"关联"的两个维度实际上是空白的。当我提醒他们这些内在现象的答案可能是身份、道德、美德、意识、自己、伦理、自我等，他们都立即意识到，实际上他们可以说出很多事情，但这些概念却并没有自发地出现在他们的脑海里。同样，当我提及一些人际关系的概念，如融洽、团队合作、一致性、错误看法、归属、文化和价值观时，他们再次意识到了这些概念的存在。

我曾多次与不同的管理团队做这个训练，得到的结果都是相同的。在商业界，我们是"人类行为"而不是"人类"。大多数领导者和管理者几乎花费所有的时间专注于他们在业务中需要做什么，但很少花费时间思考他们是谁或者如何与他人互动。

在商业界，领导者和管理者关注的几乎总是外在的有形世界，而不是他们的内心世界。这很有意思，因为如果你问大多数领导者他们是否认为他们的道德标准会改变他们所做的事情，他们也承认道德和伦理会对他们的所作所为造成巨大的影响。然而，这些发生在他们内心的事情却几乎被完全忽略了。

当我问及他们团队成员之间的关系是否会影响到团队完成工作的能力时，大多数领导者都表示完全认同。人际关系的动态变化对任何战略或计划的结果都会带来显著的差异，然而这种人际关系情况却经常被最小化、忽视或被认为是无关紧要的。

他们没有充分意识到领导力的多维性，也没有认识到除了"做"之外还有其他对于商业成功至关重要的方面。因此大多数领导者完全错过了这些其他方面原本会给他们带来的丰厚回报。这本书就是要对这些不同维度进行探讨，如果能够正确了解它们，它们就会带来长期的、压倒性的竞争优势，并切实有效地推进我们业务的进一步发展。

三个维度

在《连贯性：精英领导的成功秘诀》（*Coherence: The Secret Science of brilliant leadship*，Wakins，2014）一书中，我阐释了一体论哲学家肯·威尔伯（Ken Wilber）如何将整个人类经历划分为三个维度，即客观的"它"、主观的"我"和人际关系维度的"我们"。

对于任何事情都会产生成百上千的理论，包括领导力。威尔伯刚开始是想看看是否有可能构建一个"关于一切的理论"（2001）。结果他发现大部分理论往往只关注一个象限，而所有的理论，不管是关于领导力、管理实践、哲学、心理学、精神、生态学，还是其他任何学科的，都可以放置到他的现实四象限模型之中。正如最初所描述的那样，这个四象限模型将个人和集体所能够经历的内在变化与外部经验区分开来。因此，它描述了领导者个人和团队，以及各自的内部和外部现实（见图1）。

威尔伯的目标是提供一个能让我们理解现代世界复杂性的框架，并最终创造一个整体理论。与其他任何单一理论相比，这个一体论更具包容性，能够更准确地阐释现实。在与来自世界各地的多个市场部门的领导者合作之时，我们调整了威尔伯的四象限模型，把它逆时针旋转90度，使其成为三维，并将领导者置于我们称之为领导力启蒙模式（Enlightened Leadership Model）的中心，我们发现，这更符合这些领导者是如何审视自己的（见图2）。

我-I （个体内部） 自我和意识-无形 （如思考、感觉、情感及意识）	它-IT （个体外部） 行为和方法 （可见行为）
我们-WE （集体内部） 文化和世界观	它们-ITS （集体外部） 社会体系和环境

图1　肯·威尔伯最初的用于商业的AQAL（All Quotients All Levels）模型

图2　领导力启蒙模式

自2010年以来，我和我的同事已成功地和500位全球执行总裁进行了领导力启蒙模式的"实地测试"，其中包括在伦敦证券交易所上市的最大100家公司中的70家公司，以及来自印度和中国的最佳执行总裁，另外还有财富500强中的杰出人物（Tappin, Cave, 2010；Tappin, 2012）。我们特别研究了这个模式是否确切地向这些领导者展示了现实，以及他们是否注意到这个模式中没有包括的内容。事实上还真没有,他们参加的每一次会议,每时每刻,每一种活动,注意到的每一件事情,都毫无例外地包含在这四个象限之中。

乍一看,这可能像另一个毫无意义的学术理论,你可能对自己说:"这又能说明什么?这与领导力或商业或帮助我获得我想要的结果有什么关系?"答案是它与所有一切都有关系。当你了解到这个模式之外没有其他任何事物存在时,你所面对的每一种情况、挑战或场景都会立即落入这四个象限中的一个象限或象限组合,或者更简洁地说就是"我"(存在,左下象限)、"我们"(关联,右下象限)或"它"(做,右上和左上象限)这三个维度。这种划分可以明显提高个人找到合适而有效的解决方案的机会。

这种模式为我们提供了一个非常强大的方式来审视复杂的问题,包括有关领导力的问题,因而我们可以了解领导者为什么起作用或他们为什么不起作用。此外,这种模式已经完全得到我们客户的认可,因为相对于其他有关领导力的诠释方式,它更好地解释了他们在业务中实际经历的一切。

领导者站在他们"重力网格"的中心,关注他们的业务和他们所处的环境。商业领袖的成功与失败取决于他们的业绩,所以他们关注外在的客观世界和自己正在做的事情是正常的。因为期待值总是很高,而居于顶端的领导者如果没有达到预期的业绩也就意味着职业生涯的结束,所以大多数领导者花绝大部分时间专注于外部世界的'它'也就不足为奇了。无论是侧重短期商业表现的左上象限或侧重长期市场领导地位的右上象限都是如此。无论侧重哪种方式,商业领袖和高级管理人员都生活在"它"的维度之中,因为这是人们对他们进行评判的依据。

当我们试图在一个充满了不断增加的易变性(Volatility)、不确定性(Uncertainty)、复杂性(Complexity)和模糊性(Ambiguity),即 VUCA 的世界中与别人进行竞争时,大多数领导者时刻在努力达到和超越越来越多的目标。为了努力提高业绩和业务发展,领导者几乎完全在"它"维度上竞争。例如,他们可能去追求更高的运营效率或转移战略,他们可能决定开拓一个新市场,开发新产品或进行兼并和收购，所有这些行为都是为了推进企业发展而采取的传统途径，而且都属于"它"维度。虽然这个维度仍有许多需要改进的空间，但只是专注于你正在"做"的事情或试图通过比你的竞争对手"做得更好"来脱颖而出变得越来越困难。这样的商业优势很难找到，而且得到这种优势所要付出的代价也是非常昂贵的。但事实是"它"维度并不是唯一的维度。我们只是没有意识到这个问题，因为我们很少停下来回头审视自己。

破坏性的竞争优势

正常来看，在我们的左面，是内在的、强调个人主观表现的"我"维度；而在我们的右边就是关于人际间个人领导力的"我们"维度。在过去的 20 年里，我们已经见证了通过对那些我们很大程度上忽略了的"我"和"我们"的维度进行一些少许有针对性的改进，是可以较为容易而且低成本地逐步改变个人、团队和组织的业绩的。

不幸的是，我们中的许多人，特别是经验丰富的企业高管，仍然坚信，激励性成果和业务增长基本上是关于外部的"它"维度中的目标、指标和计划，而对于其他维度的潜力的了解几乎是微乎其微的。

但是简单想一想就明白了——你是在生气、沮丧的时候会有更好的表现，还是在专注和热情的时候会有更好的表现呢？如果你正要参加一个重要会议时收到了坏消息，你是否发现自己一整天都心神不宁？难道你真能够把它搁置一旁，不受任何影响？我们到底是什么"状态"，从根本上改变的不仅是我们在"做"什么，而且也改变了我们如何"做"。同样，当一个企业的各个部门都是独立运营，而相互之间的职能关系是建立在业务而不是信任的基础上的时候，那么这个企业是很难取得辉煌业绩的。不同部门之间的关系如何，甚至同一部门内个人之间关系的好坏也会影响我们完成事务的能力。价值观和成熟度也能完全改变领导力行为。融洽的关系和团队协作是企业必不可少的要素，如果一个团队中的人彼此尊重和理解，那这个团队总是更有效率。

然而，当我们试图改善我们的业务时，我们几乎总是把我们所有的时间和精力投入到改变组织结构、更新工作流程、重新制定策略和重新规划要优先处理的事情的清单上，而不是从根本上分析人际关系的现状，并思考如何去逐步改变我们与周围人的关系质量。这样的问题往往被视为矫情的废话、太难或无关紧要。再加上我们总是急于"着手做该做的事情"，我们不会经常进行自我反省。其结果就是，"我"和"我们"的维度几乎完全被忽略掉了。

如果我们要获得领导力启蒙模式所表述的现实多维本质中固有的竞争优势的话，我们必须意识到我们在这个理性的、客观的世界中进行的一切努力，实际上是建立在"我"这个主观的、内在的世界之上的（包括生理、情绪、情感和思想）；而我们想做的任何事情，如果想要取得成功，都需要有高品质的人际关系、高绩效的企业文化、彼此信任的伟大团队以及在"我们"维度上的与客户和员工的良好关系。只有这样，我们才能在客观的外部世界的"它"维度上创建出可持续的正面影响。归根结底，战略是否卓越或短期结果是否不错根本不重要，如果没有人喜欢、信任或尊重领导者，这些东西永远不会让员工为之去自主地努力，最后还是极有可能以失败告终。

一维和四维

大多数的企业领导者在职业生涯中都是注重"它"的短期维度（见图 2 左上象限），因此对如何"做"这个领域里的很多工作都已经得心应手了。他们经常忙于"做事情"，以至于可能完全忽略了自我状态。更糟糕的是，几乎很少有人试图去培养自己在更深层的"人际关系"这个维度上的能力。结果导致很少有人全身心投入到工作之中，因而只能过着不完整的、碎片化的一维的生活。对于我们大多数人来说，被定义为一维都会感觉是一种侮辱，但在这个语境中，我们实际上是在讨论我们能够主动意识到并能够有效进行操作的维度的数量。这并不是侮辱，仅仅是一种个人状态的描述。

当我们只是调动了我们真正潜力的一小部分的时候，我们也只是经历了我们真正能够做到的一小部分。很明显如果我们仅仅是展现出我们的一小部分，也许是我们认为它是最合适的或被期待的那部分，进而把其他的都遮蔽起来，那我们永远也无法成为真正意义上的领导者。真正强大的领导者总是把自己完全地展现给他人，也正因如此，他们才成为真正强大的领导者。

一维的表现将始终带来一个次优的结果，但不一定只有生意人遭遇一维这个次优的结果。有些人因为外界的贪心、贪婪和不平等而选择不去在意"做"的维度，在他们看来，这是一个充满了自我和自私的资本主义世界。因此他们转而追求更"高尚"的内在沉思和精神发展的生活。他们实际上是在转向发展"我"这个内在的层面。他们经常拒绝商业活动，强烈谴责商业活动中经常存在的物质主义。他们的精神洞察力可能已经得到高度磨炼和发展，但正如一个首席执行官最近对我说的，这样的人可以活到 120 岁，但是他们又帮助过谁呢？他们在这个世界上除了自己之外又有什么建树呢？这样单焦点的内部探索和其他任何一个牺牲了自己的健康、人际关系和环境而完全专注于外部"做"的世界的企业领导者一样，都是一维的。

同样，还有一些人，往往是那些关爱行业、非营利组织或服务行业的人，他们选择沉浸在"我们"这个以人际关系为中心的世界里，把他们的生活奉献给某种或另一种服务。这些人常常把别人的需求放在他们自己的需求之上，甚至到要把自己累到病倒的程度。他们不能充分照顾自己的"存在"，而是牺牲他们自己的需求去为他人服务，为了所有其他人而不是他们自己。这在那些为了照顾孩子而失去自我的母亲身上是一个相当普遍的现象。她们往往在 20 年后孩子离开家时才发现，除了她们全身心投入的"母亲"这个角色之外，她们再也不知道自己到底是谁了。

具有讽刺意味的是，一个专一的企业管理人员、一个精神追寻者和一个关爱行业人员可能看起来完全不同，过着完全不同的生活，但是他们都犯了同样的根本性错误——他们的生活很大程度上是在某个单一维度上的。

我们的观点是，为了使我们成为一个能够完全发挥自身功能的人，我们需要把我们的"全部"投入到我们的日常生活中，而不仅仅是"碎片化的我们"。我们需要在所有的三个维度——"我""我们"和"它"——都能够做到更好。但实际上发挥我们真正的潜力需要我们超越在各个维度上的能力，需要垂直发展和提升所有这三个维度。

这种垂直发展是至关重要的"第四维度"（4th dimension）。在所有三个维度中提升我们的高度才能使我们成为 4D 领导者（4D leaders，即四维领导者）。通过深入了解每个维度与其他维度之间如何相互影响及相互作用，我们可以进一步创造一个连贯的四维生活。

让我们把每一个维度看成一个堆栈或塔。作为能够使事情成功的"实干家"，任何一个坚定的商界领袖都可能已经验证了"它"这个维度的垂直性。但他基本上是一维的，因为他内在世界的"我"和把他与其他人关联起来的"我们"只是得到了最低限度的发展。这就像很多经理人在"做"这个角度已经建造了哈法利塔（位于迪拜，世界第一高塔），但在"存在"这个角度却是一个水泥停车场，在"交互"的角度还仅仅算是一个弹出式帐篷［见图 3（a）］。

精神追求者可能拥有惊人的个人控制力，并在"我"维度培育出一种清净而安宁的心灵。他们可能是有造诣的"大师"，能够敏锐地洞察人类的状况。在那个维度也可以很好地垂直发展，但他们在"它"和"我们"这两个维度的有限发展使他们看起来和现代社会格格不入［见图 3（b）］。

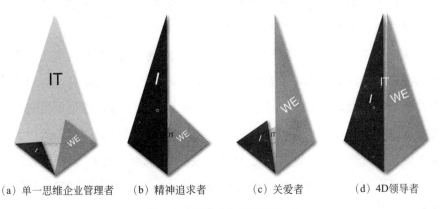

（a）单一思维企业管理者　　（b）精神追求者　　（c）关爱者　　（d）4D领导者

图 3　一维模式的变化形式

另一方面，关爱者在"我们"这个维度可能会得到更好的垂直发展。他们可能非常善解人意，关注他人，享受成功和高效的人际关系，但如果他们在"它"和"我"这两个维度只得到了有限的垂直发展，那么他们永远不会充分发挥作为一个富有同情心的个人的潜力［见图3（c）］。

卓越的领导者了解所有三个维度并在它们之间自如转换，垂直发展每一个维度。他们也是主要在客观的"做"（它）这个维度被驱动向前。但同时他们认识到，"存在"这个主观世界（我）会影响他们在客观世界中的表现，所以他们学会了如何管理和利用自己内心的力量，使自己在外面行动的领域中表现出色。他们明白，任何一件事情都不是一个人能够独自完成的，因此他们在意建立一个有效的人际关系（我们）。当我们在"我""我们"和"它"这三个维度中的每一个方面都得到了垂直发展的时候，我们就获得了真正的领导力［见图3（d）］。

"它""我"和"我们"的垂直发展

大多数大型企业都有人力资源培训部门负责设计和实施员工发展计划。实际上员工的发展有两种类型——横向和纵向。水平（横向）发展是获取技能、知识和经验（"学习"）。显而易见，学习是重要的，因为领导者需要与他们角色相关的技能，他们需要对各种因素或业务问题有所了解，他们需要在许多方面做到纯熟，但学习不是发展。

在近20年与跨国公司合作的过程中，我们注意到，很少有人力资源培训部门能够明确区分这两者。很少有公司将学习过程与发展提升区分开来。这里并不是贬低培训部门或其中辛勤工作的专业人士，这仅仅是通过观察培训部门在大多数企业中的发展过程得出的结果。大多数公司的培训部门往往侧重于更容易实现的"学习过程"，而不是关注更具挑战性的"发展提升"。

水平学习就像是把小餐盘换成移动大餐盘，而垂直发展则像一整堆的大餐盘。显然，技能、知识和经验对生产力和绩效来说非常重要，但它们不会在三个维度上得到垂直发展。因此，在很多公司里，我们会大谈高管需要扩大"学习曲线"并获得他们在新工作中行之有效的技能。例如，当任命一名新的首席财务总管的时候，我们可能会去了解他或她是否拥有必要的投资者相关经验，或者足够的国际经验以及必备的技能来做出业绩。他们对市场有足够的了解吗？所有这些都非常重要。

但是我们很少评估的是领导者的成熟度。相比于他们的经历来说，我们更关注于他们所知道的知识。我们一直没有考虑他们将学习转化为发展的能力是不是很强。这主要是因为衡量知识、技能和经验要容易得多。确定领导者的价值观或成熟度是非常棘手的。

然而，在快速变化的 VUCA 世界中，发展提升，而不是学习本身，能够带给我们真正的竞争优势，只要我们自己不断提升能力，注重"我""我们"和"它"三个维度的垂直发展，便会将绩效提升到新的层次。它与学习是截然不同的，这两个概念是不能混淆的。学习可能会让我们变得更加老练，但是垂直发展可以显著提升更高层次的能力，进而逐步改善绩效。学习像是"增加更多的应用程序"，但垂直发展却像升级我们的操作系统。

也许考虑两者之间差异的最好方法是思考一下一个 6 岁儿童的生活。如果你问一个 6 岁小孩子："4 乘以 x 等于 16，那 x 等于多少？"他们甚至不明白这个问题是什么意思。这是因为他们的前额皮质还没有充分发育，无法以抽象的方式进行思考。然而，如果你问一个 12 岁的孩子，他可能会告诉你 x 等于 4。前额皮质在 12 岁时发展得更加完善，这种发展大大增强了认知能力、大脑处理速度，并且提升了抽象思维能力。这时我们才可以说孩子理解代数方程式的能力已经"在线"了。年龄大的孩子拥有 6 岁孩子不会有的能力和成熟度。同样，垂直发展也正是为领导者提供了这样的跨越式提升。我们有理由相信，我们在儿童时期经历的这种发展仍然可以在成年时期得以继续，从而让我们能够在当今复杂的世界中蓬勃发展。不幸的是，很少有领导人去"升级自己的个人操作系统"，主要有以下 4 种原因：(a) 他们太忙；(b) 他们不知道可以升级；(c) 他们不了解升级的相关性和影响；(d) 即使升级了，他们也不知道该怎么办。

如果你有自己的孩子，或花了很多时间研究孩子发育，你会注意到，大多数 14 岁的孩子在成人世界中的表现都很好。在晚宴上把他们介绍给你的朋友，他们可以在一个对话中建立自己的网络和人脉。达到这一能力水平后，一个 14 岁的孩子不太需要进一步发展了，也就是说 14 岁以后，年龄肯定是在不断变大，他们会学习新技能，在大学或在工作中获得新知识以及与他人交往的经验，但他们并不一定会自动地发展成为成年人。

因此，许多高管可能对各种商业活动非常了解。我们可能经历过各种各样的市场周期、文化挑战并到过很多地方，我们可能会了解很多事情——但这一切都是学习，而不是发展。因此，我们可能是 40 岁或 50 岁，但实际上在内心里我们仍然是 14 岁。这就是为什么在公司上层我们会看到这么多的权力斗争、无理取闹、发脾气、欺凌，以及其他一些我们认为更应该发生在学校操场上的事情，而不应发生在公司的会议室里。有时这种缺乏发展体现为以自我为中心的自恋行为（Farbrot, 2014）或狂妄自大（Garrard, 2013）。

毫无疑问，领导者的纵向发展是企业未来成功的唯一的最大的决定因素，反过来说，它也是影响企业增长的最大障碍。这种发展的缺失才是企业失败的核心要素。最近的研究表明，一个领导者的成熟度越高，他推动公司转型的能力就越大（Rooke and Torbert, 2005）。

毫无疑问，我们轻易就定义为天赋的东西其实是发展。换句话说，我们认为某些人与众不同是因为他们天生就有天赋或特殊能力，而实际上这些人只是得到了更多的垂直发展——他们正在使用更加复杂的"操作系统"。他们能够更多地了解自己到底是谁。高绩效者（有才能的人）在高度复杂的工作中（Hunter, Schmidt and Judiesch, 1990 年）比普通人提高了 48% 的绩效；而优秀领导者创造的经济价值是平庸领导者的 3 倍；而杰出的（有才能的）领导者创造的经济价值也远远多于好的领导者（Zenger and Folkman, 2009），因此垂直发展显然是任何企业中拥有左右大局的人才以及持续提升绩效的关键。

当领导者垂直发展成为四维领导者时，他们可以开启全新的能力水平，进而改变绩效。他们通常更加精力旺盛，更具抗压性，也更不容易疲惫不堪。他们的领导能力不断提升。从心理角度来说，他们更加富有经验，能够从多个层次来理解事情的复杂性和极端性。他们是系统思想家，可以理解他们公司内外因素的相互依存关系。他们高度的自我意识意味着他们通常更容易接受信息，也能够理解自己的观点有可能是片面的。因此，他们经常好奇，特别是关于自己进一步发展的方面。

尽管当今世界是复杂的和模棱两可的，但我们还是都有潜力成为领导者的，只要我们注意升级我们的"操作系统"，而不仅仅是以技能和经验的形式添加更多的"应用程序"。我们需要得到垂直发展。在这个 VUCA 世界里，唯一的出路就是向上发展。

作为个人、团队和企业，我们需要在水平和垂直两个方面都得以发展和提升。我们有多种方法可以做到这一点，究竟如何做取决于我们所在的企业类型。但是，在过去 20 年中，我们得出与大多数企业都相关的 8 条企业发展主线（见图 4）。这 8 条主线借鉴了非常丰富的关于成年人发展的科学文献，它们是独立的但又是相互关联和递增的。它们促进了所有三个维度的垂直度——"我""我们"和"它"。这本书很实用，同时也是使我们成为四维领导者的理论指导。

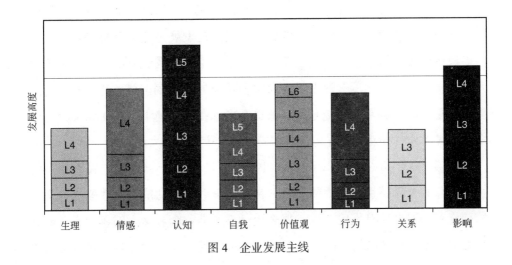

图 4　企业发展主线

在第1章和第2章中,我们将探讨大多数人最熟悉的——"它"维度。这是"做"的可观察的外部世界。大多数高层领导者会在这个维度上花费绝大多数时间,第1章将解释这种现象的原因。第2章分析"它"维度中真正重要的发展线——行为,以便我们知道要成为一个更有效的领导者并甩开竞争对手应该侧重哪些行为。严谨的研究已经表明,在复杂的动态业务中,只有11种行为在生产力和绩效方面起到真正重要的作用。第2章还探讨了整体治理作为推动业绩和网络分析的一种方式,了解在公司运营中真正功能性的、情感性的领导力网络,而不是公司规划中凭空设计出来的期待性的逐步改变的结果。

第3章和第4章探讨了"我"这个维度,也就是自我内在的主观世界。在商业界,这个维度几乎完全被忽略掉了,但是这个维度在制造突破性的竞争优势上具有极大的潜力,并且还可以验证任何业务未来发展的能力。具体来说,第3章将探讨3个内在的发展主线——外在的、认知的和情感的。关于业绩人们总是有太多的困惑,是什么原因导致的呢?又是什么阻碍了它呢?这些主线将会提供一个全新的对这个主题进行更全面理解的角度。你将学到简单而实用的手段,以帮助你提高能量水平(不改变饮食习惯或去健身房),并在最需要的时候获得最好、最有创意的思维。你也会感受到真正的情感——而不是长久以来别人一直告诉我们的情感——所以你可以控制你的精力,增强你的情商、恢复力和感性意识。当你在发展过程中有追随者时,这些手段还将帮助你增加参与度。第4章详细介绍了自我成熟度。我们在领导力方面谈"自我成熟度"这个话题通常会让领导者感到困惑,甚至有人会感觉被冒犯,但是如果我们能充分理解这个概念在此语境下的真正意义,这种发展方式将具有推动迅速提高业绩和公司全面转型的巨大潜力。

在第5章和第6章中,我们将探讨"我们"维度,或者说"关联性"的相互依存的人际关系。一个领导者只有具有吸引人追随的品质才能成为真正的领导者。如果没有人追随他,那么他只不过是一个名义上的领导者。能够发展强大而富有成效的人际关系的能力,对于我们在生活的各个方面的成功都是至关重要的。因此,第 5 章将探讨发展过程中价值观的重要性。当我们对自己的和周围人的价值都有更好的认识的时候,分歧和烦恼就会消失,因为我们能够更好地理解对方的观点,改变我们的沟通方法,从而更快地解决问题。最后,在第 6 章中,我们将介绍领导力发展的各个维度之间的关联性和相互作用。我们将分析第一、第二和第三人称视角的重要性,同时讨论如何建构健康的、实用的和富有成效的关系。我们也将重新进行"关联性"分析,讨论如何充分利用你现有的业务关系对你生活中的所有领域产生更大的影响。

从第 2 章开始,还将有"行动步骤",以便提醒你需要采取的行动以及需要进行的练习,以便于在所有三个维度上都得到垂直发展。如果你阅读并根据这些操作步骤采取行动,那绝对会改变你所在企业的竞争力。

最重要的一点是:我们要认识到,成年人的发展不是线性的,各个维度的发展并不总是平行的,也不是连续的。每个人都是不同的,因此每个领导者的发展过程也是不同的。但无论你是一个经验丰富的高层领导者,试图找寻新的突破口以便从激烈的竞争中脱颖而出,还是一个人力资源部的专业人士,希望能够更有效地实施公司的培训计划,抑或是一个新任领导者,只要这 8 条重要主线一起发展就可以推动 4D 领导力(4D leadership,即四维领导力)的发展,并将对你的绩效和成果产生深远的影响。但更重要的是,作为全方位的四维领导者,这些发展会对你的健康、幸福和事业成就产生深刻影响。

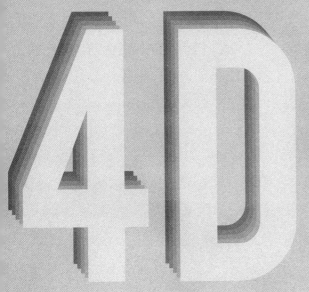

第一部分
"做"的客观世界

第1章
不断升级的领导力挑战

一个星期五的下午，我接到一位公司执行总裁的电话，说他非常担心他的首席运营官，"我认为他正处于某种崩溃的边缘"。这两位领导者曾一起非常努力地合作奋斗，在极端困难的情况下把公司扭亏为盈。他们在承受着相当大的财政和媒体压力下，带领公司度过无数竞争者、市场及运营的挑战。这位首席运营官是一个非常有能力的领导者，一个真正辛勤工作的人，真正地发自心底地想为公司做好工作。他最近正在为了工作不断加班，但却似乎毫无进展。正因如此，他变得越来越沮丧，开始觉得自己辜负了其他人的期望，并因为自己个人的能力没有给公司带来很大的发展而感到十分懊恼。幸运的是，我们很快对他进行了干预，并设计了一个项目让他及时调整，他得以继续努力并给公司带来转机。

不幸的是，这些关于领导层压力的故事不是孤立事件。跟得上随时都在发生的变革步伐是"现代商业游戏"的一部分，在任何领域中都存在，而且是大多数高管必须面对的艰巨挑战的一部分。大多数领导者都感到时间不够用，不得不长时间工作以便完成巨大的工作量，因此他们随时携带一个长长的、永无休止的"待办事项"清单。管理团队总是无休止地纠缠于公司的优先事项，权衡各种跨职能部门之间的关系，并努力在成本降低、客户价值和利润率之间取得平衡。其实，如果他们能够将自己的"待办事项"清单缩减到自己真正可操控的范围内，那么他们将有真正的机会去实施他们的策略，给股东带来所承诺的回报，满足市场需求并通过其长期激励政策或奖金来获取巨大的报酬。

大多数高层管理人员所承受的压力是非常大的。在复杂的跨国企业中，以这种强度工作就要付出代价了。这些高层领导者通常付出的代价就是牺牲个人的健康或家庭关系，因为他们很少见到自己的父母、配偶和子女。2014年，穆罕默德·埃尔·埃里安（Mohamed El-Erian）就是因为这个原因而放弃了太平洋资产管理公司的首席执行官职位。他这样做的原因是，一天晚上，他让女儿刷牙，并提醒她说她应该每天都按部就班地按照他说的去做，而不是必须得多次提醒。他的女儿随后拿出她之前写的一封信，信里列出了22件她让他做但他一直没有做的事情。在单子上写的22件事都是他在这一年错过的很重要的事情，包括一个家长会、万圣节游行和她第一天上学。这封信让埃尔·埃里安重新思考了自己最应该优先做的事情是什么，于是他从公司辞职，以求花更多的时间和家人在一起（Thomas，2014）。

由此，公司本身付出了惨重的代价，如策略失败、决策失误和丢失市场份额等。其实这种案例在商业界很多，比较典型的例子还有高档珠宝商拉特纳斯（Ratner），它就因为当时的首席执行官杰拉德·拉特纳（Gerald Ratner）的一些草率言论而被摧毁，还有最近离任的乐购（Tesco）首席执行官菲尔·克拉克（Phil Clarke）。克拉克在近40年间从整理货架的工作人员一直做到首席执行官，但在他在任期间，该公司开始从阿尔迪（Aldi）和利德尔（Lidl）等这些零售商的激烈竞争中脱颖而出。在不断试图延续前任管理者的成功的压力下，克拉克决定剔除大部分顶尖人才，从而制造了权力真空，但在品牌或文化的提升方面却没做什么。在掌管公司业务3年之后，他也被迫离职。

如果压力没有压垮一个人，那么工作危机感也会让人受不了。通常来说，首席执行官的工作年限都不会太久。此外，大多数报纸的商业版面充斥着关于管理失败、贪婪、傲慢或其他负面的报导，让大众尽收眼底，所有这些都使高管工作具有极大的危机感和冒险性。

许多人认为，巨大的报酬足以补偿这些领导者所受到的压力，并指出成功达到事业巅峰的人大有人在。但是，究竟什么样的领导者才能成功达到真正奖励积极行动的企业制度（围绕着权力中心和分枝领导结构的权力等级建立的）的顶端呢？这些人是否能够轻松应对当前的变化和复杂局面？为什么领导力在今天是如此之难呢？让我们回顾一下在世界还比较简单的时候是什么样子。那时候公司的经营也更直接一些。

商业的前世今生

40年前，商业活动更为直接一些。公司为股东所有，每年举行一次股东大会，执行总裁必须在会上做公司发展报告。除此之外，执行董事会几乎可以做任何他们喜欢的事情，不必担心有人干扰。如果年度业绩不佳，他们可以编造一个说法向股东解释，然后接着以他们想要的方式按计划进行。如果他们需要筹集更多的资金，他们通常会再发行一些公司的股票。在一张纸上就可以画出公司的结构图，包括公司从下到上一直到首席执行官的人员关系、管理线和层次结构。对于首席执行官来说，他就是唯一说了算的人。他承担最终的风险，做所有的或至少大部分的主要决定。这是一个忙碌的角色，很有压力，但还是可控的，也不会过于复杂。但在今天，首席执行官的责任相当复杂。他们必须领导和整合范围更广的职能和经营活动，其中的每一项都比以往复杂得多。首席执行官领导的执行董事会主要成员的生活也是如此。

20世纪70年代，首席财务官或财务总监的主要职能相当于会计，基本上是做财务收支记录的工作。他们负责向市场发布报告，并让股东满意，但也仅限于此了。即使在一家大型的全球性公司里，工作实际上也并不怎么复杂。但现在，大多数大型企业的资金管理是非常复杂的。例如，与我们合作的一家顶尖的零售商，他们拥有13家不同的投资银行的支持。投资者关系（IR）本身已经成为大多数大企业的巨大功能。

今天，首席财务官必须经常去这些银行，时刻与它们保持沟通。此外，他们必须与分析师会面，并不断向媒体和城市介绍公司业务现在进行得有多顺利，将来也会顺利。大多数现代跨国公司都有大批人马从事避税、海外资金转移和其他"非常规性"工作，大多数人会认为这是掏老百姓钱包的行为。当这些做法被一些有事业心的记者揭露出来时，就会经常被刊登在街头小报的头版上。例如，在伦敦的星巴克店被查出4年没有缴纳公司税而引起很多人的抗议，他们不得不向警察寻求保护！而这并不是个案。亚马逊、易趣、脸书、谷歌和宜家均被发现少付或根本就没有支付公司税，尽管它们在英国的业务量都很大（Neville and Malik，2012年）。喜剧演员吉米·卡尔（Jimmy Carr）和歌手加里·巴洛（Gary Barlow）也被曝光"故意"有计划地避税（McLennan，2014年）。虽然人们对这样的行为公开表示愤怒，称其为"道德败坏"，但它们通常是完全合法的。

实际上，保持这种行为的合法性给财务管理增加了非常复杂的艰巨性。尤其是要遵守越来越强硬的公司管理规定，比如萨班斯-奥克斯利法案。财务部门必须时刻累积大笔资金，以便满足将来可能产生的财务需求。在多个地区经营往往意味着财务状况表中常常会因为货币价格的波动而不时产生巨大的变化。事实上，一些公司从货币市场上赚的钱往往要远远多于自己在经营活动中赚的钱。如果他们想筹集资金进行海外扩张、并购或投资产品开发，他们的选择是非常多的，多得让人眼花缭乱。因此，大多数大型公司的财务部门现在都依赖四大会计师事务所，每年向他们支付数百万英镑来寻求税务咨询和审计支持。所以首席财务官或财务总监的角色不再像以前那样明确了，而是变得非常复杂。我们也不要忘记，他们要做的不仅仅只有一个损益表（P&L）。许多跨国公司由多个附属品牌或业务实体组成。例如，我们的一个客户不再仅仅是一家公司，而是以其集团品牌名称拥有300多家独立的子公司。

营销总监的生活也简单不到哪儿去。在20世纪70年代,营销总监主要负责销售额的增加和市场份额的提高。为此,他们把握营销策略,并与市场营销团队中的其他人员合作,通过4Ps营销策略［产品（Product）、价格（Price）、渠道（Place）、促销（Promotion）］进行市场营销。广告的主要渠道是电视、印刷品、广播、促销活动、赞助和直销。当然,要达到连续的营销业绩并不一定那么容易,但如果预算充足,一切还是比较简单的。现在,营销的状况则完全不同。特别是随着可用的地面、卫星和有线频道数量的飞速增加,以及YouTube和其他用以表达个人观点的众多的小型信息渠道的发展,电视和平面广告显得微不足道了。此外,现在Sky Plus和Tivo等技术的发展使观众们能够轻松跳过品牌精心设计的广告。同样,平面广告市场已经发生了巨大变化,出现了更多的大众化和特定客户群的出版物。但是,由于电视和平面媒体可选择性的变化,营销总监的工作不仅变得更加困难,也因互联网的发展和社交媒体平台的出现而受到很大的干扰。像佳得乐（Gatorade）、戴尔和联合利华这样的大型公司现在也都设有社交媒体控制中心,不间断地监控它们的业务和品牌的发展。

例如,佳得乐对博客对话到推特和脸书上发布的消息都要仔细阅读并进行复杂的情绪分析,以得到市场对产品和品牌的真实感受。客户将对他们的看法发布出来,佳得乐几乎立刻就会知道,这就从内部改变了营销业务。在监控"佳得乐的改变"的推广活动中,活动控制中心的人注意到由说唱歌手戴维·班纳（David Banner）演唱的这次活动的主题曲在社交媒体上备受关注。于是在24小时内,他们与班纳合作,推出了这首歌曲的完整版,并通过推特和脸书推送给佳得乐的追随者和粉丝。佳得乐还使用从社交媒体收集的和通过各种分析工具获得的信息来优化网站登录页面,确保关注者可以很快就阅读到最佳的网站信息。因此,公司产品宣传视频的大众参与度提高了250%,并将退出率从25%降低到了9%（Ostrow,2010）。

在戴尔的社交媒体中心,70名员工每天通过推特、脸书、博客和其他社交媒体监控到大约25000条与戴尔相关的消息,并用11种不同的语言在24

小时内回应大多数查询或投诉（Holmes, 2012）。不要再提 4Ps 营销策略了，现在营销是一个移动的盛宴，需要创造力和持续创新的能力才能让企业脱颖而出。

我们以前描述为"营销"的概念现在正在渗透到其他领域，如招聘，这也使企业各部门之间的界定模糊了并扩展了它们之间的连通性（和复杂性）。例如，荷兰品牌喜力啤酒公司围绕选择实习生的过程，举办了一次营销活动，旨在向潜在的招聘对象、现任员工以及客户展示，即使招聘等商业活动也可以变成一个绝好的机会。活动传递的信息非常清楚：如果喜力啤酒进行面试活动，那将是世界上最好的面试！其制作的名为"候选人"的视频展示了对各种各样的候选人暗中拍摄的剪辑，以及他们如何处理他们认为是真实的一些突发场景：一个非常熟悉的面试官，疑似心脏病发作和消防演习等。视频中最终获胜的候选人盖伊·鲁提格（Guy Luchtig）被告知他获得在都灵尤文图斯体育场举行的冠军联赛决赛中 41000 名足球迷（潜在客户）面前工作的机会。到目前为止，这个 YouTube 视频已被浏览超过 560 万次，喜力 91% 的员工都观看了视频，并认为对他们的工作有很大的激励。"候选人"节目获得 4.22 亿条媒体评论，喜力的人力资源网站的点击率流量增加了 279%。活动之后，公司收到的求职简历增加了 317%。这个活动不仅展示了喜力啤酒的企业文化和精神，也使公司成为求职者首选的雇主，从而吸引了更多的人才。而且也不可能给销售造成负面的影响。

今天的人力资源总监也发现，他们的领域也已经面目全非了。20 世纪 70 年代，人力资源总监的工作主要集中在薪资、配给和招聘上。他们的任务是找到和招募最好的人，制定他们的薪级，并确保他们得到适当的培训。他们也帮助处理纠纷，同时确保运营正常、员工开心。同样，虽然也并不总是很容易，但是角色比较简单。现在则完全不同。除了以前的所有责任之外，人们总是期待人力资源总监去完成一些几乎不可能完成的任务。也许最具挑战性的就是，他们必须能够赢得"人才战争"，尽管这并不总是人力资源总监自己就能完成的，就像前面喜力啤酒公司所证明的那样。他们需要确保员工对工作专心投入、积极主动，从而帮助企业发展业务。由于每个部门的高管对自己的角色的复杂性和不断上升的期待值越来越感到难以承受，"人事问题"的责任必然就常常落到人力资源部门身上。因此，人力资源总监经常不得不拼命缩小他们以前的角色与日益增长的新的责任需求之间的差距。更糟糕的是，当企业不能找到、招募或保留合适的人才来"奇迹般"地挽救公司业务时，他们常常会成为首当其冲的责任者。

所以当首席执行官审视自己的高层领导团队时，他们会发现首席财务总监正处于极大压力之下，市场总监的议程非常复杂，人力资源总监正忙于完成几乎不可能完成的任务。他们甚至没有开始注意到首席信息官也是困苦不堪，公司缺乏优质资源，不断增加的客户和员工的信息技术需求，以及一系列过时的、不再适合公司发展目标的体制。他们还没有开始注意到战略总监会如何奇迹般地推出一些创新和压倒性的策略，或将战略咨询公司的100页的市场分析转化为给公司带来竞争优势的行动计划。他们甚至还没有讨论运营总监如何去大幅度削减投入成本，在不会危及安全仍然确保盈利能力的前提下，仍然可以提供卓越的服务。

他们也没有考虑如何找时间与商务或销售总监进行谈话，探讨一下当公司在很多地区的经营非常困难的前提下如何占据上风。总而言之，今天的一切都不再直截了当，我们生活在一个与20世纪70年代同行完全不同的世界中。我们今天的"做"层面（"它"的维度）从根本上说要比以前的任何时候都更加复杂。那么，是什么使公司的业务变得如此难以开展呢？

向股东价值的倾斜

经济学家米尔顿·弗里德曼（Milton Friedman）1970年在《纽约时报》上发表了一篇文章，指出企业的唯一目的是为股东赚钱。当时弗里德曼是芝加哥经济学派领军人物，后来还获得了诺贝尔经济学奖，并被《经济学人》描述为："20世纪下半叶最有影响力的经济学家……也可能是前无古人，后无来者。"弗里德曼曾说，任何不以赚钱为目的的企业高管，"是过去几十年来一直挖自由社会墙角的智力力量的愚蠢的傀儡"。他们犯了"分析性倦怠，严谨性缺失"的错误。他们甚至把自己变成非法征收雇主和顾客的"非政府官员"（Denning，2013）。商界注意到了他的说法。

几年后，这一说法起到了实际作用。1976年，罗彻斯特大学西蒙商学院的金融学教授迈克尔·詹森（Michael Jensen）和威廉·麦克林（William Meckling）发表了一篇文章。这篇文章开启了公司将股东价值最大化的转变。

詹森和麦克林明确了"委托代理问题"，并创建了"代理理论"来解释和提出解决这个问题的办法。他们认为，股东（委托方）往往因为公司的高管（代理人）而处于不利地位，因为这些高管的动机是优化他们自身的利益，而不一定是股东的利益。尽管两位作者没有提供合乎逻辑的证据来支持他们的观点，但他们举例说一位首席执行官会认为他的时间和舒适是非常重要的，因此他一定要享受一流的商务旅行，而由此会产生一个"代理成本"，减少了投资者的回报。解决方案是给高级管理人员一个不容置疑的理由，让其与股东保持一致，从而使股东价值最大化，因此，更好的做法是让这些高级管理人员也成为股东。

如果代理人成为委托方，那么委托代理就不存在了！詹森和麦克林所提出的观点还是有价值的，但后来企业对他们观点的阐释却一无是处。这篇文章还将不断成为商业学术界最常引用的文章，并被证明是商业发展历史上的分水岭，因为它彻底改变了商业规则。它为高级管理人员和股东提供了一种方法，使弗里德曼以前的关于企业应该是什么样子的观点转化为商业现实。20世纪70年代，基于股票的薪酬不到首席执行官报酬的百分之一。从1976年起，管理人员的薪酬越来越高。大多数高管仍然主要侧重于为了股东收益而推动业务发展。然而，现在大部分的薪酬待遇也因为股份增加和股票期权而大量增加。因此，"股东回报"往往成为许多高管的主要关注点。因为以赚更多的钱为目的的"股东回报"已成为"为自己赚钱"的委婉用语。

股东回报当然是一个非常值得称道的业务目标，因为它支撑了我们大部分的养老金，但以股份作为给高管的报酬也导致关注点和执行力的严重扭曲。现在一些高管努力在短期内压榨公司的最后一丝盈利能力，以便尽可能地把股东回报最大化，大幅度地增加自己的个人奖金。难怪企业界接受了詹森和麦克林的观点，因为它给他们提供了一个以代表股东工作的合法幌子增加自己的薪酬的机制。到 2009 年，股票薪酬占领导者薪酬的 97%（Martin，2011）。

具有讽刺意味的是，詹森和麦克林的观点是高管们可以利用那些影响股东回报的企业资源为自己赚取利润。虽然这可能会在一定的情境下实现，但还没有广泛的证据证明这种做法的可行性。由于在高管薪酬方式中加入了股份，倒是有很多证据显示不好结果的产生，如非法敛财、企业腐败、追溯期权丑闻和直接欺诈等。虽然出发点是去解决假设中的委托代理问题，而实际上却真正制造并大大增加了委托代理问题。

更糟糕的是，这种做法根本不管用。如果我们看一下从 1933 年大萧条结束到代理理论和股东价值观在商界普遍流行的 1976 年底之间的标准普尔 500 指数股东回报率，股东总回报率就是每年 7.5%。从 1977 年到 2010 年，股东总回报率仅为 6.5%（Martin，2011）。

由现实市场收益向预期未来收益的灾难性转移

在这个过程中，代理理论也同时制造了一些新的问题。因为管理薪酬股份化，公司发展焦点由真实的市场回报转向预期的未来市场回报，造成市场预期的不断短视，进而损害了股东的长远收益。在现实市场中，公司会雇人来为客户制造产品和提供服务。高层领导者能够通过战略规划和决策对这个真实市场进行大量的控制。

"期货市场"不是基于实际产品或实际收益，而只是预测，对于可能会发生的做最好的猜想。当前没有任何事情发生，所发生的也就是公司的股票

（和其他金融工具）是根据投资者期望公司表现如何或者其他方式进行交易的。因此人们对公司当前的看法，以及未来的发展会如何，都会对一个领导者考虑是否要为了当前基本报酬或他们将来可能会得到巨额奖金而努力奋斗直接造成不同的影响。这对管理行为可能会造成极其扭曲的影响。这样说并不是对企业高管的贬损，这是基于对人性的观察。现代企业的现实是，当能得到足以改变一生的报酬时，大多数人都会抓住这个机会。这个事实本身就是为什么我们迫切需要在"我"和"我们"的层面上进行垂直发展。

目前的情况是，如果执行董事会制定一个合理的利润值，他们可能会赢得不错的回报，而如果他们能够制定一个合理的利润值并给出未来三年合理的市场发展预期计划，那么股票价格几乎肯定会因为这些期待值上涨。这种股价上涨通常足以增加高管的长期激励政策或奖金，并在实际增长之前触发大规模退休。因此，如果公司有一个好年景，那么在股价下跌之前，公司高管会尽可能快地兑现现金，以免造成他们股票投资的更大贬值。这可能会导致高管的职业流动性变大，从一个工作换到另一个工作，因为他们之前已经采取的或严格避免的任何的严格措施都很难在短期内带来利润，影响到或导致商业绩效下降。因此，通过将管理人员薪酬与股价联系起来，薪酬与预期之间产生了直接的、非常切实的联系，而不是薪酬和结果之间的联系。

管理人员基本上是抱着对未来的乐观态度被激励去工作的，因为他们的薪酬依赖于它。他们必须创造出不断增长的业绩。他们也因此会隐瞒坏消息，夸大实际增长的程度。但是，任何事情都不可能永远增长，最终即使是最了不起的公司和最了不起的领导者都不得不面对低增长或负增长的时期。

如果高管主要受到期货市场的左右，那么季度报告就容易变为童话故事，真实的衰退情况被"管理起来"，以免对投资者造成影响，并导致股价下降。"绿色复苏"的调调被大谈特谈，以提高股价，创造"余裕"运作。每个执行董事会卷入管理市场预期的这个游戏中的程度都是不同的。

不时会有一个勇敢的领导者，比如联合利华首席执行官保罗·柏兰曼

（Paul Poleman），挺身而出，拒绝提交季度报告。柏兰曼认为这种痴迷于短期目标的行为是非常不正常的，他和他的团队浪费了太多的时间来撰写文件以满足股市需求，而不是去发展业务来满足客户需求。令人遗憾的是，像他这样做的领导者并不多，所以大多数公司仍然陷于季度业绩的报告中。

  正如弗里德曼那篇具有里程碑意义的文章中的观点被领导力评论员史蒂夫·丹宁（Steve Denning）认为是"世界上最愚蠢的想法"一样，詹森和麦克林的文章完全被企业领导者曲解并用来解释跟作者所表述的观点完全相反的行为。今天的商业界已经面目全非了。领导者越来越多地为了短期的、季度的成果不惜余力。奖金和激励措施被广泛用于推动短期绩效，即使提供短期业绩奖励给企业长期发展造成了损害也在所不惜，尽管这在社会科学研究中已经是经过证实的（Kohn，1993）。即使在美国和英国进行交易的绝大多数股份都是通过高频交易（HFT）自动执行的。换句话说，我们企业经营的目的就是为了让股市满意和安抚投资者，即使股价的大部分变动是由于短期波动而造成的，而这种短期波动根本没有任何企业可以有效控制（Steiner，2014）。股票的买卖也不是依据个人对公司的稳定性和价值进行评估，像本杰明·格雷厄姆或沃伦·巴菲特购买和出售股票那样购买和出售，而是一台机器根据市场微观调整来整体上或针对某个特定产业进行股票交易。当一种或几种股票的价格短期内涨势很猛但又快速恢复时，高频交易就会导致"闪电崩溃"。坦白说，这对于任何公司都是不可控的。

  当然，领导者薪酬方式的变化以及对领导行为和组织运作方式的影响，并不是过去30年中唯一的变化。还有许多其他的大规模和小规模的变化，使得高级管理人员的工作在"它"这个维度或"做"这个领域中变得非常困难。

  例如，人们提出过很多关于全球化是变革推动力的观点。除了全球化，首字母缩略词"PESTLE"也经常被用来表示其他类型的大规模变革。PESTLE代表"政治（political），经济（economic），社会（social），技术（technological），法律（legal）和环境（environmental）"。其中，技术变革似乎吸引了最多的关注，当然也是发展最快的，可以说是未来 10 年对企业影响最大的可能性。至少它会显著增加企业面临的如何运作的复杂性。

技术的加速发展

1981 年，未来学家、作者和发明家巴克马斯特·富勒（R. Buckminster Fuller）提出了一个名为"知识倍增曲线"（the knowledge doubling curve）的假设。富勒注意到，我们积累的知识越多，我们创造知识的速度就越快。例如，到 1900 年，人类知识每一百年左右翻一番。到 1945 年，人类的完整知识每 25 年翻一番。今天的一般知识每 13 个月翻一番（Schilling，2013 年）。IBM 预计未来知识将每 11 个小时翻一番（IBM，2006）。

无论现在的速度如何，我们都在谈论的一个非常迅速、非常庞大的知识扩张，正在改变世界。当知识倍增假设第一次由富勒提出时，是一个了不起的概念，但在当时没有互联网，没有全球网络，没有智能手机，没有电脑或笔记本电脑，没有卫星电视，没有数字技术，没有智能传感器，非常有局限的人工智能，没有社交媒体。看一下过去 10 年的技术创新，我们不难看出这种趋势如何变化，但绝不是放缓。

以数据为例。今天，公司淹没在数据之中。一切都可以制造数据，或者可以在我们世界的不断"数据化"过程中产生数据。数据也不再只是以单词、数字或图像的形式被保存并存档，而是正在被数字化和数据化，以便进行收集和分析。

比方说你可能正在 Kindle、iPad 或智能手机上阅读这本书。据估计，自 1450 年发明古腾堡印刷机以来，我们已出版了 1.3 亿本书籍（Nosowitz，2010），其中约 15% 已被 Google 图书计划项目扫描（Mayer-Schönberger and Cukier，2013）。亚马逊还可以让我们以数字形式大量阅读旧书。但是，你在屏幕上阅读的文字不仅仅是数字化的，而且是数据化的。这意味着你可以更改字体大小，添加笔记，突出显示文本或在书中搜索特定单词或短语。这种数据化也意味着包括你阅读的内容、阅读的时间、阅读速度、阅读时长、是否跳页或是突出显示文本，以及你突出显示或跳过的文本是什么。尽管目前作者和出版社尚未使用这种方式，但这对他们来说是非常有用的。作为作者，我可以看到读者跳过的页面，以便相应地修改新版本。出版商可以使用突出显示的信息来确定读者特定的兴趣走向和领域，这些都可以预示出版社新书的主题。

任何东西都在创建数据。还有新的类型和形式的数据正在加速这种知识倍增。例如，收集数据的传感器现在适用于汽车和飞机发动机。发动机制造商劳斯莱斯通过研发传感器技术将自己从一家亏本的英国公司转变为全球第二的大型喷气发动机制造商（《经济学人》，2009年）。今天，劳斯莱斯公司通过成千上万的内置传感器监测其制造的3700多台喷气发动机的性能。数据使航空公司能够更有效地运作，并使飞行更安全。例如，雷击是航空旅行中的常见事件，曾经引起延误，因为飞机降落后会自动触发发动机全面检查警报，这将减缓飞行周转时间，引起乘客不满情绪并影响"准时性能"这一航空旅行的关键绩效指标。内置传感器让这一切都成为过去，因为如果一台发动机意外地发出一阵响动，大量的数据将被自动发回到劳斯莱斯总部，在那里电脑开始工作，做出图表，技术人员可以评估实时数据的影响。事实上，飞行员通常都知道在他们降落之前是否有问题需要解决。

现在也可以使用各种可穿戴设备和智能手机应用程序监测你自己的健康状况，这些应用程序可以收集心率、活动程度、睡眠模式和卡路里摄入量等信息。美国计算机科学家拉里·斯马拉（Larry Smarr）教授说："在一个可以看到我们正在做的事情的世界中，我们希望每个人会为自己保持健康而承担更多的个人责任。我们正进入一个全新的医学领域，它的目标是一个更加健康的社会，这个社会的重点是健康，而不是在病情太晚的时候去治病。"他这么说是有根据的，在出现任何身体症状之前，他已经使用自己的数据自行诊断出克罗恩病，也给他时间和信息来适时管理自己的病情。获取那些我们以前没有掌握的知识使我们有能力监测我们自己的健康，并基于数据开启一个全新的和令人兴奋的预防医学前沿（BBC Two *Horizon*，2013）。

这种知识倍增，另外加上不断增长的技术能力和存储，创造了最新的业务趋势——"大数据"。大数据背后的前提是我们所做的一切——说、写、参观或交易都会或将会留下数字足迹。然后可以分析这些数据，以提取关键任务或业务的洞察结果。我们正在进入一个勇敢（或疯狂）的新世界，在这里假设将被概率所取代。如果你从某些商店购买某些商品，那么这些商店会对你做出假设，并给你提供特定待遇或优惠。

目前，美国零售商塔吉特公司（Target）曾因大数据算法产生了麻烦，原因是给一个正在上学的女孩赠送了婴儿用品优惠券。那个女孩的父亲非常厌恶这个不当的广告和促销活动，但是几天后他发现他的女儿实际上已经怀孕了。塔吉特公司根据她的购买行为在她父亲之前知道了这件事，并根据概率给她发放优惠券（Duhigg，2012）。

现在有更多的工具和设备能够收集比地球上的人数大得多的数据类型，并且它们越来越多地通过物联网连接在一起。物联网本质上是连接有线或无线设备的庞大网络，它进行数据交换并将使自动化、监控和管理水平提升到另一个层次，从而改变我们的生活方式。

摩尔定律描述了技术能力的爆炸式增长。在20世纪70年代，集成电路发明者之一的戈登·摩尔（Gordon Moore）注意到每24个月可以将两倍数量的晶体管安装到集成电路上。因此，摩尔定律在技术进步中解释了这一指数级增长率。每个经济体中每一个行业的每一个业务都发生了这种指数增长，这使得物联网成为可能。美国发明家和未来学家雷·库尔兹维尔（Ray Kurzweil）指出，与20世纪相比，21世纪的技术变革将会增加1000倍（2013）。根据库尔兹维尔的说法，即使是摩尔定律将在2019年之前过时，也会如此，因为发展速度将比目前描述的指数增长速度更快。

在他的开创性文章《加速回报定律》（2001）中，库尔兹维尔说："指数增长率也会产生指数增长。几十年后，机器智能将超越人的智慧，导致奇异性——技术变革迅速而深刻，代表了人类历史延续性的断裂。"库尔兹维尔还根据非常详细的计算预测超级计算机将在 2010 年达到一个人脑的计算能力，在 2020 年左右一台个人电脑将拥有 100 个人类大脑的处理能力。到 2030 年，1000 人左右大脑的计算能力只能达到价值 1000 美元电脑的计算能力。而知识倍增以这样的速度发展的话，到 2050 年，价值 1000 美元电脑的计算能力将等于地球上所有人类大脑的处理能力（Ray Kurzweil，2001）。

当然，这种快速变化对我们在外部可观察到的"它"的世界中如何做及做什么都具有深远的影响。它会影响地球上的每一个业务。没有什么是静态的，一切都是流动和动态的。变化的速度、大小和范围正以更快的速度确确实实地创造、破坏和重新创造竞争环境。这意味着，做更多的工作、更加努力和花费更多的时间在你的永无止境的工作清单上是不够的。这一策略根本无法提供我们在 21 世纪生存和发展所需的竞争优势。

VUCA 环境中的危机与机遇

如果你的企业目前拥有某种竞争优势，很可能在短短几年甚至几个月内就会丧失。

想想近期那些已经消失或遭受了严重打击的"蓝筹股"企业巨头们。柯达发明了数码相机，但却不进行市场化，因为公司觉得这会让它的胶卷销售业务受创，结果现在品牌已经死了。微软，历史上最成功的公司之一，在新技术领域受到严重的阻碍，因为它完全不了解云计算的影响。戴尔也是另一家从硬件转向云服务和智能技术过程中受挫的大公司。越来越多的人用他们的智能手机或平板电脑取代他们对计算机的需求。2004 年，黑莓发布了黑莓 6200 系列，有效地依靠第一部真正的智能手机垄断了手机行业。这是真正意义上的市场领导者。今天，黑莓手机却命悬一线，因为黑莓低估了很多事情，尤其是市场对应用程序和触摸屏技术的需求。

而与此同时，其他公司，如脸书、亚马逊和谷歌等，已经从混乱中脱颖而出，另外一些像苹果这样的公司已经从过去的错误中重新崛起，成为新的品牌神话。许多新的全球大公司在10多年前根本就不存在。

因此，如果你的公司目前正努力在这个VUCA环境中竞争，请记住，如果你懂得方法的话，你就可以在一年内从竞争中脱颖而出。没有任何一个企业会不受到这个行业新规范所提供的机遇或威胁的影响。这种转变正在迫使即使是最大的公司也要去改变战略、商业模式和运营效率。以英国最大的公立公司之一乐购为例。它成为英国的主要零售商，顾客在英国商店花费的每7英镑中就有1英镑是在乐购消费的（Wallop，2007）。一部分原因是它赢得了"空间竞争"，占据了英国所有最好的零售地点，使其能够建立更多更大的商店并推动销售。然而，随着互联网购物的出现，它不得不大幅度地改变策略，不再增加实体商店，而是转变为更加数字化的"点击和收货"的电子商务模式。交易行为的这种转变意味着乐购不仅要与其他主流零售商［如莫里森（Morrisons）和桑斯伯里（Sainsbury）］进行竞争，其市场份额也正在被零售折扣店如奥乐奇（Aldi）和利德连锁超市（Lidl）所削减，奥乐奇和利德的商业模式与它的商业模式截然不同，非常难以抵挡。另外亚马逊和易趣等大型商家已经大致解决了送货到家服务的难题，现在正在尝试食品送货服务。在不到10年的时间里，一个曾经完全主宰了整个英国食品市场的公司现在却显得那么不堪一击。

像劳斯莱斯公司这样以聪明而有效的方式拥抱变革的公司，正在见证它们的业务发生的变化。因为认识到了数据收集和分析的影响，劳斯莱斯现在在给它制造的发动机提供监控服务。现在客户根据其发动机的使用时间和维修情况支付费用。它提供持续有效的评估和动态维修价格，每台发动机单独进行评估，零件将根据具体情况个别更换，而不是基于使用时间来进行维修，这项服务收入现在占民用发动机部门年收入的70%（Mayer-Schönberger and Cukier, 2013）。

新产品、新服务、新部门和新行业将会层出不穷，例如无水洗衣机。这是一家名为Xeros的公司开发的技术，只要使用一杯水、数百万微小的塑料珠和几滴特殊的洗涤剂，就可以去掉衣服中的污渍和气味。该公司预测，如果所有英国家庭都转而使用这种新型洗衣机,每周将节省大约 700 万吨的水,并减少 50% 的能源使用(Zolfagharifard, 2014)。考虑到这些资源的成本和日益稀缺,单单是节能和节水就足以让人兴奋不已。但是,普通洗衣机制造商和相关产品制造商可不会这么兴奋,因为这预示着它们业务的终结,除非它们也开始创新和适应改变。所有的业务都一样,要么适应要么死亡。不幸的是,目前,很少有企业能够做到这一点,因为它们正在被短期业绩目标所消耗。

在"它"这个维度过于看重一维模式的结果

向股东不断提供短期回报,维持股价和维持以股份为基础的薪酬待遇的压力,知识倍增、技术革命以及所有其他 PESTLE 进步,VUCA 环境的动荡不安,董事会所有角色的复杂性越来越高,全球化步伐不断加快,执行董事会任职期限的缩短,所有这一切都意味着现在的领导者可能确实处在"非常困难的境地"(Kegan and Lahey, 2009)。领导者时刻面临崩溃或商业失败的风险。

1994 年,巴克莱银行前首席执行官约翰·瓦利(John Varley)离开了巴克莱一年,因为他"感觉相当疲惫不堪","需要去做点不同的事情"。美国制药业巨头辉瑞制药有限公司的首席执行官杰夫·金德勒(Jeff Kindler)也辞职"去充充电"。2003 年,英国顶级连锁酒吧 JD Wetherspoons 的首席执行官兼创始人提姆·马丁(Tim Martin)突然在休斯敦休息了 6 个月,于 2004 年 4 月返回后不再担任执行董事长,每周工作 3 天(Treanor, 2011)。2013 年,赫克托·桑特(Hector Sants)爵士宣布,由于极度疲惫和压力过大,他将暂时辞去在英国巴克莱银行的高层领导职务。在巴克莱银行任职之前,桑特从 2007 年到 2012 年担任英国金融服务管理局(FSA)的负责人,在全球金融危机期间他的工作也不会太轻松。在 3 个月的病休期间,桑特提出辞呈,再没有回到巴克莱银行工作(BBC 新闻, 2013)。

更糟糕的是，这种越来越大的压力和VUCA环境的变化往往会吸引那些经常相信自己无敌的英雄式人物。事实上，达达卢斯信托基金会（daedalustrust.org.uk）的成立目的就是提高对个人、团体和整个公司随着权力的积累和使用而产生的变化的认识和理解。这种变化通常由希腊术语"傲慢"来进行描述。而科罗拉多大学管理学系副教授马修·海沃德（Mathew Hayward）提醒我们："可以说，骄傲自大是近年来困扰着企业的各种问题的根本原因。"（Hayward，2007）

我们在过去30年中建立的1.0版本的企业制度已经在一系列条件下催生、培养和助长了一大批有魅力的强大领导者，他们会直面上述挑战。事实上，许多最成功的公司都是由这些独断专行的领导者依照"中心辐射式"领导模式进行经营管理的。他们通常不会提倡"集体主义"工作作风，他们不会致力于团队发展，并倾向于自己做大部分（如果不是所有的）的决策。

责任病毒

但这样一种个人主义的领导方式可以持续多久呢？独断式领导方式在当今快节奏世界里的最大风险之一就是罗杰·马丁（Roger Martin）所说的"责任病毒"（responsibility virus）（2003）。年复一年，股东，或至少股票市场每个季度都会面对极为艰巨的任务目标。为了实现这一目标，董事会继续寻找具有个人英雄主义和决策魄力的领导者，他们能够独当一面，带来令人难以置信的业绩，让大家快乐。

想象一下那个场面，董事会沮丧不安，利润没有增长，市场紧张。现任首席执行官没有兑现他的宏伟承诺。他不得不离开。如果他没有做出那些过度的承诺，他也当不上首席执行官，但这个事实人们很容易就忘记了。所以董事会会寻找一个新的专制英雄"反败为胜"。他来了，集中全力让企业按他的方式发展。而一切通常会以某种对利润"重置"期待值的警告开始。这样的重置通常会详细说明前任领导者给业务造成的后果。这样的声明有助于大幅度降低股价，并为业务重新转向争取一些时间和空间。新领导者通常会对所有关键决策和计划进行"战略性审查"，然后再对公司所有资源进行了解，包括和主要管理人员会面。在紧急情况下，新领导者采取这种直接也粗暴的管理风格也会让人感觉舒服，大家也都会松口气。这个英雄可以"掌管一切"，但这种"我说了算"的态度的最大问题是，其实总是有一个大家都没有公开说的态度——"你说了不算"。这通常会促使团队中的其他高管产生相应的态度，虽然这个态度通常是不会公开说明的——"好吧，你说了算，你自己折腾去吧！"这个初步交流为责任病毒的蓬勃发展提供了完美的滋生土壤，也经常最终导致失败（Martin，2003）。

新领导者显然渴望成功，需要迅速用行动来向股市和董事会证明对他的任命是明智的。他们肩负的期待太多了。他们通常是绝对权威的，任命时的大肆宣传也令他们信心满满，而且明确表明其他高管都要唯命是从，表达的信息就是"这个人知道所有人在做什么（我们最好遵循他们的判断）"。新的领导者总是会为上任后"前90天"制订一个"战斗计划"，采取强有力的措施让业务开始恢复正常。随着这种紧迫的行动和企业文化改变的氛围，焦虑心理开始蔓延，因为高层管理人员自然会开始怀疑自己是否已经多余了，要被公司解雇了。这种氛围能够无形中推动专断式管理的发展，因为人们被剥夺了发言权，也担心不管提出任何正面或负面的建议可能都会对自己不利。每个人都很紧张，深恐被认为其需对早期的错误负责，很少有高管愿意挺身而出为过去或未来负责，"责任病毒"如野火般蔓延。

领导者可能会看看销售业绩——它们好像并没有那么好。然后与销售总监进行谈话。销售总监有点平淡——他最近失去了一些客户，但他近期还有一个重要的销售项目要谈，于是他建议，如果新任领导者参与的话，这个销售项目可能会更好完成——因为这代表公司和领导者对销售业务的重视。新任领导者为了一开始就给大家留下好印象，会同意并且一起做推介。为了确保成功，领导者建议销售总监牵头推介，否则看起来有点奇怪。销售总监同意但采取更为被动的态度——尽管销售是他的领域和责任。销售总监会有一些不满的情绪，但也感觉到解脱，因为领导者的"英雄行为"肯定会留住客户，他也就摆脱了困境。

而领导者会惊讶地发现销售总监在工作时往后退，不够积极主动。他因此开始怀疑有关销售总监工作压力太大的说法是否真实。结果，领导者对销售工作进行了"过度干预"，而不是支持或指导销售总监来完成销售目标。领导者最初的想法可能是把他们一起做的决定作为一个临时措施，帮助销售总监这一次就可以了，当他恢复了工作激情，一切都会好起来。销售总监不会去公开质疑新领导者，但可能会变得更加牢骚满腹。之前他不会让前任首席执行官领导牵头搞销售，但他认为偶有一次也没什么大不了的。所以他宁愿不去承担自己的责任。

但这绝不是"只有这一次"的事儿。它会变成一个常规的情况。领导者一再地过度干预，拼命地想让一切都扭转过来。因此领导者介入得越多，销售主管介入就会越少，这样的结果不会增加而只会减少他们的信心。此外，不久之后，随着领导者的不断介入，不仅仅是销售经理，业务经理、人力资源经理以及市场营销经理都会逐渐开始逃避自己的责任。

有时，这种过度干预也可能是一个真正想要完全控制一切的领导者的蓄意行为。如果其他高管不能像领导者想要的那样快速或果断地做出回应，那么领导者可能会一再进行过度干预，最终可能把管理团队中的大部分责任都拿走。高管们自身的犹豫，直接的分歧（有时由领导者故意挑起）或领导者的过分自信，即"如果我自己做的话会更快更好"，导致领导者承担了大部分责任。当然，通常来说，领导者过度干预是由于高期待值和焦虑直接造成的后果。有时新的领导者并不打算干预这么多业务领域，他们没有想到，也不想去干预，但实际的状况和责任病毒共同作用就产生了上述的结果。

对于那种专权的"顺我者昌，逆我者亡"的领导者而言，技术的进步和沟通的持续性已经加重了这个问题，因为领导者习惯于"掌握事态进展"，或者他们只是希望在任何决定被做出之前有必要让自己"了解"一下情况。

在努力塑造自己影响力的过程中，新的领导者会有意识地去扼杀别人的能力，尤其是当自己具备迅速完成工作的能力受到威胁的时候。更多的情况是，在控制发言权和得到自己想要的结果的过程中，"英雄主义"和强权主义的领导者会在无意中损害管理团队的能力。尽管领导者的专断行为可能是管理人员被动的主要原因，但领导者会认为他们的被动性是以前业绩不佳的原因。恶性循环伴随着逃避责任和过度干预的增加而不断发展。当新领导者手里拥有了越来越多的权力，团队士气就开始受到打击，新领导者的压力就越来越大，他们不但要做所有的决定，而且要保证决定的正确性。

在一段时间内，新领导者将不得不面对急剧增加的工作量和责任。这并不利于公司发展，因为他们只是纠结于短期业务行为中（"做"这个层面），根本没有足够的时间来进行更长远的思考。这种情况在一段时期内可以，领导者还是可以让初期的业绩出现增长。但是在现代企业中需要做的事情的数量、效率和复杂性是不可能依靠一个人就管理得了的，即使这个人是英雄式领导者。当领导者成为公司发展的瓶颈时，公司的业务就会漏洞百出，业绩也不会得到很快的发展。人的本性就是这样，当事情顺利的时候，我们都会抢功劳，而当事情变得一团糟的时候，我们都会逃避责任（Langer，1975）。对于领导者和其他高层管理人员来说也是如此。

当领导者离失败不远的时候，他们也会彻底转变为逃避责任，进行巴克鲁式管理。

巴克鲁式管理

记得在 Xbox 出现之前孩子们玩过的一个叫"巴克鲁"（Buckeroo）的游戏吗？每个玩家依次把一样东西放在一头塑料驴子身上，比如铁锹、水桶、绳子或牛仔帽。每个玩家都会放上一个新的东西，直到巴克鲁承受不住，所有的东西都掉下来，游戏才再次开始。当一个企业感染了责任病毒时，领导者就变成了驴子。所有的责任都落到领导者身上，直到最终他们难以支撑，举步维艰，因而希望让其他高层管理人员都负起责任来。

为了避免企业彻底崩溃和即将发生的失败以及试图让高级管理人员"负起责任来",领导者可能会对管理团队"大发脾气"。由于自己的事业现在面临着危机,所以一些领导者会直接对他们的同事大喊大叫,或者直接恐吓。他们可能会痛斥他们的营销总监总是要太多的投入,并要求他们的运营总监"拿出点男子汉的样子来"。领导者生气是因为管理团队没有冲上来为他分担压力。领导者经常会认为既然已经建立了管理团队,而团队的其他人并没有做好他们该做的,那就意味着他们想让领导者失败。但领导者没有意识到从一开始他的做法就是不明智的,这使得团队很难,甚至根本不可能冲到前面来。

这种情况对于管理团队来说也是一个真正的挑战。他们不仅与领导一起承受失败,还要忍受英雄式领导者截然不同的态度。他们也可能把责任归咎于领导者,因为毕竟领导者是"责任人",因此他应该承担责任,但这样并没有多大用处。现实情况是,他们都对责任病毒的传播负有责任,个人和集体的失败只是一个过程必然的结果罢了。

在那么多有意无意承担的责任的重压之下,领导者会突然后退,要求其他高管冲到前面来解决问题。高管们当然不能很快就解决问题,因此领导者要么让他们成长和发展为独当一面的领导者,要么他们的能力和信心会在领导者过度干预过程中消失殆尽。

这当然对领导者来说犹如火上浇油,他会认为他的团队是毫无用处的——因而可以找人来问责。他的管理团队并不是一无是处,只是他们创造了一个功能不全的"要么全部要么没有"的体制,这个体制根本不起作用。即使领导者承担80%的责任,其他管理人员承担剩下的20%,也不行,因为领导者已经不堪重负了,而管理团队却没有发展成为领导者。所以领导者对自己的团队感到不满意,因此推掉大部分的责任,退而承担20%的责任,希望团队能够承担额外的60%的责任,但这并不会有什么作用,原因是20%到80%之间的差距太大,他们根本无法承担下来。

不仅如此,痛苦的经历通常会使受到指责的管理人员也变得过度干预,因为他们决定不再让自己处于依赖一个让他们失望的领导者的境地。所以他们开始过度干预自己的团队，或者在他们的下一个职位中这么做——实际上他们也变成了那种英雄式领导者！责任太多和太少的跳转永远存在于责任病毒中，并且使企业永远处于巴克鲁管理模式和招聘与解雇的循环之中。

我们需要的是平衡的责任制，全部管理人员作为一个团队共同成长，共同分担责任。而这只有在"它""我"和"我们"的维度以及4D领导力垂直发展时才可能实现。

虽然大多数高层领导者在"它"这个维度已经得到非常好的发展，并且在外部客观世界中"做"这个层面的发展已经具有垂直性，但我们认识到其他维度的垂直发展仍然至关重要。因此，本书第2章将分析那些重要的领导力行为，以便我们可以把全部重点放在能够完成目标的行为上。

第 2 章
"它"维度的垂直发展

对大多数高管的评判,最终都是依据他们在外部可观察到的"它"维度上"做"什么实现的。当然,我们必须有所作为,但是在第 1 章我们已经概述过了,现代商业面临巨大的压力,在这种压力下追求连续的高质量产出力几乎是不可能的。一天也就这么点时间,分清楚轻重缓急,高效地利用时间就显得非常重要了。为了取得真正的进步,我们究竟应该将注意力放在哪些行为上呢?这一章就要回答这个问题。如果我们想要在这个客观的世界取得成功,我们就必须知道什么样的行为会对结果产生最重大的影响,我们又该如何制定更有效的任务表。这样我们就能确保我们专注于正确的事情以取得最大的利益,专注于找到正确的人用正确的方式做正确的事情。

但是在提出解决方案之前,有必要了解一下在"它"这个维度里究竟是什么引起了工作绩效不佳,以及目前针对这一问题的解决方案中有多少反而使情况变得更糟。

绩效曲线

首先,在任何体制中,增加压力还是有好处的。毕竟,如果没有压力和督促，要么什么事儿也做不成，要么即使做了结果也不好。然而令人遗憾的是，现代企业环境中压力太大了，这些过多的压力通常也是造成工作表现不佳的原因。同样令人遗憾的是，大部分的领导者都不理解压力和工作表现之间的关系。结果，公司对这些糟糕的工作表现采取的对策是"施加更多的压力"。如果工作表现没有达到预期的要求，无论是团队、个人还是整个系统都会被要求更加努力工作，但是这样只会使问题变得更加严重。

一百多年以前我们就了解了压力和工作表现之间的关系（Yerkes and Dodson，1908）。从"它"维度上讲，我们都需要某种压力来把工作做好。因此，如果你慢跑着去商店买牛奶而且没有人看着，那打破一百米短跑记录很难，或者说几乎是不可能的。不管是工作还是体育运动，要做到最好，适量的压力是必要的。这些积极的影响表现为健康的绩效曲线的平缓上升，这通常被称为"良性压力"。如果我们保持这样的状态，最终我们就会达到"最佳峰值"。但是如果我们持续施压并超过这个峰值，就会影响到我们的工作表现，并最终到达危机点，工作表现开始迅速直线下滑（见图2.1）。

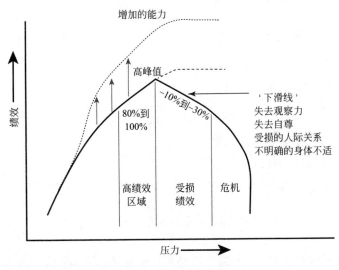

图2.1 压力绩效曲线

当我们承受的压力过大，或者给别人施加太大的压力，工作绩效就会快速而显著地下滑。一个感染了责任病毒的领导者可能认为他们的表现可以沿着图 2.1 中的虚线一直向上攀升，但是事实并不是这样。他们的工作绩效在超过峰值后就会开始下降。由于他们打算做的和他们实际正在做的之间的差别最初非常小，所以工作绩效下降之初他们或许并没有注意到。因此，很多人在已经走下坡路之前甚至根本就没意识到自己出问题了。一旦他们认识到自己并没有在朝着预定目标前进，他们就会感到压力倍增，进一步加速他们绩效的下滑。

压力太大会影响到工作绩效，而压力太小又会使工作表现达不到最佳状态。企业中的大部分人都处在下滑曲线上，因为在体系中存在太多的压力，这不是通过更加努力地工作或者是延长工作时间就可以纠正的。

如果想要达到工作绩效的峰值，如何判断你应该向周围的人施加压力的程度至关重要。即使是一个最简单的要求也会导致"巴克鲁"效果。因此领导者需要学会读懂一些显性的信号，这些信号会显示自己及自己的团队是处于最佳状态抑或是在走下坡路。

所以，绩效下滑的征兆包括：

- 丧失判断力
- 易怒
- 人际关系出现问题
- 莫名其妙的身体不适
- 毫无缘由地延迟工期
- 被动抵制情绪增强
- 出错次数增加
- 平时很有能力的人突然失误或不按计划行事

要注意到这些征兆，一个领导者必须足够敏感，并且能从团队成员那里了解到他们的能量值（前提是他们能够说实话，不担心自己会被惩罚，或被说成"弱"或者"没用"）。

绩效管理通常会受到才能误测的干扰

绩效不佳的一个必然结果就是领导者开始认为他的员工可能并不胜任工作。因此这些领导者会让人力资源管理部门招募更优秀的人。事实上,许多公司都这么做,这还被称为"人才大战"。优秀人才的招募和挽留已经成为人力资源管理部门经理工作的重中之重。

遗憾的是,要判断你要雇佣或提拔的那个人是否适合该工作是一个非常棘手的问题。求职者可以有意识地在他们的简历里添加一些他们可能并没有的经历和资质。那些前雇主写的充满赞美之词的推荐信中的情况是否属实也有待查证,因为求职者可能真的很有才能,也有可能前雇主只不过想解雇这个人而已。此外,即使我们真的招聘到一位高技能人才,可是他是否能完全发挥他的才能,往往取决于他与团队其他人员的合作情况,以及是否能在新的企业文化下茁壮成长。

建设一支高绩效的团队经常受到广泛应用的错误的人才考评的干扰。一提到人才考评,基本上就是两种方法:描述性的和发展性的。事实上,所有的公司和大部分的评估行业都依赖于描述性的方法,尽管说的和做的经常不是一回事儿。

描述性方法适用的类型包括可观察到的行为、一些内在的品质和性格。对行为的关注,是因为人们认识到最终用来评价结果的标准是行为。因此,各公司都会列出一个清单,上面写明希望领导者能够做到的行为表现。这种行为上的"能力框架"被用来衡量一系列既定的行为,并且人们认为如果领导者有这些行为,那么结果就是好的。如果这种方法没有真正地实现预期的利益,公司就会转而衡量成功领导者共有的内在品质,这些品质也是已经被公认的。

人们通常认为在充满竞争的市场上,领导能力和带来效益的能力是取决于个性、个人风格、某种长处、行为、偏好或者是某类人这些因素。这是一种错误的认识,而所有的描述性的方法都是基于这样一种错误的认识的。此外,描述性方法还认为这些品质中只有少量适用于所有情况,而且认为这些品质是恒久不变的。

每一种人格测评方法评估的都是他们独特的"五大"人格特征。他们关注的关键特征有开放性（openness）、自觉性（conscientiousness）、外向性（extraversion）、一致性（agreeableness）和精神性（neuroticism）（通常使用首字母缩略词 OCEAN），或者这些特征的变体。人们认为不同的人格特征对于不同的工作来讲非常重要。这种描述性方法认为人性是不变的，把不同的人依照一套固定的品质来进行个性归类是非常有用的。

如果一家公司的首选的人格测试并没有成功，那么许多企业就会转而求助于类型学方法，比如迈尔斯—布里格斯性格分类法（MBTI）、贝尔宾团队角色表（Belbin Team Roles）或者是九型人格分类（Enneagram），以便找到可以改变绩效的人才。迈尔斯—布里格斯性格分类法的依据是20世纪20年代卡尔·荣格早期的关于人们是如何接收和组织信息的研究（他本人称之为感知和判断）。迈尔斯—布里格斯性格分类法被广泛应用于职业咨询行业，它这么受欢迎是因为它简单易用，把复杂的人类行为、决策、动机和管理风格归纳为了四种基本类型。大量的数据表明，在某些特定行业中，不同的MBTI类型或多或少都会被表征出来。迈尔斯—布里格斯性格分类法好的地方是帮助人们开始理解不同的人格类型，而不好的地方是分散领导者的注意力，使他们只注重一些狭隘的细节方面，而不是发展和潜力。贝尔宾团队角色表做的是找出团队中每一个成员的行为优势和弱势，这种方法在20世纪90年代非常流行，但之后就日渐失宠直至弃用。九型人格分类法是最新被提倡的方法，尤其是在美国（在欧洲稍差一些），具有讽刺意味的是这种方法的起源可以追溯到几百年前。九型人格分类法是根据九种基本的人格类型和他们之间复杂的关系来给人分类。作为一种了解自我的手段，九型人格分类法在了解个人个性特征或兴趣爱好的方面有所作用，但是还不足以用来引导发展。实际上，我们可以选择的类型学方法可达几百种，但和所有描述性方法一样，它们只是转移公司的注意力，而不能真正满足绩效和发展的需求。

一旦公司意识到类型学方法评价的预期效果很低，他们可能就转而使用"优势评价"。"优势评价"种类很多，克里夫顿优势识别器（Clifton Strengths Finder）就是其中之一（Rath，2007）。"优势"的识别似乎意义重大。然而，大部分的这些方法都是从他们自己胡乱堆在一起的与人格特征、行为习惯和情商技能等相关的方面挑选出来的，然后对照他们自己武断的标准来进行检测。他们通常使用的是自我报告法。尽管已经有研究表明，当人们能够辨识出他们的内在人格的时候，他们正确地认识自己的行为优势和情商的能力与他们的实际观测行为几乎没有任何关系。许多上述方法都是根据自我评价来得出"定性"报告。另外，这些方法预先假设能够驱动人们达成目标的"优势"数量是有限的。在 VUCA 世界里，这些优势会持续地给不同类型的企业和市场带来成效。总而言之，这些评判方法得出的结果都是虚构的，对于提升个人绩效或促进个人发展没有任何的作用。

有些人拒绝使用人格测试、类型分析和优势识别，但是他们也会不得不使用其他的变体形式，如"风格""喜好"和"能力"等。这些测评方式通常是上述方法的变体，因此同样的错误在所难免。但是数百万的人们仍然在使用这种描述性方法，希望这些方法可以提供解决人才引进和绩效管理方面问题的灵丹妙药。

真正的问题是，人们要比我们所认为的复杂，他们有各种各样的方法展现他们的才华，因此仅仅使用有限的类型、人格、优势、喜好或者是竞争力分析根本就不足以描述他们究竟是什么样子的。另外，描述性方法也不能预测一个升职的人是否有潜力在新的职位上游刃有余，同时，也不能告诉我们该如何发展。

不可否认的是这些"描述性"方法提供了许多被测评人的信息，这些信息都很吸引人。人们经常完全沉浸在他们自己的"报告"中。公正地讲，这种评价确实可以显著提高意识，但是对于引导发展真的没有太大的意义。但也许关于描述性评价最危险的事情就是将个体禁锢在卡罗尔·德韦克（Carol Dweck）所说的"思维定式"之中（2007）。德韦克是享誉世界的斯坦福大学心理学家，经过几十年来对成功的研究，他证实了一件我们很多人一直持有怀疑态度的事情，那就是影响一个人成功和成就的不是才能和能力，而是思维模式。德韦克提出思维模式只有两种：固定型和增长型。那些思维模式固定的人认为他们生来就这样，不会改变了。换句话说，他们认为他们天生就被赋予了某些特定的技能、喜好和能力，这是基因选择的结果。因为这些都是由基因决定的，所以是固定的、无法改变的（尽管我们现在已经知道基因并不是这样起作用的，也并不是固定不变的）。这种观点就是如果母亲特别擅长数学或者父亲是一位杰出的音乐家，那么他们的孩子很可能在这些方面会优秀，反之则很难。拥有增长型思维模式的人认为不管人们生来具有什么样的技能，这只不过是一个开始而已。他们的观点是"人性不是一成不变的"，人们可以按照自己的意愿来学习、适应和发展。德韦克曾说："经过20年的研究，我发现人们对自己的看法会深深地影响到他们的生活方式。"因此，描述性人格分析方法的危险就在于禁锢了人们对于自己是谁、他们可以做什么这些问题的认识。"哦，我就是一个孤僻内向的人，我就是这个样子的"，或者"对此我无能为力，我不擅长数字"。描述性分析方法只是把人们固定在某一个"思维定式"中，而不去培养思维模式的发展，而后者就是让人们明白，无论他们现在是什么样子，都只不过是一个可以垂直发展的过程中的一个阶段罢了。

所有的证据都表明，杰出的领导力决不能被定性为一套固定的优势、喜好或者类型。领导者也是各种各样的，对于成功的领导者来说，个人的发展程度更为重要，而不是某个天赋或个性特征。

学术界和评估界都开始认识到所有的人才评估方法都需要改变。采取一种发展的方法可以得出更好的结果，尤其是因为它可以预测绩效，这是大部分描述性方法做不到的。人才评估最前沿的做法已经完全从描述性，转向研究到底哪些具体的发展程度是与每一个企业最相关的，以及如何有效地识别各个程度并进行有效的评测。

人为地制定出一套公司认为最重要的行为标准，并且试图让领导们遵从，是不会有什么作用的。然而这种发展性的方法可以让我们避免大企业在解决领导行为问题时经常会掉入的大陷阱。

领导行为评估时常见的陷阱

企业在评测领导行为时所犯的错误是很普遍的，所以我们认为很有必要对其加以阐述，以避免这些错误。

用职业发展替代企业绩效

企业在制定"行为能力框架"中最常犯的错误就是用职业发展替代企业绩效，试图找出公司中职业发展良好的领导者，然后让他们描述他们理想中的领导行为所包括的"愿望清单"。这样的行为清单可能与职业发展密切相关，但是对于企业绩效并没有任何的帮助。出现这样的必然结果是因为行为能力框架描述的仅仅是领导者的行为，但并没有顾及这些行为与绩效之间的关系。结果，行为能力框架带来极大的影响，不但造成巨大混乱，而且也并没有明确说明这些行为究竟应该规范到什么程度。

眼界狭窄

当行为能力框架仅仅在企业内部制定而没有足够的外部参考时，就会出现企业盲点。毫无疑问这意味着重要的行为能力的缺失，就是因为这些行为只占到了当前企业中领导者行为的一小部分。一个常见的例子就是跨界团队合作，这在个体趋向于单兵作战、功能独立的企业内部很少出现。因此，这种行为经常不在行为能力框架之内。即使企业缺乏跨界合作但仍然运转正常，但企业还是忽略了一点，那就是如果增加并改进这种行为的话，企业完全可以运转得更好。

不了解环境与行为之间的关系

因为存在这些问题,所以最近另一种方法开始流行起来。这种方法认为VUCA环境对领导者有迥然不同的要求。通常,一个团队会尝试预测企业的将来是什么样子,然后根据对将来的预期来设定需要什么样的领导行为。遗憾的是,在一个从根本上就不确定的环境里,是很难判断接下来一年中会发生什么的,更别说5到10年之间了。因此这种方法注定也会失败,因为它只会产生一个虚构的竞争力的清单,甚至和绩效之间的关系都无法确定。与此相关的可能就是定期地废除一些过时的模型,取而代之的是另外一个同样漏洞百出的模式,用不了多长时间也会被遗弃。

总是对能力框架的期待值过高

有时是通过一些没有设计好的方法,有时是在对一些能力太过于一维的批评进行回应的过程中,我们发现"元胜任特征"(metacompetencies)包括的并不仅仅是行为,还包括一大堆其他特性,如知识、经验、喜好、价值观、情感成熟度和技术能力等。因为这一系列特性需要用完全不同的方法进行测评,在实践中把它们混合到一起会引起更严重的问题。正因如此,而且设计粗糙,我们看到的所有维度都没有包括那些看似毫无关联的行为,而实际上这些行为是密不可分的。这些行为通常很难定义,有时相互交叉或者包含了不止一个独立的维度,这使得精确测评变得非常难。

对行为测评的"垂直性"缺乏了解

在定义每一种行为时,我们都应该显示其不同的层级,介绍其不同的精确度,然后提出一个清晰的概念模型。不同的层级应当从数量上呈现一个利用个人能力更有效的方式,而不是仅仅让他"做"和别人一样的事情。如果没有做出明确的说明，那么这个模型对于个人发展就是有限的。

很多企业试图去量化领导行为，这样做出发点是好的，但最后要么陷入猜测之中，要么采取了错误的方法。因此，它们的"能力框架"毫无意外地都不能实现所期望的转型。值得欣慰的是如果一个企业没有时间打算对能力进行自己的研究并找到合适的方法，它们也就没有必要再猜测了。有关领导行为的文献非常丰富，特别是那些关于哪些行为已经被证实可以在动态变化的环境中改变结果的文献。此外，关键行为的发展层级也已经被确定出来了，正是这些关键行为促使了 VUCA 世界的转变。最后一点至关重要，因为仅仅知道哪些行为重要还不够，我们还需要能够衡量那个行为的能力水平，这样在必要的时候我们就可以改善它。

发展行为线的垂直提升

企业过分依赖领导能力框架已经被质疑多年，这种方法也被认为存在严重缺陷（Cockerill，Schroder and Hunt，1993）。然而，在挖掘和培养更优秀的领导的过程中，还是有许多企业在领导能力模型或行为框架上投入了大量的时间和金钱。事实上，许多企业已经建立了它们自己的行为框架。考虑到我们在"它"维度的所作所为对结果的影响，建立自己的能力框架有一定的逻辑意义。但尽管经过这么多的努力，能力框架并没有真正地改善企业绩效。我们将在本章的后面就这一问题进行解释，但是还有一个更好的消息，大部分企业还应该去研究来自普林斯顿和南卡罗来纳州大学的哈利·施罗德（Harry Schroder）教授、来自伦敦商学院的托尼·科克里尔（Tony Cockerill）博士在这个领域提出的前沿思想所包含的巨大潜力。

11 种绩效驱动行为

施罗德和科克里尔的模型非常有影响力是因为他们提出了正确的问题，

这个问题就是:"在复杂、动态而且充满挑战的环境中,究竟是什么行为使那些创造了出色企业绩效的领导者脱颖而出?"

正如刚被提出时那样,这个问题在今天也同样重要,将来是否有效还有待验证,但这个问题概括了行为中可观察到的现象,同时也将那些创造了高绩效的领导者与其他低绩效的领导者区分开来,当然也强调了要视环境而定。毋庸置疑,对这个问题答案的研究持续了很多年,需要很多其他方法中根本没有使用的资源。通过对领导者从决策之初到成功实施过程的研究,他们发现只有11种领导行为决定了企业的成功(Schroder,1989; Cockerill,1989a; Cockerill,1989b)。

因此,事实上,企业要找到到底哪些行为决定了他们在特定领域的运行结果根本就不需要列出一个没完没了的清单。研究表明,真正起作用的行为是有限的。这些行为可以分成4类关键行为集群(见图2.2)。

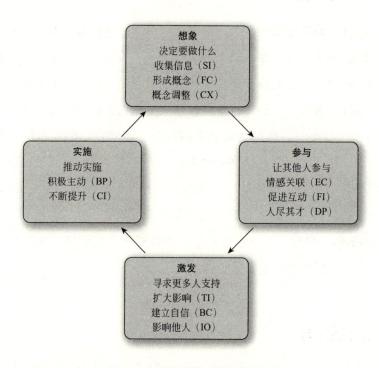

图2.2 四类增强绩效的行为集群

第一个行为集群：想象

"想象"集群包括了我们为了收集所有需要的信息并以此提出和完善一个想法或成功提出一种解决方案时所进行的所有行为。在想象阶段，有三种重要的行为：

- 收集信息——我们如何有效地收集所需要的信息，并向前推进我们的任务、想法和设计。
- 形成概念——我们如何整理我们收集的想法和信息，并形成一个可行性的商业概念。
- 概念调整——我们如何同时发展多种概念，而不是深陷在一种概念里。

第二个行为集群：参与

一旦我们完成了"想象"阶段，并且产生了一些可行性的商业概念，我们必须让其他人参与到过程或任务之中。在参与阶段同样有三种重要的行为：

- 情感关联——我们该如何很好地倾听他人的观点，并让他们认识到创建联系和亲密关系究竟意味着什么。
- 促进互动——我们该如何支持并且促进真正的互动，从而给团队创建连贯共享的产出。
- 人尽其才——我们如何支持并促进他人的发展以确保成功。

第三个行为集群：激发

一旦概念已经形成，人员已经参与，那么我们就可以进入到下一个阶段，激发人们的热情去进入行动模式。在激发阶段仍然有三种重要的行为：

- 扩大影响——我们该如何清晰有力地将我们的计划传达给参与到计划或任务的相关人员。
- 建立自信——我们应该如何激励他人，并且让他们对计划、任务、自己和他人充满信心。
- 影响他人——为了成功，我们应该如何影响其他与成功紧密相关的人并与其建立伙伴关系。

第四个行为集群：实施

当所有人就想法或者任务的意见达成一致，清楚地知道需要做什么而且还很自信可以做到，那么最后一步就是推动实施。在实施阶段关键行为只有两种：

- 积极主动——我们该如何积极主动地做事，并清除行动中的障碍。
- 不断提升——我们该如何专注于对结果的测评，并采取行动不断改善业务绩效。

这种模型通常被称为高绩效管理能力框架（HPMC），是全球领导行为测评使用最广泛的基础内容。另外值得一提的是，施罗德和科克里尔的最初研究不管是在模拟的还是现实的 VUCA 环境中都被证实是切实有效的。训练有素的观察人员对行为和一系列企业业绩评测进行了研究，证明这些行为是有效的。另外，这一模型还运用了一些最好的研究成果，包括理查德·博亚兹（Richard Boyatzis）教授为美国管理协会做的普林斯顿战略研究（1982）、佛罗里达教育管理理事会的能力研究（Croghan and Lake, 1984）、变革型领导力研究（Bass, 1999），以及哈佛大学、密歇根州（Katz, MacCoky and Morse, 1950）和俄亥俄州领导力研究（Stogdill and Coons, 1957）。因此，为什么那么多其他方法都走了捷径就显而易见了——做这样的研究需要大量的时间和资源，但是走捷径却总是会产生上面强调过的企业框架问题。

这个研究的主要价值是，它可以使我们集中注意力关注这11种行为，因为这11种是真正可以产生商业价值的"做"的行为，也是可以从"它"维度上改变结果的行为。也就是说，仅仅关注这些行为的表面现象是不会带来任何"内在"发展的。我们在"做"这个外在维度上所看到的行为，也是一个人多个内在因素发展的结果，其实是情感和本我。此外，这些行为是后天学习得来的而不是天生的。这些行为是在特定的环境需求里并通过适当的训练和发展才出现的，这也就意味着大规模提高绩效对于大多数领导者来说是可以的也是可能的，而不是对仅仅一小部分特定的人有效。

11种行为中的能力等级

识别出这些行为之后，成功的领导者和失败的领导者之间的唯一区别就是每一个领导者使用这11种行为时能够达到的发展度和完善度了。每一种行为都有6个发展级别（表2.1）。

表2.1 每种行为的发展级别

级别	描述
6级：战略优势	领导者把这种行为优势融入企业的体系或文化中成为传统，从而使企业不需要依靠他们来影响别人
5级：优势	领导者利用这种行为来影响更大范围的团队或企业部门，并经常在不同情境下展现这种行为
4级：可发展优势	领导者不断在具体的任务中通过行为来影响更大范围的团队和企业部门
3级：增值	领导者在某项具体工作上为企业增加价值，并偶尔会在不同情境下展现该行为
2级：发展不足	领导者理解该行为但还没有能力持续使用，也不能增加价值
1级：局限性的	领导者的不当行为阻碍或破坏了自己或别人的业绩并造成了恶劣的影响

一个领导者越成功、影响力越大，他就能展现出更多的行为习惯，比如

"优势"或者"战略优势"。因此，如果一个领导者了解了所有这11种重要行为的发展等级并指导他的高级管理团队中的每一位成员在这11种行为上的发展，那么他们的整体绩效将会大规模地提升。然而需要指出的是，这11种行为中的每一种所达到的完善度并不代表绩效提升的程度，它们只是代表了性质不同的行为，这些行为对于绩效有极大的影响，而这些影响既可能是正面的，也可能是负面的。因为有6个级别的划分，所以这种模型对个体、团队或者是企业都适用。因此，这种模型就不是一个简单的功能性能力模型了，而是一幅发展高效企业的蓝图。

运用整体连贯的领导行为特征的方法来管理高层团队，领导者能够准确地了解个人和团队的行为能力。精确地了解每位领导者采取哪种行为以及行为能力的级别是什么，这有助于任务指导和责任分配，从而使效益最大化。同时该测评方法也提供了一张清晰的领导力发展路线图，因此个人和团体可以得到按照个人情况定制的发展训练，转而进一步提高效率和生产力。

创建个人或者是团队的领导行为特征所需的数据的收集方式有以下几种。使用最为广泛的方法是全方位线上问卷反馈，这种方法收集到的信息包括自己、老板、一些同事对于个人行为的反馈以及他们的直接报告。这样就从不同的"情报人员"的不同角度，绘制出了一幅领导者行为优势和发展领域的全景图。然而，它主要的缺点就是数据的准确性，因为我们依靠的这些数据都是来自那些对行为和行为的发展等级不熟悉的人的主观想法。

一个更为客观的评测方式是让一位经过专门训练的咨询师跟领导者针对他在不同情况下的行为选择进行结构化访谈。这样建立的信息档案更为精确，但还要依赖领导者访谈状态，而且咨询师必须是经过良好训练并能够捕捉到好的行为样本。对一个领导者最真实可信的行为测评可以通过一个经过训练的专业人士在模拟企业环境中或在真正的工作环境中进行实时观察来实现。精确数据的收集方法如图2.3所示（Cockerill, Hunt and Schroder, 1995；Chorvat, 1994；Sackett and Dreher, 1982）。

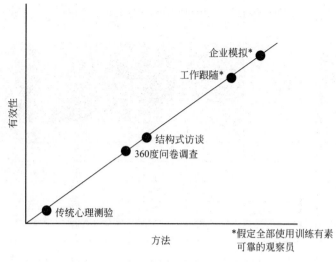

图 2.3　自各个方面的行为数据的准确性

如果某种行为被认为有"局限性",那领导者就会以某种方式抑制住这种行为,以免影响企业绩效。如果某种行为被认为是"发展不足",那么领导者在当前就不会表现这种行为,或者尽量不表现这种行为。大部分领导者都会有一两种"发展不足"的行为。如果某种行为被认为会"增值",那么领导者就会将这种行为作为基本的行为表现,以增加企业价值。大部分领导者都有三四种可以"增值"的行为。如果某种行为被认为拥有"可发展优势",那么领导就会表现出这种行为以增加价值,但是这不会持久地给企业带来显著的影响。如果某种行为被认为是"优势",那么领导者就会不断地表现这种行为,通过该行为为企业的长远利益带来巨大的影响。大部分领导者都有四五种这种"优势"行为或者"可发展优势"行为。最后,如果领导者不断地表现一种行为给企业带来巨大的影响,并且把这种行为优势通过实施体系或文化变革融入整个企业中,那么这种行为被认为是具有"战略优势"。

将一位领导者的行为与基于 55000 名经理的数据所做的全球基准做比较,通过领导在企业中展现的"战略优势"行为数量,可以将经理同首席执行官和全球首席执行官区分开(见图 2.4)。

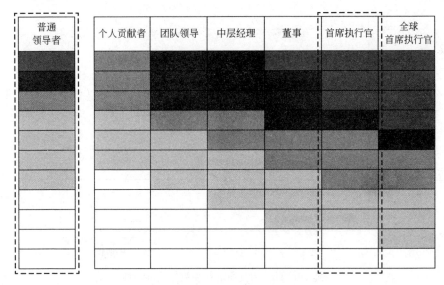

图 2.4　领导者行为全球基准

图 2.4 中的阴影部分对应表格 2.1 中的阴影部分。比如，一名普通领导者已经被识别出具有一种"战略优势"行为，一种"优势"行为，一种"可发展优势"行为和 4 种"增值层面"行为。同时他也有 4 种"发展不足"行为。拿他的结果和首席执行官的加以对比，结果表明他所拥有的行为"优势"大大少于他这个层次上领导者该有的"优势"行为。当然这并不是说他担负不起首席执行官这个角色，但确实说明如果他想成功，他还有非常大的发展空间。

所以，图 2.4 表明根据全球基准，一位高效的首席执行官会具有以下特点：

- 具备 11 种关键行为中的两种属于"缺陷行为"或者"技能不发达行为"的行为；
- 具备 11 种关键行为中的三种属于"增值"的行为；
- 具备 11 种关键行为中的三种属于"可发展优势"的行为；
- 具备 11 种关键行为中的一种属于"优势"的行为；
- 具备 11 种关键行为中的三种属于"战略优势"的行为。

通过辨识这 11 种关键行为当前的发展程度，领导者和他的管理团队就可以把注意力转向不管是个人还是集体的某个具体的发展领域。这种视角没有将时间和金钱浪费在一味的"领导训练"或者是"专业发展"项目上，而是有效地为领导力培训提供了一个严格的框架，而目的就是提升目前的"增值"行为或"可发展优势"的行为，将其变成持续的"优势"行为，并且将成熟的"优势"行为转变成"战略优势"行为。

当完全表现为"优势"行为或者是"战略优势"行为时，这些行为可以提供一种竞争优势，因为它们会让领导者、团队和企业在VUCA世界里表现突出（见表2.2）。了解你和你的团队处在这11种绩效驱动行为的哪个层面，就可以转变结果，从而指导整个企业中的学习和发展，向更加明确的目标努力，最后就会极大地提升个人和团队的绩效表现。

表 2.2　利用行为优势来创造竞争优势（第六级）

行为	竞争优势
收集信息（SI6） 形成概念（FC6） 概念调整（CX6）	• 位于曲线前段 • 很少突然被难住 • 对于企业问题有系统性的思考 • 强有力的、创新性的策略 • 能够对环境变化做出快速反应 • 对于任何偶然性事件都有准备
情感关联（EC6） 促进互动（FI6） 人尽其才（DP6）	• 员工敬业度极高，都感觉被理解和重视 • 通过多样性和包容性获得竞争优势 • 通过职能学习和合作进行有价值的创新 • 团队能够迅速应对更高层次的要求 • 能够吸引并留住非常有潜力的人才 • 丰富的人才储备让企业能够可持续发展
扩大影响（TI6） 建立自信（BC6） 影响他人（IO6）	• 强有力的识别与品牌 • 围绕企业核心价值的一致性 • 通过创建激励性和充满活力的工作环境来提升员工敬业度 • 市场自信 • 能够从互利互惠的伙伴关系中创造利润 • 强大的利益相关者支持
积极主动（BP6） 不断提升（CI6）	• 灵活多变并能够有效地把思想付诸行动的企业 • 员工可以积极主动为客户服务 • 追求高品质和可靠性的美誉 • 能够从错误中学习

相反，如果高层管理人员的这些关键行为仍然保留在第一级，那么我们将会看到一个灾难性的结果（见表 2.3）。

表 2.3　行为局限带来的负面后果（第一级）

行为	负面结果
收集信息（SI1） 形成概念（FC1） 概念调整（CX1）	• 否认现实 • 脆弱的策略 • 救火式的 • 只考虑征兆 • 冷淡而僵化的企业文化 • 抵触改变
情感关联（EC1） 促进互动（FI1） 人尽其才（DP1）	• 与员工关系疏远 • 极度不信任心态 • 孤军奋战行为 • 内部竞争和冲突 • 员工不愿意冒险 • 经常招聘和解雇员工/人员流动频繁
扩大影响（TI1） 建立自信（BC1） 影响他人（IO1）	• 策略混乱 • 对外信息传递矛盾 • 士气低落 • 受害者心理 • 缺乏主动性 • 输赢思维模式
积极主动（BP1） 不断提升（CI1）	• 官僚制 • 沉湎于过去 • 多个互不关联的举措 • 重蹈覆辙

这种以发展的方法分析领导行为的方式并不是将弱势转变成优势，而是凸显我们具备的"增值"行为或者是"优势"行为，并且采取积极的行动将它们进一步发展成"战略优势"行为。达到"战略优势"行为层面就意味着我们把最好的领导力融入企业之中，自然就会创造出领导力传奇。

了解这 11 种行为可以让我们辨别出较弱的行为或者是对绩效表现没有帮助的行为。比如，如果我们识别出一种行为的"缺陷"，这种行为在事业上肯定会拖累我们，那么虽然将行为弱势转变成行为优势很难，但是我们可以最大限度地减小行为局限，使这些行为不再是影响个人和集体绩效的障碍。

发展绩效驱动行为与行为构建

领导者并不是"天生的",一般来说,他们进入职场的时候不会带有这些行为。他们通常需要一定的时间和对 VUCA 环境的不断接触才能培养出这些行为。可能有一些特点使我们中的一些人更易于具备这些领导力行为,但这并不代表我们不需要通过努力工作来发展自己。依据良好的反馈、培训和操练,我们是可以快速跟踪我们的发展状况的。

如果不有意识地强化"吃水线下"的一些更为根本的发展领域,"想象"和"参与"领域中的一些较为罕见的行为是不会被掌握的。成人发展的整体方法是充分培养这些行为,这是更复杂的绩效驱动行为的必要前提。

虽然这 11 种行为都可以发展,但我们从来没有遇到过一个能够把所有这 11 种行为都发展为"优势"或"战略优势"的领导者。在团队或企业层面上,所有这些行为都需要存在,行为的差距在某些情况下将具有可预见的绩效影响。因此,通过对一个单位、职能部门或企业内的领导者进行评测,我们可以看到这个企业组织发展所面临的挑战。在个人层面上,发展领导力行为的最佳策略是:

- 发展行为优势的精髓,然后真正擅长它;
- 了解你所在的具体情境中到底什么行为特别有价值,并确信如果这些行为不是现在的"优势",那么你要么专注于自我培养,要么与那些已经拥有这些"优势"的人合作;
- 要充分识别到那些局限性(第 1 级)的行为,并积极地将这种行为提升为"发展不足(第 2 级)",以消除其不利影响。

这 11 种绩效驱动行为中的每一个都是独立存在的,并且可以与任何其他行为相结合。实际上,任何级别的任何行为都可以组合起来创建更复杂的行为结构(见表 2.4)。当我们了解这 11 种行为如何显示在 6 个不同的层次上,而哪些是较稀少的,哪些是更有害的,那么我们就可能会更准确地了解人们到底做了什么从而创造出了高绩效或者是表现不佳。以下是不同行为如何组合以形成复杂行为结构的一些示例。首字母缩写词请参见图2.2，能力水平请参照表2.2。

表2.4 复合行为及复杂的行为构建

积极的行为构建		消极的行为构建	
BP5+DP4	赋予权力	BP4+CX1	危险境地
BC4+DP4	培育人才	SI4+FC4+BP2	分析瘫痪
EC5+FI4	建立团队信任	EC1+BC4	高度紧张
FI5+IN5	合作	BC1+PO2	悲观
IN5+TI4	利益相关者管理	EC2+TI3+BC3+PO2	溃逃
CX5+FC5+FI5	创新文化	PO4+DP1	归罪文化
CI5+DP5	学习型企业	SI2+CF2+PO4	鲁莽行事

增加"它"外部世界的有效性

对于许多领导者来说，"它"维度是他们最熟悉的环境，许多人认为他们的商业成功完全是一个"它"现象。当我们谈论商业和商业报告时，我们将在很大程度上关注EBITDA（利息，税收，贬值和分期偿还）或通过衡量一些盈利能力来评判一个公司表现是否良好。吉姆·柯林斯（Jim Collins）在其撰写的很有影响力的《从优秀到卓越》（*Good to Great*，2001）中提到，他在他所研究的1435家公司中只找到了11家"伟大"的公司，他对"伟大"的定义是公司能在15年中做得比平均市场好3～17倍。而一个公司在"我们"这个维度的社会贡献或其发展卓越领导者的能力却在很大程度上被认为是无关紧要的。自从被柯林斯认定为"伟大"的11家公司中有两家已经不复存在了之后，人们开始质疑他对"伟大"这种单一的定义，而剩下的一家公司被收购，一家规模减半，还有五家已经表现相当平庸，只有两家仍然可以被认为是成功的。然而，企业对"它"这个维度的痴迷，意味着大多数领导者和公司还会继续投入大部分时间和金钱来发展他们在"做"的客观世界中的实力。因此，大多数企业在这个维度上的发展都表现出显著的垂直性。

这个"做"的维度有最多的工具来改善结果，并获得最多的关注。确实，数以千计的书籍都探讨了帮助企业提高这一维度绩效表现的策略和技巧，其中包括很多探讨过程的，如业务流程再造、组织设计、六西格玛和精益方法。我们不打算补充这个维度的资料了。尽管人们对这个维度关注得够多了，"它"维度上仍然具有很大的研究价值，可能并不是使用上述被过度使用的方法，而是采用新的入门方法，它们虽然不太为人知但非常有效，例如：

- 积极压力和极性管理；
- 全方位管理；
- 网络分析。

积极压力和极性管理

加大压力，更加鞭策你自己和你的员工并不会产生好的结果。我们从第一手经验中了解到这一点，但是当情况糟糕时，我们却恰恰要这么做。通常这是因为我们根本不知道除此之外还能做些什么。

但是，领导者可以减少员工的压力，让他们放慢工作节奏，从而有意识地减少体制中的压力，这一切都有助于提升绩效。这可能会让人觉得与我们的直觉背道而驰，但如果领导者或其管理团队已经处于绩效曲线的下坡，那么这么做是绝对有必要的。

减轻压力的两个最有效的做法是澄清和简化。一个投入时间让一切都变得清晰明了的领导者可以大大提高团队绩效。以一种让公司的每个人都能理解的方式清楚地阐述你的企业战略、野心、目标和愿景，这是给公司带来真正变革的重要工作。

这可能看起来平淡无奇，但是我们却常常惊讶于那么多高层管理团队竟然对企业的这些指导性概念全然不知。即使企业中的每个人当被问到时都说"知道"这些概念是什么，并且频繁地提及这些概念，但是当真正讨论的时候我们明显发现其实每个人对这些概念及这些概念与企业的关系都有着不同的理解。除非参与讨论的人都清楚他们实际上在谈论同样的事情，否则要进行一场有意义和有成效的对话是不可能的。

同样，永远试着减小工作复杂性的领导者将会减轻企业内部的压力，提高团队的绩效，而无需进行任何其他工作量的变化。不断地进行工作回顾并进一步目标明确化是积极应对企业压力的好方法。我们需要更加明确的最关键领域之一是关于我们对于正在处理的问题的定义，具体来说，因为一些问题根本不是问题，它们是极性。

极性管理

作为领导者，我们经常认为我们的作用是提供解决办法，而澄清和简化是降低压力的关键方法，但有时我们可能会把问题过于简单化了。例如，我们会经常听到高管们说"只关注销售就行""削减成本""从生产过程中消除缺陷""改善客户服务"等。但是，在企业中我们面临的许多挑战并不是仅仅在一个选择和另一个选择之间进行简单的"权衡"就能解决得了的。各种可能的答案之间通常是相互关联和相互依存的，正如"我""我们"和"它"这几个维度之间也是相互关联和相互依存的。例如，很难在降低成本的同时增加客户服务。

我们面临的挑战以及我们认为可以选择作为解决问题的方案通常都不是明确的、能够精确按照设置的参数或框架进行分类的独立的实体。真正的问题往往不是可以根本解决的问题。它们需要的是管理极端（Johnson，1996）。这听起来可能不过是词语使用不同罢了，但这里真的存在着巨大不同，如果能够被正确地理解的话，它可以使任何领导者或团队完成任务的能力产生巨大的差异。许多团队浪费了非常多的时间争辩不休，试图"解决"某个"问题"，但其实不是一个问题——而是极性。极性需要管理而不是解决。了解这个简单的真相可以省去领导者的大量时间和精力。

典型的极性是以下因素之间的相互作用：

- 个人自主与团队凝聚力；
- 集中协调与个体拥有；
- 低廉价格与附加价值；
- 客户服务与运营效率；
- 内部竞争与跨职能协作；
- 坚持过程和商业适应；
- 独裁式决策和参与式管理（Johnson，1996）。

为了让极性的概念更具体化一些，让我们来探索一下个人与团队之间长期存在的紧张关系。大多数企业认为个人是业绩的主要驱动力，而不是团队。因此，每个领导者都"拥有销售目标"，每个人都有明确的责任，每个人都要汇报进展情况。虽然这可能使管理结果更容易些，但却无法挖掘集体的潜力——因此迫切需要"我们"维度的垂直发展，以便我们可以利用集体的力量。

例如，一位管理人员可能会抱怨说他的部门的团队合作不足，每个人都各干各的，没有合作、信任或协商，经常犯错，士气低落。于是他让每个人都参与到团队建设过程中。即使这个方法奏效了（虽然很少），每个员工开始更加以集体的方式进行工作，那么新的团队又会面临一系列新的挑战——工作效率和决策速度可能会放缓，因为所有的决策都由集体产生，个体创新几乎消失了。

事实是，团队绩效既取决于个人贡献也取决于集体努力。在团队的支持下，个人的成绩得到提升，而个人的出色表现也增强了集体的成果。这两个"极"中的每一个和另一个都是相互依存的。当然，即使个人和团队的努力都得到了关注，那也有积极维度和消极维度之分。让两者得以充分发挥则需要我们了解这些极点如何相互影响。在没有这样的理解的情况下，我们就会很容易陷入在每一个极点的优势和缺点之间始终摇摆不定的状态之中，这种无休止的摇摆状态被称为"极性两步"（见图2.5）。

图 2.5　极性两步

如果把团队和个人的绩效视为两个独立的问题，那么在解决个人绩效问题时，我们可能会无意中损害团队绩效，反之亦然。因此，如果我们决定通过推进个人领导力发展来改善整体企业绩效的话，我们可能会以牺牲团队能力为代价来鼓励个人发展。如果我们过分关注个人表现以推动更大的个人主动性、创造力发展并开更少和更短的会议，那么可能同时也会给个人绩效造成不利的影响——孤立、没有共同的目标或协同优势。相反，如果采取纠正措施来改善团队合作，那么所有人都可以作为一个有凝聚力的单位进行工作、相互了解和增加能量。但是追求更好的团队合作也往往产生诸多问题，如太多服从性、创新性缺失以及漫长而艰苦的会议等。所以以牺牲一极的方式来关注另一个极点会导致陷入一个无限循环之中——因此我们使用那个无穷大的符号表示"极性两步"。

实际上我们需要做的是在个人和团队表现之间要适当平衡，以便我们在没有激发两者最差的表现的情况下，让两者达到最好的表现。如果我们没有做到两者的平衡，我们会得到相反的效果——即个人和团队两者产生了最差的表现，这其中任何一个对我们都是没有任何好处的！

这种极性两步在企业中是非常常见的——无论是中央控制还是地方自治之间的极性、质量和成本抑或团队和个人之间的极性。当我们明白许多商业问题根本不是问题而是需要管理的极性的时候，我们就会开始取得真正的进展。当我们理解任何一个观点的优缺点时，我们就会对那些危险信号加以小心，进而在两个极点都出现问题之前进行再平衡。如果需要的话，我们仍然可以保持对简化的关注，而避免无意中进入极性两步。

合弄制管理或有效的管理

我的一个美国同事布赖恩·罗伯逊（Brian Robertson）创造了"合弄制"（Holacracy™）这个词，意思是"组织、管理和运行组织的综合实践"（2015）。它以一种新的分配能力和实现控制的方式取代了今天的自上而下的预测和控制范式。它是一个在企业运行核心流程中逐步推进快速发展的全新操作体系。

这个词本身来自术语"合弄"（Holon），它描述了某些东西本身是一个整体，同时也是其他整体的一部分。例如，夸克（quark）是一个整体，但它同时也是原子的一部分；该原子也是一个整体，同时是分子的一部分；该分子是一个整体，同时也是细胞的一部分。你是一个整体，也是一个家庭的一部分；家庭是一个整体，同时也是社区的一部分；社区是一个整体，也是一个国家的一部分。

这个整体与部分的关系对于生活中的大多数事情来说都是适用的，企业也不例外。企业里的每个单位或部门本身就是一个整体，但同时也是更大范畴的企业的一部分，而该企业是一个行业的一部分。因此，合弄制或有效的管理给我们提供了一个完整和实际的管理方法，该方法同时注重整体和部分。

在过去 20 年里与世界各地的企业打交道的过程中，我听到他们都普遍声称拥有强大的管理。然而，当我们深入了解实际情况之后，他们大多数人所说的"管理"只不过是法律意义上的"遵从性管理"或"运行监督机制"。跨国企业里真正的、高质量的、有效的管理远比我们大多数人想象的要少得多。当我质疑企业的管理质量时，我不可避免地被问到管理到底是什么意思。简单的定义是"谁决定由谁来决定"。谁决定某些决定应该由首席执行官单独来做，其他决定应该由首席执行官和首席财务官一起做，而实际上最终还是执行董事会做的不同的决定？决定让一个人或一帮人来做决定，而不是让另一个人或一帮人，这个决定又是在哪里做的？如果我们要改变这种决策方式，谁来做这个要改变的决定？在 VUCA 环境中很多事情在不断发生变化，需要做出的决定非常多，这些领导者只能做这些决定，不管他们愿意与否、是否有权这样做或者他们是否是这些决定的最佳人选。管理团队很少坐下来讨论应该在哪次会议做出哪些决定以及为什么。尤其罕见的是为了对一个决策的产生进行职权范围和职权限制检测而设立一个审查过程。

许多公司成立小组或委员会探讨问题并向董事会报告，但小组或委员会通常都不会拥有多少决策权力。"谁决定由谁决定"缺乏明确性是导致企业效率低下、次优绩效和领导障碍的主要因素。结果，许多关键的决定实际上是在走廊对话、行政"酒吧"或"离线"聊天中做出来的。如果一个人是管理团队的新成员，那他需要很长时间才能弄明白决策权到底在哪里。例如，一个新的执行官可能要参加"转型委员会"会议，这个会议旨在决定资本支出问题，但他却发现人们在讨论开始之前就已经神秘地达成了一致的意见。通常情况下，讨论其实已经于开会之前就在其他地方进行了，这个所谓的委员会走的不过是一个确认决定的进程，而不同意见是不被允许的。即使没有发生这种情况，而且确实进行了讨论，但是决策过程往往不够清楚，有时候首席执行官会介入并真正操纵每个人。在另一个问题上可能会采取投票解决，有时候某个问题会被"搁置"一天，这通常意味着将由会议室外的几位领导者私下做出决定。

这并不意味着所做出的决定都是错误的，但是通常很难让我们了解到谁决定由谁决定哪些决策、决策过程如何、如何改变或扭转一个不起作用的决策，以及我们需要向谁进言才能得到批准或签字。相比之下，真正有效的管理涉及一系列详细而有力的机制和流程，这些机制和流程在整个企业中得到彻底的理解和实施，然后可以不断提高组织效率和复杂问题决策的质量，并精确地阐明责任，从而产生更高的行政一致性。这样有效的管理也是减少体系内压力的一个不错的方法，因为它简化和澄清了那些没有答案或者甚至还没有被提出来的一些关键问题，并帮助我们找到答案。

例如，你的领导团队中的每个人是否都真的知道实现团队目标应该做什么，并由谁来做？他们是否都清楚每个人有多少自主权？是否每个人都知道决策是如何做出来的？如何明确和分配任务？要遵循什么总体方针或政策？他们很有可能并不清楚，但这些都是管理上的问题，牵涉到这个群体如何一起组织工作，对这些以及其他重要问题的回答将明确这个群体内部的权力关系和期望值。一个明确的回答这些问题的管理框架只能来自（如果存在的话）企业的高层，但是这些问题不仅仅存在于董事会会议室里，也同样存在于工作场所里。如果没有一个每个级别的每个团队都明确的管理流程，改善企业模式和绩效的可能性往往仍然不会太大，或者基本上会卡在企业的高层。然而，大多数高层领导者都迫切想要进一步提升企业的表现。

有效的管理需要具有很多不同的过程，尤其是：

- 定期管理会议；
- 明确角色和责任；
- 一个目标驱动的董事会。

定期管理会议

对于大多数企业来说，它们的决策和问责机制没有得到正确的定义——通常是因为"做"维度的紧迫挑战使得它们都要关注行动，而坐下来讨论"谁决定由谁决定"似乎是一个不必要的过程或官僚式的浪费时间。结果，管理层几乎很少花费时间来考虑什么是实际的管理。公平地说，一些组织确实有一定程度的有效管理，但即使有，它们的管理讨论过程也从来都没有在公司的上上下下得到普遍了解和实施。

最具讽刺意味的是，领导者成年累月试图解决的主要问题就是管理问题。如果我们对领导者所面临的无数问题做简单的调查，我们就会发现这些问题的产生几乎都是因为领导者没有明确了解谁做什么决定、为什么要做这些决定、在哪里做的以及谁要对企业规划产生的某些结果负责等。

我们鼓励每一个团队定期抽出时间召开正式的管理会议，并把其与业务会议和战略会议分开，确保企业中的每个人都知道这些关键的管理问题的答案是至关重要的：

- 需要做出哪些决定？
- 谁来做这些决定？
- 我们如何决定？
- 我们将遵循什么流程？
- 我们将遵循什么指导政策？
- 我们将如何改变答案？

管理会议应该得出的结果：

- 明确所有决策讨论会，并策划出新的必要的分讨论会；
- 界定所有讨论会的职责和权限；
- 定义报告流程、频率和质量标准；
- 建立会议记录和交流方式——"团队规则"；
- 设立新角色；
- 设定明确的责任，并为现有角色分配新的责任；
- 制定新政策或改革现有的政策；
- 定义工作方式；
- 为需要了解管理会议结果的人员建立合适的反馈机制、系统账户和模板进行交流。

成功的企业不再由高层的几个人管理，实际上他们每天都会见到对方并且进行交流，因此对管理会议上做出的决策的交流至关重要。全球化、技术、增长速度和复杂性意味着我们需要重新定义、明确和统一在强大管理后面的游戏规则，以确保每个人都会在观点和关键性决定上能够达成一致，也不会让问题和讨论被忽略掉。大多数领导人都清楚地知道无休止的会议浪费了多少时间，原因就是在这些会议中的人们不知道为什么他们在那里，他们想要达到的目的是什么，谁能够而且应该做出最终决定，谁来负责实施。由于经营的、战略的和管理的问题并没有在单独的会议中进行讨论，而经常是由于"紧急"事件被召集起来，这一切都造成了更大的混乱。常见的情况就是会议落脚点变成了如何去解决当务之急，而不是专注于"重要"的事情。因此，有效管理的核心原则之一，就是要为经营的、战略的和管理的会议设置不同的并建立单独的会议、频率和会议准则，从而减少会议的次数和时间，同时也大量增加产出和绩效。

从人文层面上，管理会议也可以改变团队的情绪。对管理缺乏清晰的认识使每个人对于谁应该做什么以及如何做的预期值非常模糊。没有一个明确的管理过程，人们更易于编造关于别人的负面说法，或者当这些没有明确表述出来的预期和假设没能实现的时候，人们就会相互指责。而逃避责任和相互指责并不能推动企业发展、提升业绩。因此，定期的管理会议为团队成员提供了一个讨论会，引导他们将因不正确的预期而产生的困惑转化为有组织的学习和持续的提高。玩政治手段现在已经不好用了，而个人戏剧性表演也让位于更真实的关于如何根据企业目标去推动企业自觉发展的讨论。

明确角色和责任

对角色和责任加以详尽地描述和说明是有效管理最先要做的关键一环。这听起来平淡无奇，大多数管理团队成员都会说他们已经做得够好了，或者说已经包含在详细的工作描述中了。然而，在我们详细了解管理人员责任的时候，很容易就找出一些没有人明确负责的空白，以及责任重叠的地方。显然，当事情没人做或者当管理者感觉其他人在"干涉自己的事务"时，这些空白和重叠可能会导致团队的紧张感和挫折感。此外，随着世界的加速发展和事情的快速变化，责任空白和责任重叠产生的可能性也会变得更大。因此，在管理会议上对责任进行持续审查是至关重要的。

在与执行董事会和团队进行管理研究的过程中，我不断惊讶地发现，即使是它们已经花了大量时间研究了"RACI"模型［谁负责（responsible），谁批准（accountable），咨询谁（consulted），告知谁（informed）］，我们仍然可以大幅度提升这些团队的责任认知度和绩效。

无论谁能够填补某些职位，正处于该职位的人是否有能力做好这个工作，我们都需要明确角色和责任。太多的企业试图将职位交给某个人来做，而不是探究企业真正需要什么，然后按照需求去招聘和培养人才。

一个目标驱动的董事会

如果"人才战争"在过去几十年中已经证实了什么的话，那就是一个公司的金融野心并不足以吸引、留住和激励最优秀的人才。描述为"公司发展的未来愿景"之类的空洞宣言也不能有效地吸引、留住关键人才，因为它们太抽象或是陈词滥调了。越来越能吸引最优秀人才的公司是那些善于问"为什么"的公司，它们能够吸引和激励人才的情感目的，并让他们释放自由决定能力（Sinek，2009）。

利润不是目标，它是一个衡量标准。但是当董事会完全由股东代表组成的时候，利润很容易被误认为是目标。伟大的公司首先是以目标为导向的，所有的活动都旨在实现这一目标。明确企业的目标是一项高技术要求的工作，需要时间，而且必须由企业内部与关键利益相关群体的代表合作完成。很少有企业能找到一个让人奋不顾身的目标。很多企业最终会因为太难或与运营绩效无关紧要而放弃。甚至有一个富时指数（FTSE）20 的公司的董事会成员对我说："我看不到有意义的目标何在！"如果你真的不知道你为什么做你该做的事，那么你真的会迷失。目标是让员工从心底自发努力并吸引员工到企业工作的"为什么"。它也可以使公司对其客户群更有吸引力，并最终成为强大的凝聚力。在一些我们已经帮助其明确了企业目的的公司中，目的多年来就像指南针一样，帮助引导企业活动并保持企业内部的一致性。

工作关系分析

能够帮助提升"它"这个维度绩效的最后一个工具是工作关系分析。这个工具提供了关于企业运营情况到底如何的重要信息，而不是用组织结构图表示出来的运营情况。这些信息可以用来指导和影响业绩。

基于复杂的社会网络理论，这个工具把企业内部及外部人与人之间的关系以及他们的互动模式具体化了。通过向高层领导者询问7个简单的问题，我们就可以在几分钟内产生数千个数据点，这些数据点可以揭示关于工作关系的3个方面的宝贵信息：

> 1. 职能关系
> 问题1：说出你通常获取与工作相关信息的人。
> 问题2：说出你经常一起合作的人。
> 2. 情感性关系
> 问题3：说出你在交往过程中最能给你带来能量的人。
> 问题4：说出你愿意与其分享敏感信息的人。
> 问题5：说出当你遇到困难的时候去寻求帮助的人。
> 3. 领导关系
> 问题6：说出你觉得开拓了你个人思维的人。
> 问题7：说出你寻求领导或引导的人。

在企业中和在生活中一样，没有什么事情是能够独自一个人完成的。联系和集结一群人并实现目标的能力在很大程度上取决于领导者关系——职能、情感或领导力。当高层管理人员回答了这7个问题之后，网络就可以使用深度网络分析进行"解读"。

深度关系网络分析

深度关系网络分析（Deep Network Analytics，DNA）让我们看到谁和谁有关系、为什么有关系以及每个关系的强度。单边关系（由单弧线代表）表示 A 提到了 B，但 B 没有提到 A。双边关系（以波浪双箭头线表示）表示 A 和 B 彼此都提到了对方，这表示双方具有更强有力的联系或关系。单个节点的大小也揭示了该个体在整个关系中的重要性。

在图 2.6 中，显示了一组 24 名领导者的连通性。这是"信任子关系"，在这里领导者们回答了"对于敏感信息，你信任谁"的问题。这种类型的可视化即时揭示了一些重要的信息。例如，这个人群内部有明显的两个较小的集群，其中多个个体彼此相互提及。这两个子集群似乎只有两个人（标记为 A 和 B）连接在一起。这两个人在"关联"这两个子集群中起到很重要的作用，但是他们还不是整个关系中最中心、最重要和最有影响力的。这样的关系分析可视化是可以进行调整的，以便使得每个节点都可以代表个体、团队或整个组织。

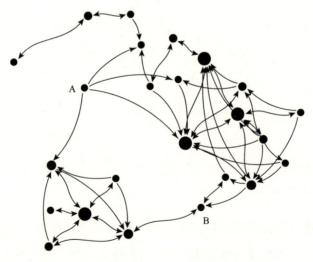

图 2.6　信任子关系中连通性的简单关系可视化

虽然在探索各种社会关系概念方面有丰富的学术文献，但术语往往还是晦涩难懂的。用来解释各种连接类型的许多词语，如"紧密度""密集度"或"威信度"对于那些尚未深入了解这一学术领域以及那些将其与企业环境相关联能力有限的人来说，都是非常难懂的。因此，大多数企业尚未利用关系分析的力量来改变其企业。我们的关系分析软件旨在为企业中的关联性提供可理解的可视化分析，我们的深度关系分析简化了术语，为部门、团队和跨职能部门之间工作中存在的真实关系创造了令人信服和可操作的信息（见表2.5）。

表2.5　通过深度关系网络分析（DNA）获得的全面分析

度量标准	如何测量	含义是什么
重要性	提及你的人数	你与别人关联度怎样
对称性	相互之间都提及对方的人数	你的人际关系的相互性
中心性	到达整个网络的步数	你与所有人的沟通速度
聚类性	你处于的双向小团体的数量	你能联合的力量
桥接性	你关联的族群数量	体系对你的依赖度
影响力	你拥有的高质量关系的数量	你影响体系的难易度

通常来说，当人们想到他们的人际关系时，他们倾向于简单地考虑连接数量。换句话说——有多少个人和那个人有关系？但是，连接的数量并不总是那么重要，它在衡量影响力或影响范围方面就不是一个很好的标准。只是在脸书（Facebook）上有数千个联系人或成千上万的"朋友"，并不一定意味着这个人是有影响力的。也就是说，这是一个有用的出发点，但是其"意义"只是衡量连接数量。这些数据可以帮助我们初步处理个人的社会连通性。

例如，图2.7所示的数据是一家跨国企业中60名高管回答这7个关键问题时所留下来的4万个数据点的快照。这些数据显示了每个人在不同关系中的被提及数量。你会注意到，这个企业的首席执行官拥有最多的关系，总数为145个。营销总监和运营总监有第二多的126个被提及数量，接着是财务总监，101个。在这家特定的公司里，这完全符合这些领导者对企业的影响程度。被提及数量排在第五位并赶超其他6名董事会成员的是该公司的一名后起之秀，而且已经被确定为未来的后备董事会成员。这些数据有助于证实这个后起之秀的潜力和主要董事会成员在企业中的重要性。

	功能	信息 总计	合作 总计	能量 总计	信任 总计	支持 总计	引导 总计	策略 总计	总计
1	首席执行官	12	6	46	12	11	29	29	145
2	营销	16	10	25	12	14	30	19	126
3	运营	25	12	28	9	13	23	16	126
4	财务	12	7	16	13	8	26	19	101
5	营销	17	15	31	13	10	10	2	98
6	人事	11	10	8	17	14	12	14	86
7	其他	8	5	7	8	16	17	20	81
8	广告	13	8	12	5	8	17	11	74
9	人事	10	9	6	16	17	6	8	72
10	策略	8	7	12	4	3	23	3	60
11	运营	17	6	12	7	5	6	4	57
12	人事	5	10	11	4	9	5	6	50
13	财务	13	5	4	9	8	6	5	50
14	人事	7	7	2	9	11	5	6	47
15	财务	12	3	1	6	4	14	4	44
16	运营	11	10	5	6	4	3	4	43
17	财务	7	8	1	7	6	8	5	42
18	广告	16	11	2	6	3	3	0	41
19	运营	12	11	10	3	3	2	0	41
20	策略	10	10	5	4	5	4	2	40

图 2.7　重要性图示

深度关系网络分析所确定的下一个指标是"对称性"，它显示了一位高级管理人员的社交关系中与其他人之间存在多少双向连接（见图2.8）。换句话说，一个管理人员提及多少人，然后又有多少人提及他呢？这个深度关系分析的指标可能相当微妙，因为一个人可能在7个问题中的一个问题上与一个人有双边关系，而不是在所有这些问题上都有此关系。例如，可能存在双向的信任关系而不是信息关系。关系之间的互惠性越大，相互关系强度越大。这通常表明利益相关者和另一个人都会视对方为同伴。图2.8显示了"信息"关系中高度对称的示例，其中每个连接都是双向的。相比之下，右侧面板显示了"扩展性"关系中的关联，所有的连接都是单边的，即低对称度。

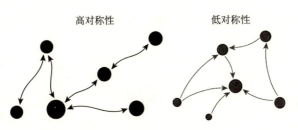

图 2.8　对称性图示

"中心性"确定了一个领导者在关系网中处于怎样的核心地位；也就是说，领导者需要多少步才能进入整个外部关系的最外缘（图 2.9）。显然，越接近中心，领导者通常承担的责任就越多，然后他对整个关系网的影响就越快。图 2.9 中的"A"人物明显比"B"有更高的"中心分数"。

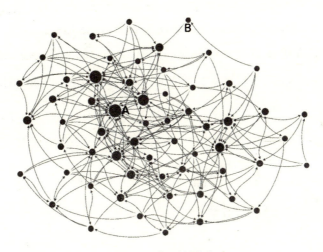

图 2.9　中心性图示

另一个关键的深度关系网络分析指标是"聚类"，表示双边关系的三位一体的数量，或者三位及三位以上的领导人共享双边联系的子群或群集（见图 2.10）。这表明强大的联盟在解决问题以及转变一个体系或文化方面非常有用。

在给出的示例中，标记为"A"的执行官仅与该集群中的单个双向连接的一个集群相连。标记为"B"的执行官属于具有双边关系的四个集群。因此，执行官"B"的聚类分值要高于执行官"A"。

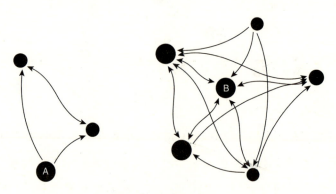

图 2.10　聚类性图示

如果你的绩效提升计划需要在人际关系中进行行为改变时，那么"桥接"指标尤为重要。如名称所示，这个深度关系分析指标决定了领导者或高级管理人员是否是关键集群之间的桥梁（见图 2.11）。在图 2.11 的例子中，"A"是来自一个部门的唯一一个连接两个部门的人员。因此，他们对两个部门的重心转移都会产生重大影响。

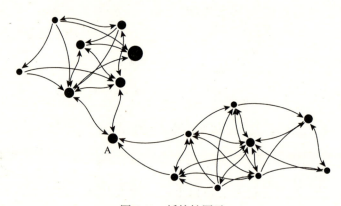

图 2.11　桥接性图示

最后，"影响力"旨在确定领导者在特定关系网络中的整体影响。这个深度关系分析指标确实是由那些提及该领导者的重要性所驱动的。因此，领导者连接的人数可能相对较少，但如果这些连接是强有力的，那么它们将在网络中更有影响力。例如，通信总监可能不会在关系网中与很多人有连接，但如果他们得到首席执行官和财务总监的信任，那么他们将因为这些高级连接的性质而得到高比例的影响。如果连接他们的人是公司里的重要人物，即使只有一两个人，那也比有无数的小人物连接他们，给高级主管造成的影响力更大。

关系分析和深度关系分析可以让我们看到谁连接到谁、为什么会有这样的连接以及这些连接有多强。这些分析在提高个人、团队、部门和企业的绩效方面非常有用。这不仅让我们能够确保合适的人做适合他的事儿，而且如果我们知道需要谁来做的话，对于整个企业的组织结构也是有好处的。任何企业的组织结构图都可能告诉我们谁应该向谁报告和为什么进行报告，但关系分析能够实时了解企业中实际发生的情况，然后我们可以使用这些分析来实现我们的战略目标。

行动步骤

当谈到从"做"的客观世界抽取价值的时候，只有我们保持睿智，才能够找到更多可以做的事情。以下是一些可以帮助从"它"维度提取最大价值的建议性的操作步骤：

1. 评估所有高层管理团队在 11 个绩效驱动行为中的发展水平。
2. 确定并利用团队中的"优势"和"战略优势"，并使用这些结果重新协调团队的任务和责任，以提高绩效。
3. 确定"发展性优势"，鼓励每位资深领导者投资于这些行为，提升到"优势"。
4. 确定高级团队的局限性行为，并对发展策略进行量身定做，以阻止这些行为破坏个人和团队绩效。
5. 减少个人和团队的过度压力，以确保业绩迅速提升。监测压力，以确保每个人都保持在压力性能曲线上的健康一面。

6. 确定哪些企业挑战是可以解决的问题，哪些是需要管理的极端。积极管理极端，以获得两个极点的最佳状态。

7. 召开定期管理会议，并与业务和战略会议分开，确保管理谈话不仅仅是服从或运行监管。

8. 节省时间、精力和金钱，通过实施有效的管理流程来确保在企业各个层级的合适的会议上进行快速决策。

9. 花时间来明确角色和责任以便达到更高的标准。特别注意要确定出责任空白，去除责任模糊或责任交叉。

10. 明确你的企业目标，并确保其符合你的企业愿景，这两者都可以吸引高端人才到你的企业来工作。

11. 看看企业中谁和谁有关联，为什么有这些关联以及这些关联有多强。使用数据发现被隐藏的人才、有发展潜力的人、业绩不佳的人和阻碍企业业绩发展的人。还要利用数据分析来做合适的人才投资，跟踪重组的影响，推动主动性并逐步提升业绩。

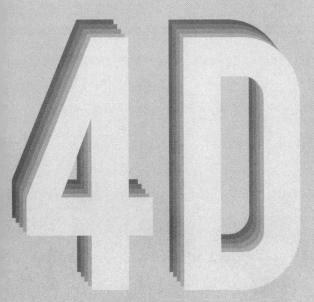

第二部分
"存在"的主观世界

第 3 章
"我"维度的垂直发展

虽然很容易理解为什么我们都非常专注于与行动、行为和结果相关的容易观察的外部世界，但这种方法已不再像以往那样能带来我们需要的结果了。我们都忙着试图找到关于性能、生产力、创新和增长等普遍性商业问题的解决方法，但我们往往不会意识到我们都是从同样的维度或角度来考虑这些问题（"它"的维度）的。我们可能会偶尔探索"我们"这个维度上的相互依赖的世界来试图提高团队绩效，但这种努力通常集中于团队必须"做"什么而不是团队如何发挥作用，或者人们在团队中如何相互作用。而对于"存在"的主观世界（"我"），却很少考虑过。

毫不奇怪，我们很少提出任何真正可区分的或完全创新的东西。相反，大多数企业只是反复提出和它们的竞争对手一样的不完整而且只是部分有效的解决办法，相同的想法和战略也并无二致。我们需要的是一个与之前不同的有利位置，从这个位置，我们能够从一个完全不同的角度看待我们面临的挑战，我们能够开辟新思路，提出全新的并长期有效的解决方法，这就是这一章节将讨论的内容。

我们将探索内在、主观的"存在"世界，尤其是因为这是实际领导力真正开始的地方。内在发生的一切对我们在外部看到的结果都有很大的影响。

因此，本章还详细介绍了一些实践练习，可用于提高能力水平，促进更好的高质量思维，增强情感意识，提升情绪智力。所有这些都可以提高利益相关者的认同度，增加我们快速跟踪结果的能力，并吸引其他人一起参与发展过程。

综合性能模型

对于大多数企业领导者来说，真正重要的是结果。客观的结果往往被视为衡量成功唯一的标准，因为它会如实告诉我们企业经营的进展情况。但是，如果我们要为所面临的各种复杂问题认真地寻找长期的解决方案，那么我们必须更深入地研究其"内在"原因，而不仅仅是关注"外部"表象。图 3.1 中的综合性能模型对这种动态过程进行了形象化的解释。

图 3.1　综合性能模型

我们在商业活动中获得的结果存在于外部客观世界中，因此它们是可见的。如果这些结果不够好，那么我们大多数人会立刻审视客观外部世界中看到的行为，看看我们需要做些什么来改进这些结果。但是驱动这种行为的最重要的因素是什么呢？一位经理可以发布指令，也可以将某些行为纳入其关键绩效指标或绩效管理体系,但这些以及其他一些举措都不能保证会激发所期待的行为。那么行为的真正驱动力是什么呢?

答案是思维。我们所想的决定了我们所做的。所以如果我正在训练一位高层管理者,而他认为我的建议是垃圾,或者不知道我在说什么,那么他就不会按我所建议的去做。同样地,如果我在这本书中分享的内容是不合理的,那么你将会合上这本书,也不会做出任何的改变。而如果你不做出改变,你也就不会得到不同的结果。

所以说,为了创造可持续的行为改变,我们实际上必须要改变的是思维。因此这项任务变得更加困难。如果你认为很难改变人们的行为方式,那么就尝试改变他们的想法吧!但是,即使你是某方面的专家,可以促使那些为你工作或与你一起工作的人改变想法,遗憾的是,这还不足以保证改变我们的命运。为什么呢?因为我们的思考内容和思考质量是由人类系统中更为根本的东西决定的——而这就是我们的感受。

我们的感觉如何直接改变我们的想法?思考和感觉是相互影响的。我们的想法影响我们的感受,而我们的感受同样影响我们的想法,因此它们紧密相连,密不可分。但是,如果"思考"和"感觉"进行较量,那么"感觉"几乎每次都会赢,因为感觉比思考来得更快,也更强大。所以,最终决定我们行为内容的是感觉而不是思考。对于许多"心智正常的理性主义者"来说,这是一种异端学说,因为他们坚信思考决定所有的行动。但是,认为思考是主要驱动力的信念本身就是一种感觉!一位运营经理可能认为,"今天晚上回家之前,我真的要完成这个投标文件"。但是如果是星期五下午,而且他们不想做这项工作呢?思考和感觉哪一个会占上风呢?几乎每次都是感觉获得了胜利。如果这位运营经理有足够的行为动机,或者,如果他对不完成这项投标文件的后果感到一些恐惧,他就能够在下班回家前完成这项工作,但这是一种正在进行的策略,并不是可持续的。更可能的结果是,他轻易屈服于他认为没有完成投标是正当行为的想法,并说服自己,提前回家是可以的(感觉是正确的)。

作为成年人，如果我们认为一件事情足够重要，即使不愿做，我们也能够强迫自己去做，但这种坚持不会长久，除非我们真的喜欢上这个行为，并"觉得它重要"。我们的感觉对我们所做事情的影响要比思考的影响大得多。我们都清楚这一点。当我们逐渐变胖时，我们知道自己需要少吃并多锻炼身体，但是，在最初的热情消失之后，我们就不再想去健身房，而且我们会认为自己这一周已经很努力了，所以应该奖励自己一个加双层奶油的黏糊糊的太妃糖布丁！

为了改变人们思维的质量，帮助他们采取不同的行为方式，提高绩效，取得更好的成果，我们实际上必须要改变的是他们的感觉。把人们的感觉改变得具有持续性几乎可以算是一门艺术。大多数营销人员可以暂时改变人们的感觉，但如果我们想要永久地改变结果，我们就需要永久地或至少长期地改变人们的感觉。如果你是一个有天赋的营销人员或讲故事的天才，可以成功地改变人们的感觉，这样够吗？不，这还不够。因为我们的感觉是由人类系统中更为根本的因素决定的——情感，更准确地说，是情绪能量（一种不断运动的能量）。

如果一个同事生气了，你说，"没事的，你需要冷静下来"，这样有用吗？不，一点用都没有。即使他意识到自己必须冷静下来，而且想主动地冷静下来，但实际上这是非常难以做到的，因为这种原始情绪已经遍布他的全身，在血管、神经和气管中汹涌澎湃。在人们生气的时候告诉他们要冷静下来是没有意义的，那已经太晚了。而这个原始情绪遍布全身的首要原因，是因为在人体系统的更深的内部存在许多生物反应和过程，而人们并没有意识到这些反应和过程。他们的生理机能已经开始生效，并最终促成了他们的行为。

长期业绩不佳的真正原因是每个人都太忙于将改变行为视为改进的途径，而没有意识到行为只是一个我们看得见的替罪羊。真正推动我们行为的是内在的、看不见的思考。而我们所思考的内容及思考的程度在很大程度上取决于我们内在的看不见的感觉，这些感觉是由内在的看不见的情绪所驱动的，这些情绪由无数内部的、隐形的生物物理信号和过程组成,在任何特定的时刻都是这些信号和过程构成了我们的生理机能。

绩效下降,决策不佳,策略执行不力,是因为相关人员的生理机能变化,而他们自己根本没有意识到。如果你真的想提升绩效并展现杰出的 4D 领导力,那么此旅程将开始于"存在"("我")的主观内部世界,而不是"做"("它")的外部客观世界。

领导力是一项内在能力:"我"的力量

如果你要求一群高级管理人员说出过去 50 年中最重要的全球领导者,纳尔逊·曼德拉这个名字几乎总是第一个被提及的。我已经在世界各地问过这个问题,而无论在哪个国家,纳尔逊·曼德拉的名字在大多数文化中总是排在第一或接近第一的位置。当然有些人会持不同观点,但绝大多数人认为他是一位鼓舞人心的领导者。

曼德拉的人生旅程中真正有趣的是,他曾在监狱中度过 27 年时间,所以他并没有能力去亲自"做"任何事。实际上,他并不能对外部行为的客观世界加以控制。他与外部世界的接触也少得可怜,因为大部分时间他都是在罗本岛一间狭小的监狱内服刑。虽然他不时与几名守卫和一些囚犯谈话,但他的"我们"维度上的人际关系仍受到极大的限制。对他来说,唯一可以把握的世界就是他内在的"存在"世界。

毫无疑问,纳尔逊·曼德拉作为一位杰出的领导者,普遍被人们所喜爱的原因之一是因为他花了 27 年的时间陶冶内心的情操。直到 2013 年去世,曼德拉一直是一个清楚地知道自己是谁的人。在 1990 年离开监狱的时候,他并没有因为大部分时间都花在监狱里而感到痛苦、愤怒或不满。他绝对有愤怒的权利,他因为坚持斗争而被监禁。他的婚姻破裂了,他不能看着自己的儿女和孙子长大,但是他却能够放弃仇恨和指责,加紧领导他的国家进入一个新的时代。他之所以能做到这一切,是因为在过去 27 年的时间内培养了自己"我"维度的内部世界。

我们可以一眼就判断出领导力是否优秀。但曼德拉是一个例外，他与众不同，因为他对他的内部世界有非常丰富的了解，所以他能够激励数百万人，但绝大多数关于领导力的书甚至没有提到这一点。对于其他鼓舞人心的领导人，如甘地等，我们也可以对他们个人的内在发展做类似的讨论。

真正优秀的领导力是建立在非常复杂的内在修养（"我"的维度）之上的。

领导力中生理学的角色

生理学开始于人类系统的基层，了解生理学是什么以及它如何影响领导力表现是很重要的。生理学只是一个用来描述身体内时刻存在的数据或信息流的词语。大量的数据流以电信号、电磁信号、化学信号、压强、声音和热波的形式在生物系统之间发送和接收，这保证了你身体的活性。在大多数情况下，我们并没有意识到大部分数据，也很少认识到其影响。然而，以可穿戴设备和应用程序为代表的新型智能技术开始使这种看不见的内部世界浮出水面。这些了解已经开始对健康和个人福祉产生深远的影响，也将对领导力产生深远的影响。使用这些生理学知识来帮助掌控这种数据流动并产生更好的高质量信息流，是促进内部世界垂直发展的第一个关键步骤。

在商业活动中，我们对内心世界的了解往往局限于对动机的模糊表达。在做一项重要的展示之前，我们会认为保持自己"精神抖擞"是一种激励观众的明智做法。然而，如果团队对本季度的财务表现开始恐慌，我们可能需要在面对危机的情况下设计一个能够保持稳定的水平。我们大多数人的情感带宽都能了解以上两者之间的区别。但是，如果我们的生理指令的范围被限制在"加速"或"压力下的稳定"之间，那么我们的执行能力将大大削弱。而且，在任何给定情境下，不管我们加速还是保持稳定，都不能预测出我们到底会表现如何。

当我们在重大事件发生之前提升能量水平或加速，我们就激活了我们的自主神经系统（ANS），进而引发"战斗还是逃跑"的原始反应。当逃跑看起来像是最好的选择，我们的系统会释放肾上腺素，这给我们提供了更多的能量，所以我们可以逃跑。相反地，当我们触发渴望，我们的身体就释放肾上腺素的姐妹——去甲肾上腺素，做好战斗的准备。

人们对威胁的其他主要生理反应是"放松反应"，通常是身体僵硬、装死或昏倒。这是负鼠的主要生存策略，而我们要感谢负鼠，因为它确实奏效。然而，这不是一个非常有用的领导方法。

虽然大多数人都听说过肾上腺素，它也被称为"加速器液体"，但很少有人听说过乙酰胆碱——也叫"制动液"。简单来讲，肾上腺素或去甲肾上腺素加热我们的系统以备逃跑或战斗，乙酰胆碱将系统冷却到轻松的状态，以便我们可以变得僵硬或衰弱。

有趣的是，这些确切的反应是假定的行为驱动因素（见图3.2），因此经常被引用作为改善行为的方式。在商界和体育界的教练经常告诉客户，他们需要在一场大型比赛或重要的商业活动之前振奋起来，或者他们需要学习放松，并且吸收掉自己的压力。因此你会看到在重大比赛之前，运动员真的会锤击自己的胸部，游泳运动员在进入赛场前会戴上耳机，几乎忘记看台上观众的存在。

问题是，商业表现并不在于放松还是激活生理机能。这个建议偶尔会奏效的原因不是因为它让人放松或活跃，而是因为它可能会无意中触发第二个系统。而正是这第二个系统——神经内分泌系统——而不是我们的自主神经系统决定了我们的表现质量。神经内分泌系统决定我们情绪体验的质量，而自主神经系统决定我们激活或唤醒生理机

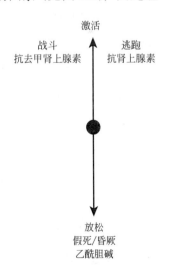

图3.2 假定的行为驱动因素

能的程度。

神经内分泌系统的水平轴右侧（见图 3.3），表示我们处于代谢状态或者说"分解"状态。这是修复和再生所必需的一个重要的生物过程，但是这种分解状态是由分解代谢激素，特别是身体的主要应激激素皮质醇作为基础的。科学已经证明，皮质醇与消极情绪之间存在着密切的关系，也就意味着皮质醇水平升高可能会引起更多的"负面"情绪。当然，在我们感到消极时，我们很难发挥最好的功能并持续地产生高绩效。更糟糕的是，消极情绪反过来也会使皮质醇水平升高，进一步造成恶性循环，从而两者不断升高。

图 3.3　真正的行为驱动因素

水平轴的左侧，表示我们处于合成代谢状态或"建立"状态。这是以一系列"合成代谢激素"，特别是脱氢表雄酮（DHEA）作为基础的。而脱氢表雄酮是"效能"激素和我们身体对抗皮质醇的天然解毒剂。因此，它更多地与"积极"情绪有关。脱氢表雄酮分子负责产生男性中的睾丸激素和女性雌激素。当我们感到积极时，达到高效能显然会更容易。接着，这些积极情绪增加了脱氢表雄酮的水平，进一步产生了脱氢表雄酮和积极情绪相互影响、共同升高的良性循环。

如果我们将垂直"激活"轴与水平"积极"轴放在一起，我们就得到了描述这两个关键生理系统的相互作用的行为坐标网格（见图 3.4）。长期优秀的领导力取决于我们在网格左侧部分上的积极情绪投入的时间，而不是右侧部分上的消极情绪。它不是由我们花费在网格上半部分的激活因素或下半部分放松因素的时间决定的。这就是结果充满变数的原因。领导者可以认为在重要的会议前，保持情绪高昂对他们来说是有效的，但是如果他们认识不到积极的兴奋和消极的兴奋之间的差异，他们就会困惑：为什么它有时候有效，而其他时候却不起作用。他们可能不会理解，当他们位于行为表现网格的左上角，他们的准备工作就有效果，当他们在网格右上角时，就没有效果。同样，也有一些领导者错误地认为，冷静和稳定是最有效的方法。但是，处在积极放松（左下）和消极放松（右下）两种情况下，一个人在产出和行动力方面是存在巨大差异的。

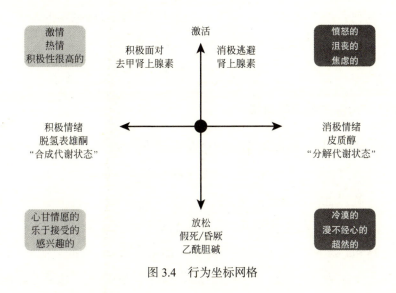

图 3.4　行为坐标网格

我们总是被错误地告知需要管理我们的激活（唤醒）或放松程度，然而我们真正需要管理的是积极性和消极性的程度。遗憾的是，当我们陷入消极的"放松"状态，如冷漠或厌烦时，我们仍然会产生更多的皮质醇和其他分解代谢激素。我们已经知道持续高水平的皮质醇会加速老化。具有高皮质醇和低脱氢表雄酮也会导致肥胖、糖尿病、高血压、心脏病、癌症、抑郁和痴呆。显然，在持续的时间段内产生过多的皮质醇会严重干扰我们健康的、清晰的思维能力，最终会影响我们的绩效。对于在压力下仍显得沉着冷静的领导者来说，情况尤其如此。

通常情况下，表现冷静、负责任的领导者认为他们正在以某种方式帮助自己摆脱过度兴奋和太多肾上腺素带来的难以预测的情况，但如果他们是消极放松而不是积极放松，那么他们的身体仍然在产生皮质醇。至少，当有人的消极情绪被唤醒时（右上），他们通常会意识到这一点，因为他们感到愤怒或厌恶。结果是，他们更有可能采取行动来缓解愤怒，从而减少皮质醇水平。消极放松的人容易自欺欺人，认为自己很放松所以能控制好情绪。然而，体内的皮质醇水平仍然会对他们的生理机能造成破坏。

因此，我们必须能够区分积极性和消极性，而不仅仅是放松和焦虑。当我们懂得如何管理生理机能时，我们可以选择更多地依赖网格的左侧，转而可以大大提高长期的绩效水平。

把连贯性作为垂直发展的跳板

提高绩效的真正秘诀是发展出能够转移到网格左侧并保持位置的能力。正如《连贯性》中所详述的，这要求我们建立一种新的存在方式，要求我们培养"连贯性"的状态。连贯性是绩效精英所谓的"涌流状态"（Csikszentmihalyi，2002）的生物学基础：最高效率和超级效能的状态。在这种状态下，身体和心灵是一体的。在涌流中是可能做出真正卓越的事情的。

从概念上来讲，连贯性是一种"稳定变异性"的状态。这种变异性的两个方面对系统达到最佳功能起到至关重要的作用，即变异性的数量和变异性的类型或模式。当系统呈现稳定变异性的可预测模式时，它是一个充满活力、健康、活跃的系统。我们需要能够在积极放松和积极兴奋之间连贯地（即以稳定和可预测的方式）移动。如果我们陷入消极状态之中，我们需要能够了解当前状况，并采取积极的措施恢复到更加富有建设性的心态，以便找到解决方案并保持强劲的业绩。

太少的变异性使企业容易受到威胁。当领导者拒绝承认并没有针对不断变化的环境或客户要求采取相应的措施时，业务将遭受损失。太多的变异性也是一个威胁，因为如果从一个产品或市场转到另一个产品或市场，业务变化就会太大。我们需要的是平衡，当实现这一平衡时，我们就实现了连贯性。

正如我们所说，生理学是所有绩效的基础，能够潜移默化地改变和决定行为和结果。因此，如果我们要实现连贯性，需要从生理学开始。我们需要为我们的生理过程带来平衡和灵活性，以此才能够积极地管理我们的能量水平并适当恢复。这是通过发展的生理过程来实现的。将生理连贯性作为建立完整连贯性的基础。事实上，生理连贯性使我们能够将时钟转回到我们 10 年前所拥有的能量水平。我们不仅会感觉到拥有更多的精力，而且会更有效地使用它，并更有效地为我们的人体电池充电。

发展更强的生理连贯性增加了我们培养情感连贯性的可能性，因为当我们生理连贯时，更加容易意识到我们的情感数据。这种更强的情绪意识可以促进更稳定和更可预测（即连贯）的情绪调节。用音乐来打个比方，生理学是我们所有身体系统（如心脏、肺、关节、肠道、肝脏和肾脏）一直在播放的单个音符流。情感是所有单个音符的整合所形成的一个曲调。感觉是在任何给定的时刻，对我们身体正在弹奏什么曲调进行的认知意识。除非我们学习如何掌控这些生理音符，并认知我们正在演奏的曲调，否则我们就常常会像那些电视歌唱节目中的五音不全的参赛者，他们认为自己的歌唱听起来像弗兰克·辛纳特拉（Frank Sinatra，20 世纪的流行音乐人物），但实际上听起来像一只卡在篱笆下的猫！当我们听不到、忽略或误解曲调时，健康、生产力和绩效就会产生问题。对我们的生物系统目前正在播放的情感"曲调"的曲目的持续无知和误判，可能会对我们的健康和情感幸福以及我们的领导潜力造成严重后果。

学习如何建设性地掌握我们的生理机能非常简单，我将在本章的下一节中解释该过程。生理连贯性创造了坚实的基础，从而使情感连贯性成为可能。当我们学会识别并积极地管理我们的情绪，而不是抑制它们或忽视它们时，我们就发展了更大的情绪灵活性，这可以帮助我们开启更大的智力能力和成熟度。这种情感连贯性也对我们的能源储备产生积极的影响。生理和情感的连贯性反过来又促进了认知的连贯性，并使我们能够持续获得更多的认知能力，同时也防止大脑突然"短路"，产生不知所措的时刻。但防止大脑停工只是提高智力水平方法的一部分。我们只有沿着成人发展的关键线（见图3.5）垂直发展，扩展我们的意识范围，特别是自我成熟度、真正的认知突破和卓越的认知处理才是真正的可行方法。

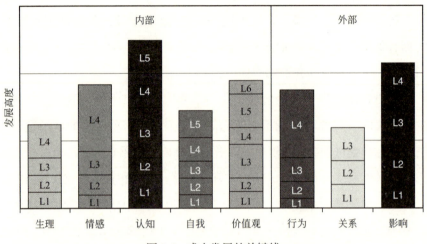

图3.5　成人发展的关键线

增加自我成熟度是能够在绩效和能力上取得非凡提升的领域。这是非常重要的，所以下一章我们将致力于这一关键的发展线。现在我可以说增加自我成熟度使我们能够更加深刻和清晰地思考，它使我们能够实时采用正确的思维方式来适应复杂和具有挑战性的问题，因此我们变得更加具有创造性和创新性，能够每天而不是偶尔地展现我们的最好能力。

集体性内在连贯性贯穿于生理、情感和认知能力这前三种内部线之中，可以促进绩效的巨大飞跃，并在外部世界中逐渐显现出来。最终，真正决定领导者在易变、不确定、复杂而又模糊的世界中实现绩效改进的能力是他们在关键发展领域中的"高度"而不是他们的"天资"。在我们的经验中，企业达到的每个新发展水平和程度取决于我们正在处理的发展线是什么。因此，在个人情绪和社会智力主线（左二"情感"）中，从3级移动到4级的高度量远大于行为发展主线从3级到4级的高度量。

了解我们自己的价值观是扩大我们内在主观世界的一个重要部分，尤其与我们如何与他人交流联系相关。因此，在第 5 章讨论"我们"这个维度的相互关联的世界时，我们将会更详细地探讨价值观。

如何培养"我"维度的内部世界

"它"的理性客观世界和我们为了达到目标需要做的事情已经被我们进行了充分挖掘，而对这一维度持续的关注并不足以保持竞争优势。它所能产生的任何竞争优势都需要时间来挖掘，而且可能能够维持的时间非常短暂。然而，内部无形的"存在"世界（"我"维度）可以获得极大的竞争优势。更好的是——我们可以通过更便宜和相对简单的方式来获得这样的优势。建立这样的优势需要一些时间和精力，但升级我们的操作系统所带来的好处远远超过了实现这种垂直提升能力所需的投资。

作为人类个体，"我们是谁"这个问题对于我们在生活中取得的成绩有深远的影响，但这一方面在商业上几乎没有人承认。即使得到承认，它通常也只是被用于一些不能推动发展的描述性人格测试。但是，我们如何开发或扩大"我们是谁"这个概念呢？我们如何在多个发展阶段创建可累积的内部连贯性，以促进生产力的大幅提高呢？我们又到底从哪里开始呢？本节将回答这些问题。

图 3.6 显示了在 4D 领导力中所需的在生理和情感发展方面可以培养的技能和智力。本章的其余部分将解释我们需要掌握的具体的生理和情感技能，以增加我们在"我"维度的这两个内部发展领域中发展的垂直度。我们之所以之前先教这些技能，是因为它们是基础。它们创造了一个坚实的平台，可以促进所有其他领域的垂直发展。它们可以改变我们的表现，当得以持续应用的话，它们将帮助我们挖掘出前所未有的潜力，并可以真正地改变企业绩效。

让每个领导者发展这些技能可以逐步改变一个领导团队或执行董事会内部关系的质量。当执行董事会成员之间的关系更加牢固之后，决策的质量会提升，决策速度会加快而且更加有效，这一切往往将转化为更好的企业绩效。我们在许多企业中看到，由于管理团队在生理和情感发展方面达到了更高的程度，从而提升了他们的情感和社交智力，使他们更有可能扭转业务发展的势头。我们已经看到在许多市场部门发生过这种情况，他们的企业恢复了盈利，首次进入富时指数 100 或企业本身的质量得以转变。

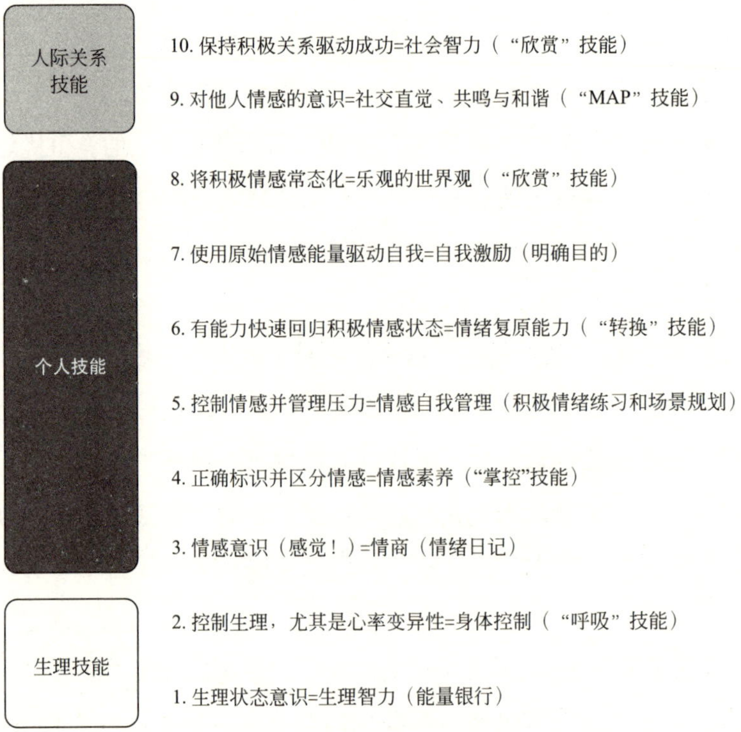

人际关系技能
10. 保持积极关系驱动成功=社会智力（"欣赏"技能）
9. 对他人情感的意识=社交直觉、共鸣与和谐（"MAP"技能）

个人技能
8. 将积极情感常态化=乐观的世界观（"欣赏"技能）
7. 使用原始情感能量驱动自我=自我激励（明确目的）
6. 有能力快速回归积极情感状态=情绪复原能力（"转换"技能）
5. 控制情感并管理压力=情感自我管理（积极情绪练习和场景规划）
4. 正确标识并区分情感=情感素养（"掌控"技能）
3. 情感意识（感觉！）=情商（情绪日记）

生理技能
2. 控制生理，尤其是心率变异性=身体控制（"呼吸"技能）
1. 生理状态意识=生理智力（能量银行）

图 3.6　4D 领导力技能和智力

在一家公司里，我们曾同时与运营董事会和执行董事会一起工作。最初，运营董事会每个季度至少需要两天时间发展自己的团队。而恰恰相反，执行董事会每年只投入举行两次大型活动。不到一年时间，运营董事会的职能作用水平开始变得远远高于执行董事会。这个变化非常明显，因此成为该企业内部的一个热门话题。值得称道的是，执行董事会认识到自己并没有投入足够的时间来进行自我发展，也没有更多地致力于自己的团队建设。在之后的 6 个月内，他们改变了这种状况并使运营董事会曾经的成绩黯然失色，因为他们更有效地推动了组织转型，并展现了能力，创造出了更大的竞争优势。

在一些执行团队中，我们要求领导者完成一个被称为"团队能量方格"（TEG）的 360 度程序。分别对每位领导者在心情好的一天和心情坏的一天对同行的情绪影响进行匿名评估，然后将数据秘密地反馈给每个领导者，作为其发展的一部分。图 3.7 提供了由同行评定的两个不同管理人员的例子。大多数日子里，左边那位领导者通常会提升组织内部的能量。在心情好的日子里，她积极的态度极大地振奋了大部分同事。而在心情糟糕的日子里，她却会产生更多的负面或令人焦虑的影响，以至于能让 3 位同事感到精疲力竭。相比之下，右边的领导者更有积极的中立效应，但是在心情好的一天里，他能够提升团队的积极性，而在心情糟糕的一天里则加剧了团队的消极性。

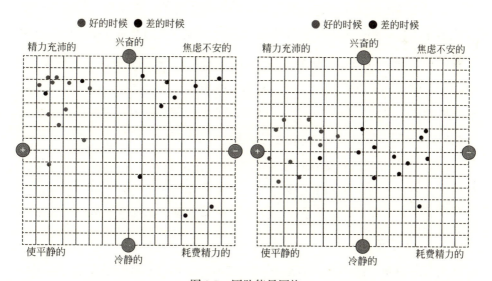

图 3.7　团队能量网格

当然，我们会对这些数据进行大量复杂的分析，但是在最简单的层面上，看到自己对周围的人们产生积极的情绪影响，对于这些领导者来说是非常受用的。这些客观证据可以帮助领导者清楚地认识到他们造成的实际影响是否与其预期的影响相符。

生理技能

通常来说，一位领导者在发展主线上创造更积极的影响和培养垂直发展的出发点是创造一个生理连贯性的坚实基础。在垂直发展方面，生理学就是落地点。如果跳过或忽略生理学，当领导者在易变、不确定、复杂而又模糊的外界压力下精疲力尽，其他发展方向的任何进展也会消失。意识到我们的生理机能并学会管理它，能够使我们提高能量水平、恢复更快并且积极地影响综合绩效模型中的生理学上的一切，也就是情感、感觉、思维、行为、结果。在商业中，个人的生理机能被认为是无关紧要的，但这种无知和不会管理的状态却会削弱我们的能量储备，进而导致疲惫和疾病。

在《连贯性》这本书中，我更详尽地解释了它的工作原理，但基本概念就是要在"它"的外部客观世界中做成任何事情，我们都需要能量！高层领导者必须日复一日地出现在员工面前，将他们的能量和努力投入到业务中，他们需要激励周围的人以使之充满能量，他们需要更新储备，以便第二天能够再做同样的事情。如果我们没有这样充足的能量，那么我们将永远无法每天都展现出最好的水平，而且绩效将变得时好时坏。

我们身体内每时每刻都在发生的生理过程会自动产生能量，而心脏比任何其他身体器官产生的能量都要多。心脏是身体的主要发电站，能量输出在 1～5 瓦特之间，大于大脑或身体其他任何器官的能量输出（Muslnmova，2003）。在电学角度来讲，心脏产生的电力比大脑高大约 40～60 倍，电磁功率比大脑高 5000 倍［迪普（Deepu）等，2012］。而且据称心脏在这个电磁场中所携带的信息不仅可以在其他人的脑电波中被近距离检测到，而且对它们具有可测量的生理影响（Childre and Martin，2000）。

通过有节制的呼吸来有意识地控制心跳，就可能实现生理的连贯性，从而促成了所谓的生理周期调整，也就是多体系统的同步化。荷兰物理学家克里斯蒂安·惠更斯（Christiaan Huygens）在1656年发明摆钟时，提出了"生理周期调整"这个术语。他注意到，即使他故意推动一些钟摆与室内其他时钟不同步，它们仍会在几分钟之内同步。他发现促成这个同步的动力总是房间里最大的摆锤。生理周期调整现在是一个为人们所熟知的数学现象，也是人们用来理解有关内在不稳定的复杂系统如何工作的基本原理。因此，任何具有多个中心或单元并产生重复信号、图案、节拍或节奏的复杂系统都将与该系统中最强大、最有力的"摆"同步。心脏是人类系统中最强大的"摆"，也是最有力的节拍。

当我们训练我们的心脏来产生一个连贯的信号（使用下面的"呼吸"技能），而不是混乱的信号，它就能使我们更好地控制我们的能量储备，知道如何选择并利用它们。另外，生理连贯性创造出一个稳定的平台，从中可以产生情感和认知连贯性，从而可以提高我们思维的质量。

为了更快地获得更多的能量和恢复能力，一方面我们必须更加了解目前是什么正在增加和消耗能量水平，能量银行能够在这方面帮助我们；另一方面，我们需要学习控制生理机能，并从我们的心脏中产生一个连贯的信号，而最简单和最快捷的方式就是通过"呼吸"技能。

能量银行

能量银行帮助我们更加了解我们的能源是如何使用的。有一些事件、情境、人、经验甚至想法，会增加我们的能量储备，也有一些其他的事物会消耗能量储备。我们需要知道哪些能够增加哪些能够消耗，以便能够更有效地管理能量流入和流出。

在一张白纸的中间画一条竖线。在左侧栏的顶部写下"存款"，右侧栏顶部写下"提款"。花几分钟时间记录下能增加你的能量（存款）的所有的决定、事件、情况、人或想法，以及一切消耗能量（提款）的东西。例如，存款可能包括午餐时间散步，或者你可能享受与某个同事一起工作，所有这些经验或情境都会增加能量，并应记录在能量分类账中积极的那一面。提款可能包括不愉快的通勤状况，如道路施工或拥挤的火车，也可能是与你不喜欢的人一起工作或不得不管理一名令你不快的员工。以上情况会消耗你的能量，应记录在负面的能量分类账中。你的存款和提款过程可以是过去、现在甚至未来的事情。然而，当把它们写下来后，我们需要花费几分钟时间来重温积极的存款过程，以便你还能从记忆中获得额外的能量补充。而对于你的提款过程，不要重温它们，只需要记录下来并抛之脑后就行了。

这个简单的练习为我们了解目前正在增加或减少自身能量水平的原因提供了有用的洞察力。一旦你完成了该列表，就要避免在时间、人物、工作的类型或想法中夺走你的能量和活力的模式。在增加能量水平的经历或事件之间有共同点吗？例如，参与我们的研究的一名主管看了她在能量银行中强调的问题后，发现她倾向于专注过去。她意识到她正在浪费大量的能量看重自己是否做出了正确的决定，以及她本可以或本应该做到的不同。因此，她对过去的过分强调正在夺走她可以用来更好地管理现在和未来所需要的能量。或者，你可能会注意到有两三个人为你增加能量，而另外一些人总是会削弱你的能量。你可能还会注意到大部分的能量提升都发生在一天的某一时间或一周的某个时间段。

现在让我们再考虑一下整个列表。关于你的能量如何减少和流失，你得出了什么结论呢？把这个结论写下来，并考虑一下你要如何改变能量银行账户。你需要花更多的时间与能让你增加能量的人在一起吗？你需要迎难而上并应对那些造成你的账户长期能量流失的人吗？你在一周内有足够的能量提升吗？你是否充分处理了能量流失的问题？有没有任何能量流失可以转变为能量提升？你可以采取什么行动来为你的账户增加更多的积极能量或将能量储备的流失降到最小呢？

通常清醒地意识到这些事情是改变驱动力的第一步。例如，你可能会意识到，在晚上花点时间遛狗或者去跑步都能够为你补充能量，但实际上你很少有时间去做。当你意识到它能为你提供很多的滋养时，你就会进行必要的更改来找时间做这些事情。或者，你可能意识到与团队中某个人的每日接触正在耗尽你的能量储备，这足以促使你重做安排，为他调换领导者。仅仅是因为你发现某个人造成了你的能量流失，并不意味着所有其他人遇到这个人都会这样！所以，为该当事人找一个与其更匹配的领导者可以改善每个人的情况。

在保护你的能量水平的同时，也要谨慎对待自我批评和自我评估，因为它们对你的体系中的能量消耗尤其巨大且效果明显。它们就像拥有直接借记授权，每天直接从你的账户中扣钱。

同时要注意的是，你也可能在其他人的能量银行中存款和取款。对他人努力的认可或仅仅是在某个特殊时间内的善良表现，都可以为他人增加巨大的能量，同时你对别人的好意也可以扩大自己的能量储备。反之，忧郁沉默、烦躁不安和不断的批评能够削弱很多的能量。

"呼吸"技能

不连贯或不稳定的呼吸是我们失去能量的一个主要途径。想一想当你生气、震惊或沮丧的时候。你从外界得到一些消息，你的大脑处理了消息，你的生理就自动进入了混乱状态。在这样的情况下，你应该做的第一件事情就是控制你的呼吸。例如，如果某个人感到沮丧，那他的呼吸往往会变短促或出现所谓的"声门闭锁音"。恐慌、焦虑或愤怒也是如此，它们都会引发不同类型的呼吸混乱。

当你的呼吸混乱时，心脏产生的能量也变得混乱。这种混乱的心脏信号会影响其他身体系统，造成的结果就是你开始"泄漏"大量的能量。在一个正常的工作日里观察自己的心率变异性（HRV）模式，你就可能看到这种情况发生（见图3.8）。

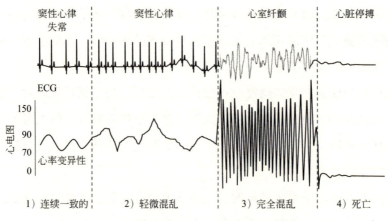

图 3.8 不同心电图信号和心率变异模式

与我们平时的观点恰恰相反，我们的心率是一直处于变化之中的。事实上，你的心率在每一次心跳时都会有所改变，因为前一次心跳和后一次心跳间隔时间不断变化（见图 3.9）。心率变异图测量的就是这种每个心跳间隔之间的变异或永久变化。

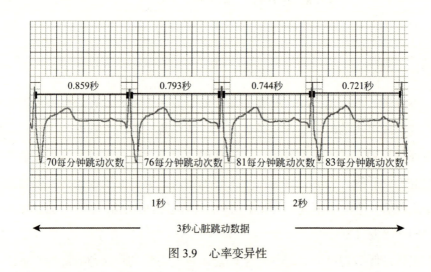

图 3.9 心率变异性

当我们感受到威胁时，我们通常会下意识地做出反应并立即产生一个混乱、不稳定的心率变异信号且会流失能量。当我们控制呼吸时，我们则会产生连贯的心率变异信号，浪费更少的能量，燃烧更少的"燃料"，不让过量的皮质醇或其他"分解"激素涌入我们的身体。

"呼吸"技能旨在使我们能够产生有节奏的呼吸模式，从而增加心脏的功率输出并驱使其他生物系统与其同步。我们利用呼吸来有意识地控制人体电站输出，这会引发所有其他身体系统的生理周期调整，节约能量，优化生理效率，从而建立高效能的"涌流"状态。

在公共演讲、演奏乐器、运动、瑜伽、武术和冥想等许多领域中都会传授对呼吸的有意识的控制。呼吸可以从12个方面来进行控制，这些在《连贯性》中有更详尽的记录。其中，最能够改变心率变异并促进积极情绪产生的方面是：

1. 节奏性——固定的吸入呼出比率；
2. 稳定性——平稳的吸入呼出速度；
3. 注意力定位——特别地集中在心脏区域。

首先，我们需要控制呼吸的节奏性，使吸气和呼气之间有一个固定的比率。例如，你可以决定用4秒吸气，然后用6秒呼气，然后以这个固定的节奏重复。重要的是，无论选择什么比率，你要连贯地保持这个比率——3比3、4比6或5比5。

其次是呼吸的稳定性。从技术上讲，我们可以有节奏地呼吸，但通常我们是以"跳跃"的方式进行的。而实现连贯性需要平稳的节奏。这就意味着我们需要确保每秒有固定量的空气进出肺部。

最后是注意力的定位。将注意力集中在我们的心脏或胸部的中心很重要。通常，当我们生气或不安时，我们的心率变异性会混乱，而我们的思维也会被扰乱，所以专注于通过胸部中心的呼吸有助于使我们脱离头脑的不好影响而专注于身体内的感受。另外将注意力转移到心脏周围的区域也使我们更有可能转换到积极的情绪状态，因为心脏是大多数人类体会积极情绪的地方。例如，我们能在胸部中心感受到爱的感觉；勇气是心脏的一个特性；当我们感觉到与他人关系密切时，我们经常会说"推心置腹"。因此，有意识地将我们的注意力转移到我们胸部的中心可以促进获得积极的情绪，这反过来又会使我们转换到行为表现网格的积极一面。有节奏的、平稳的以及把注意力集中在心脏的呼吸方式有助于让我们进入网格的中点（见图3.10）。最终，我们需要建设性地参与和使我们的情感到达积极的一面并停留在那里，而呼吸为4D领导力的建立提供了平台。

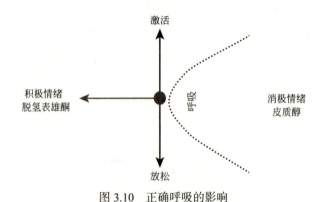

图3.10　正确呼吸的影响

当我们有节奏地、平稳地呼吸时，我们会产生连贯的心率变异信号。这样就可以稳定我们的生理机能并产生心脏的连贯性，从而使我们的心率变异信号从混乱转变为连贯。连贯性使我们能够在高度紧张的情况下建立更高程度的自我控制；防止我们的大脑停工，使我们能够清楚地思考，更有感知力。从一个连贯的角度看世界也使我们有更好的机会来真正地改变我们的感受。此外，形成连贯性使我们能够停止对我们最宝贵资源——能量——的无意识支出。

"呼吸"技能（breathe technique）的名字来源于以下英文首字母缩略词，因此特别容易记住：

- 呼吸（**B**reathe）
- 有节奏地（**R**hythmically）
- 平稳地（**E**venly）
- 并（**A**nd）

- 通过（Through the）
- 心脏（Heart）
- 每一天（Every day）

一旦你掌握了这个技巧，你就可以控制身体中最强大的信号——心率变异信号。任何事件、情况或其他人都无法扰乱你的思考。你可能不再那么被动，并且不太容易做出可能导致失败的临时性决定。你知道没有人可以扰乱你的生理机能，因为你现在使用"呼吸"技能来控制它，这将使你更加自信，并且你的信心不会受到外部环境的影响，因为你知道如何保持连贯性。

虽然简单而且很容易做到，但这种技巧确实需要练习。当你最需要它时，千万不要低估它的力量，否则会很快让你陷入无助的境地。首先闭上眼睛独自进行练习，接着在更有挑战性的情境中继续锻炼。千万不要在股东大会这种不利的环境中第一次使用它！

你应该可以在几分钟之内生成一个连贯的模式，特别是如果你使用"心脏感知训练"（CST）的生物反馈工具进行引导的话（见下文）。无论是3岁以下的孩子，还是80岁以上的老人，我们用这个生物反馈工具做的试验都获得了成功。你随时都可以用它进行练习，使用任何"死时间"来练习，例如等待登机或上下班路上的时间。你每天只需要10分钟的时间来练习这种"呼吸"技能，有节奏的呼吸和生理连贯性很快就会成为你的默认模式。这时，你会发现你变得不那么被动，你会有更多的能量。也许最重要的是，你将拥有所需要的稳定可靠的基础，以促进4D领导力的所有发展领域的垂直发展。

CardioSense Trainer™（CST Mobile）
——可在苹果手机和安卓手机上使用的生物反馈软件

为了帮助领导者控制和完善自己的呼吸技能，我们开发了一种生物反馈软件 CardioSense Trainer ™（CST），可以在你的计算机、苹果手机、平板电脑或安卓设备上使用。CST 可以与各种心跳传感器一起使用，以便你全天了解你的心率变异性（HRV）发生的情况。你可以访问 http://www.complete-coherence.com/what-we-do/apps/ 了解它的工作原理。该软件有一个呼吸节奏器，可以跟踪以确保你真正可以将你的 HRV 从混沌信号转换为连续信号。CST 旨在帮助你训练呼吸模式从而产生更大程度的一致性和发展正确的呼吸习惯。此外，它允许你测试对心脏跳动有多少控制，以及在达到连贯性时可以感觉到的不同。

虽然自 1996 年以来我们一直在高管中进行心率变异性测量，但我还是惊讶于这些信息对人们来说是多么的戏剧化。当他们意识到实际上他们可以控制自己对压力的反应，看到正确的呼吸可以对他们产生即时效果，知道这么做是多么容易产生一致性的时候，他们会激动落泪。因为突然之间，他们可以使用一种技能来改变他们认为不能改变的东西。

个人技能

无论外部环境或情况如何，掌握"呼吸"技能都能够为我们的生理提供稳定性和一致性。实际上，它消除了混乱感，并使我们从行为表现网格的消极一侧移动到中心点（见图 3.6）。接下来关键的一步是加强"情感"的发展路线，使我们能够生存在行为表现网格的积极一面。如果没有有节奏的呼吸来稳定系统，我们很难实现从消极到积极的移动。

在 4D 领导力的发展过程中，每一条发展路线都是重要的。它们都有助于在"做""存在"和"相关"三个维度上创造更高的高度。但是，在"我"的主观内部世界的垂直发展中，"情感"线为领导力发展提供了巨大飞跃。

从传统上来讲，人们对整个与情绪相关的问题都不予考虑，认为它与业务无关。我们常被教导，当我们上班时要控制自己的情绪或将其关在门外。这个观点的唯一问题就是——它是完全不可能的！情绪只是能量的运动或运动中的能量。不管你是否意识到，不同身体系统之间的生理信号一直在你的身体内产生。所以把情感"关在门外"与把你的头关在门外同样是不可能的。

真正的商业神话并不是作家迈克尔·盖尔巴（Michael Gerber）书中谈到的那种（2001），而是一种支持智力却普遍轻视情感的现象。商业活动仍然主要以男性为主。大多数文化中，无论东方还是西方，人们仍然习惯于让他们的儿子成为供养家庭的坚强的、不动感情的保护者。男孩们从非常年幼的时候就被告知不要哭泣或有任何情绪的外露。因此，我们本能地认为商业活动往往只不过是我们对男性以及男性应如何行事的过时的和不准确的假设的外在表现罢了。情绪被看作"弱势性别"所保留的特有的弱点证明，也是对于为什么女性压根就不应该参与商业活动这一现象给出的一个不成文的理由，尽管这个理由根本站不住脚。

如果我们问一名男性对一件事的感觉是什么，他会告诉我们他对这件事的看法。例如，如果我们要求一名男性首席执行官说出他最近解雇别人的感觉，他会解释他的决定。通常他甚至不理解这个问题，即使他理解了，也会因为习惯了忽视和抑制情绪而缺乏自我意识或找不到语言来回答这个问题。男性面临的挑战就是如何提高他们的情绪意识水平。

对于女性而言略有不同，因为她们更容易首先意识到自己的情绪。因此，女性面临的挑战并不是缺乏意识，而是对情绪的控制不足。女性有时可能更容易受到能量的影响，因为它总是在接近表面的地方出现丰富的泡泡，这是被广泛认同的尤其是在商业中出现的"女性"问题。因此，男性和女性会继续在这种错误的判断中无休止地循环下去。当一名女性失去对自己情绪的控制时，这就加强了男性认为情感无益的信念，进而又导致男性更加压抑自己的情绪。当一名男性，即使在情绪反应很有必要的情况下，遏制了自己的情绪，便会使女性更坚信男人缺乏同情心，没有情感素养。更糟糕的是，一些女性为了能在男性主导的高管层中生存或成功，往往也采取与男性完全相同的方式开始抑制自己的情感。她们甚至变得更加缺乏关爱、同情或体贴。我们并不是建议男性和女性都变得"玻璃心"，仅仅因为帽子掉下来了就大哭一场或勃然大怒，而是说他们应该提高情商，能够掌控更多样的情感状态，以做到能以健康的方式表达情绪，成为卓有成效的领导者并吸引他人。

情商和社会智力实际上不是基于性别的。情绪抑制与情绪过剩或过度表达同样无益。与大多数人的观点相反，男女之间并没有情感上的差异。每个人——无论男女都有情感。每个人都具有处于恒定的流量状态的生理机能，并且这种运动中的能量产生的信号正一起连续地在身体各生物系统间流动。因此，对这个世界的生理反应的基本原则在性别上是没有区别的；情绪的触发点、强度和自我调节程度因人而异，但无论男女，情绪每天每秒都在产生是一个事实。唯一不同的是千百年来基于性别的期望和社会条件的重担，这是商业领域内外不健康偏见的表现。这反过来又造成了一个错误认识，即情感在商业上是无关紧要的，因此也不应该存在于现代商业环境中。

但事实并非如此。当然，情感和社会智力水平很低的人也有可能成为一位成功的商业精英。但是，情商和社会智力更高的个人将会显著改善业绩，因为他们能够很好地掌控情绪：

1. 提高思想清晰度和发展能力。混乱的生理机能和情绪会使大脑的额叶突然关闭。所以掌握你的情绪状态（不压制它）能创造更连贯的生理机能，这有助于清晰的思维和发展你自身、你的想法以及你的业务能力。

2. 提高决策质量。神经科学证明情感系统和逻辑系统是不可分割的。因此，不可能将情绪从决策过程中排除出来。所有决定实际上都是受我们的感觉的驱使，然后我们寻找逻辑数据证明哪些感觉是对的。因此，我们需要了解这些情绪以及它们带给我们的信息，而不是试图把它们从决策过程中剥离出去（而这甚至是不可能的），从而可以做出更有效的决策。

3. 改善工作关系。很多时候，商业上的成功归功于我们与他人建立牢固关系的能力——即使你不喜欢他们。与他人关系的质量往往取决于我们给他人的感觉是怎样的，以及我们与他人的情感共鸣，这都和情感相关。

4. 促进对变化的有效管理。任何类型的变化都好像情绪过山车，因此意识到情绪动态并知道如何处理它们，可以显著提高我们成功地管理变化的能力。

5. 提高领导者的存在感。情绪对领导力的存在感有巨大的影响，因为其他人可以感受到来自领导者的积极或消极的能量。

6. 改善健康和福祉。现在有相当多的科学证据表明，管理不善的情绪是导致疾病和不快乐的最直接原因。（更多细节参见：《连贯性》）

7. 增加快乐，提升生活质量。我们享受生活的能力取决于我们能够获得情感和感受的能力。这意味着我们要了解我们身体产生的情绪信号，持续地感知它们，正确地解读它们提供的信息，并学习如何有效地对该数据采取行动。

8. 赋予意义、重要性和目的。最终我们对一个人、一种情境或一项成就的感觉来源于为这些东西和生活本身赋予意义的事物。

9. 提高动力和恢复力。"动力"（motivation）来自拉丁语"movere"，意思是"移动"。"情绪"（emotion）来自拉丁语"emovere"，意思是"移出"。所以动机的核心是情感。从字面上来讲，动机就是改变内在能量的过程。

10. 扩大自我意识。为了真实性，我们必须了解自己。意识和情绪会在一起发展，所以当我们崩溃或抑制情绪时，我们忽略了人类的一个重要部分——意识，因此一个更小、更不可靠的"你"出现了。相反，当我们激活更积极的情绪，一个更大、思维更开阔、更有创意、更真实、更聪明的"你"出现了，而意识（和能力）也扩大了。

很显然，不管在商业内部还是外部，我们都必须认真对待情绪，以下这些方法和工具能够对我们有所帮助：

- 情绪日记；
- "情绪宇宙"应用程序；
- 掌控；
- "掌控"应用程序；
- 积极情绪练习和场景规划；
- "转换"技能；
- 明确目的；
- "欣赏"技能。

情绪日记

情绪日记通过培养我们对情绪的认识来提升情感智力。毕竟，如果我们没有意识到我们内在情感的状态和模式，我们就不能建设性地使用情感或做一些相关的事情。

就像大多数人会把音乐进行分类一样，我们也以同样的方式给不同的情感状态进行分类。有些人喜欢古典音乐，可能选择只听古典音乐，有些人可能喜欢说唱或舞曲，也有些人可能喜欢范围更广的各种类型的音乐混合。对于情感最重要的初步观察是我们是否倾向于集中在积极或消极的情绪周围。鉴于我们大多数人真的不知道我们每天感受到了什么情绪，扩展情商才是我们应该开始做的事情。

通过坚持写情绪日记，跟踪记录你在一天、一周和一个月的过程中感觉到的具体情绪，可以非常容易和相对较快地实现情商的扩展。只需在现有日记或会议记事簿的左侧或右侧插入一列，记录下你在会议期间感受到的任何情绪状态。在一天结束时，检查你的笔记，并注意你的感受有多少是积极的，有多少是消极的。如果你没有做会议笔记或记日记的习惯，请用手表或手机在一天中的几个不同时间设置闹钟提醒，并在手机中记录你的情绪。

遗憾的是，相比于积极情绪，大多数人更加容易意识到他们的消极情绪。因此，你的初始观察结果似乎可能会偏重于消极情绪。大多数完成此练习的高管平均只能识别出日常感觉到的 12 种不同的情绪（见表 3.1）。

表 3.1 企业中最常见的情绪类型

	最常见的积极情绪	最常见的消极情绪
1	注意力集中的	疲倦的
2	坚定的	担心的
3	放松的	焦虑的
4	快乐的	受挫的
5	感觉很不错的	有压力的
6	感觉还不错的	烦闷的
7	满足的	恼怒的
8	好奇的	愤怒的
9	愉快的	困惑的
10	兴奋的	难过的
11	兴趣盎然的	厌烦的
12	开心的	失望的

而大多数时候，这 12 种情绪只不过是 20～25 种情绪库中的一部分。当我们知道实际上有 34000 种可区分的感觉时，12 种就显得太微不足道了。只知道有 12 种可区分的情绪，就相当于你在实际生活中几乎无法区分吮吸柠檬

和吃巧克力一样。

花时间去注意你感受到的情绪，以便能够让它们进入意识之中，这是实现对内部情绪控制的第一步。毕竟，如果你没意识到情绪，你就不能改变或利用它。

"情绪宇宙"应用程序

为了使这个过程更加简单，我们已经发布了一个应用程序，称为"情绪宇宙"（Complete Coherence，2015a），可以用于人们的手机或平板电脑。该应用程序使人们能够识别他们感觉到的情绪。它将人的情感等同于行星，并提示你回答问题："您是哪个星球？"它提供了2000种不同的情感，并显示每种情感存在的"星系"及"太阳系"。你可以看到最近的行星就是你目前的情绪状态，以便于你想改变你的情绪。你可以创建一个逐位跟踪来了解任何一天、一周或一个月内遇到哪些行星或情绪。你也可以通过社交媒体与任何人分享此数据。你可以看到你的同事在"哪个星球"生活，并将它与你自己的情感重力图进行比较。你可以从 Google Play 和 iTunes 下载此应用程序。

"掌控"技能

掌控用于改变你的情绪自我调节水平，因为只是意识到某种感觉并不足以改变它。我们需要能够区分不同的（和类似的）情绪，并准确地标记每一种。

将这种技能想象为葡萄酒欣赏课程。葡萄酒专家设计了非常复杂的调色板，可以轻松区分设拉子红葡萄酒和马尔贝克红葡萄酒。通常他们可以说出葡萄酒的制造地点、年份甚至是葡萄种植的土壤种类。但是要达到这种复杂程度需要训练和实践。情绪也是如此。区分和辨别一系列情绪的能力使我们能够体会到我们身体中每一种情绪的不同感觉。反过来，这可以使我们更容易获得这种情绪，并在需要时重新建立它。此外，情绪的目的是激发行为，而每一种情绪都是为了激发一种不同的行为。如果我们对于我们的情绪不了解，而只是将它们按照积极或消极予以分类，那导致的结果往往是愚钝、笨拙和不起作用的。我们需要能够区分我们收到的信号，以此可以更准确地解释它们的含义，从而尽可能多地做出更好的选择。

掌控开发我们的全部情感列表和自我调节能力，我们可以区分出那些我们隐藏的情感数据之间的差异。

如何获得"掌控"技能呢？

1. 停止你正在做的事情，花一点时间反思现在身体中存在的能量。

2. 如果你没有感觉到某种清晰的情感，可以尝试通过使用音乐、记忆甚至图片触发情感。

3. 一旦你能开始感受到能量，那就试着去确定这种情绪，给它一个名字或标签，并写下这个词。

4. 在这个阶段给情绪起什么名字并不重要，你只需要试着让自己熟悉那个特定阶段的情绪。

5. 探索身体内情绪的特征。这种能量是什么感觉？遵照表3.2中的结构，并使用工作表来捕获该情绪的一些描述性特征。记下尽可能多的"基本特征"。这些没有正确的答案，所以你只需记录你可以感觉到的特征。

6. 已经捕获到基本特征后，记录一些运动性特征的描述。情绪如何在你的身体内移动？它是否停在了你的皮肤还是辐射至全身？它如何辐射？

7. 这种情绪有什么重要的特征，是什么激发了这种情绪？
8. 记录下在"掌控"过程中可能出现的任何感悟。

表 3.2 "掌控"技能的结构

_____情感图

类型	指导	你的描述
基本特征	地点	
	大小	
	形状	
	声音	
	温度	
	颜色	
	强度（0-10）	
运动特征	在你体内如何运动	
	如何从你的体内出来	
特殊特征		

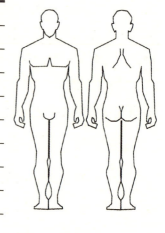

多年来，我一直与一些老练的、不时心存疑虑的企业领导者和高级执行官一起使用这个过程。他们大多数人刚开始时会感觉有些奇怪，特别是因为长期以来他们认为应该在业务中避免情绪。通过一点幽默，我通常可以设法让他们去尝试，虽然他们刚开始认为情绪没有颜色、形状或位置，但他们很快就会发现，它都具备！在完成了掌控训练过程之后，他们意识到他们的感觉能够以这种方式客观化，他们通常会非常惊讶和着迷。这非常有趣，因为虽然某些情绪可能以类似的方式被客观化，但使用相似的颜色却给他们带来与众不同的体验。即使五位高管都体验到了快乐，他们的客观化也许有同样的感觉，但其细节几乎总是独一无二的。

不断重复使用"掌控"技能可以让你对最经常感受到的情绪形成理解，并更容易区分类似的情绪以获得更高的准确性。也许更重要的是，你可以有意识地建立一个你能够掌控的积极情绪列表，以改善结果和感受。

"掌控"应用程序

为了使这一过程更加简单，我们已经发布了一款适用于手机或平板电脑的应用程序，名字叫"掌控"（Complete Coherence，2015b）。这个应用程序与"情绪宇宙"应用程序一起工作。"掌控"应用程序使人们能够对他们所体验到的情绪进行绘制、上色以及记录笔记，并将其与他人对同样情感的描述进行比较。我们越能够将主观经验客观化，就越可以实现对情绪更大的控制。直到我们能够有效地将感觉状态客观化，它们就"控制"了我们，我们"受制于"它们。我们没有主权。当我们精通于把我们所控制的情绪客观化时，我们马上就能扭转局面并控制住情绪。我们能够控制我们的感受。这是一个改变游戏规则的方式。大多数人根本无法控制自己的情绪。对于大多数人来说，情绪是"自然降临"在他们身上的事情。一旦你掌握了你的情绪，你将永远没有必要去感受任何你不想感受的情绪！永远！

"掌控"应用程序可以从 Google Play，iTunes 或我们的网站 http://www.complete-coherence.com/what-we-do/apps/ 下载。

积极情绪练习和场景规划

积极情绪练习和场景规划有助于进一步改善个人的自我情感管理。所有前面介绍的用来促进"我"维度的垂直发展的技巧，都需要我们付出时间和精力并通过重复练习来完成。对于已经忙碌至极的领导者来说，这可能是一个额外的挑战。因此，我们推出积极情绪练习和场景规划来帮助领导者无需实际操作而获得实践经验。我们的想法是，通过将积极情绪的排练穿插在我们现有的日程或习惯中来进行练习。

积极情绪练习的原理是我们生命中大部分时间是由数百个无意识的日常习惯或惯例组成的。这些惯例主要存在于我们从一个活动转移到另一个活动时存在的各种"过渡点"。例如我们大多数人都有一个"起床惯例",完成了身体从横向到垂直的过渡。同样,我们可能会有一个特定的早餐惯例,使我们能够从较低的能量困境转变为更高的能量"充满"状态。我们会有各种"上班"惯例。事实上,在我们能够介入的每一天中都有数以百计的惯例。

如果你能确认你已经在做的某些惯例,那么你就可以通过添加一些积极情绪练习作为惯例的一部分来增强它们的效果。最好的惯例就是那些最简单和最频繁发生的,最好的积极情绪练习是与惯例直接相关的情绪。例如,几年前我正在训练一位儿童电视公司的创意总监,她对积极情绪练习提出了一个很好的主意——利用开门的时间。这个主意非常完美,也非常简单。每当她走过一扇门——每天多达 50 次——她就会练习兴奋的期待感。这个做法棒极了,正如她指出的,"事实上,我从来不知道我会在门的那边看到什么,可能是一件很棒的事情,或者可能是一件灾难性的事情,所以在几秒钟之后,我感觉到兴奋的期待"。在经过几天的情绪预演之后,每当她经过一扇门,她就会真的对这种"兴奋的期待"的感觉产生了复杂的感受。因此,她可以在任何她想要的时候、合适的时候或对于她或他人有帮助的时候开启这种感受。

同样,当我在训练一位教师时,他也提出了一个非常有用的积极情绪练习。他说他已经注意到,当他开车的时候,每当被红色的交通信号灯拦下时,他就会在无意中预演沮丧的情绪,因为他不得不等待。当他注意到这一点时,他决定用减速并"耐心"等待红灯的惯例来练习积极的情绪。红色信号灯一亮,他就会有意识地去引发耐心的感觉。其实他已经开始享受这 1～2 分钟的耐心等待,他甚至希望当自己到路口时交通信号灯正好变红,这样他就可以享受一下耐心等待的时间。

通过在你现有的惯例中插入几分钟甚至几秒的积极情感练习,你将为必要的预演腾出时间。我曾培训一位高管,说得委婉些,他开始的时候的确是持怀疑态度的,但他还是确认了他的"上班"惯例,并答应尝试一次。在开车上班的 30 分钟旅程里，他用头 5 分钟听了他最喜欢的 CD，而不是打开收音机。在听他最喜欢的音乐的同时，他预演了那种愉快的感觉，并一路放声歌唱！5 分钟后，他像往常一样打开收音机。在"上班"惯例中如此微小的改变竟使他在工作中变得更加乐观和充满能量，他对这个结果感到十分震惊，而且反过来这一切又对他的一天和周围的人产生了积极的影响。

确定你从早上起床到结束长达一天的工作之中已经存在的惯例，并通过 30 秒至几分钟的情绪预演来增强他们的活力，最终你根本不需要预留额外的时间来进行具体实践了——生活本身已成为实践。

场景规划

将情感自我调节实践嵌入到你的生活中的另一种方法，就是将你的日记中的事件或情境的练习时间建立在你的周活动中，从而获得积极的情绪能量。这被称为"场景规划"，它只是确保你具有练习技能，并且每次练习都会从中获益。例如，如果你有一个非常重要的客户推介或股东会议陈述，那么在这些活动之前的 5～10 分钟内安排一次有助于该具体事件的特定情绪练习。在这种情况下，基于你对将要会面的人的了解和你想要展示的内容，你可能想要练习"信心满满""精力充沛"或任何合适的情绪。

这可能听起来很愚蠢，你也可能会想，"我有一个非常重要的会议要出席，我哪有时间浪费在练习积极情绪上"。但请考虑一下艾米·卡迪（Amy Cuddy）那场非常有影响力的关于身体语言的 TED 演讲（2012）。社会心理学家卡迪提醒我们，我们只是根据初步的印象进行全面概括和假设。塔夫茨大学（Tufts University）的研究员纳利尼·安巴迪（Nalini Ambady）证明，医生被起诉的可能性与他的受欢迎度直接相关，这是一项在 30 秒内产生的非言语假设。普林斯顿研究员亚历克斯·托多罗夫（Alex Todorov）已证明，我们在一秒钟内对政治候选人面孔的判断就可以预测 70% 的美国参议院议员和州长竞选结果。

卡迪继续解释两分钟的"生活黑客"，以提高会议、采访或高压情况下的胜算——在开始前的两分钟时间里摆出增强气场的姿势。有几个能增强气场的姿势，包括像一个超级英雄一样站立，双腿分开，手放在臀部；或者坐在那里把脚抬起来放在桌面上，双手抱在脑后。所有的高气场姿势都会扩大你身体占据的生理空间。而低气场姿势则相反，所以它们减少了你身体的生理空间，包括耸肩，向下看，以及所有让你感觉变渺小的姿势。

卡迪和她来自伯克利的主要合作者达纳·卡尼（Dana Carney）想了解的是："直到你做到之前，你能伪造出成功的假象吗？"为了测试这一理论，他们告诉一组研究志愿者向一个小瓶中吐唾液，并测量他们的基线睾丸激素（自信激素）和皮质醇（压力激素）水平。

然后，志愿者又按照半数分成两组，并被要求摆出某些姿势。这些志愿者没有得到任何关于姿势的解释，但一组摆出高气场姿势，另一组摆出低气场姿势。然后他们立即再次进行测试。不同寻常的是，只用了两分钟的练习，他们的生理机能发生了改变。高气场姿势组的志愿者睾丸激素增加了20%，皮质醇水平减少了25%，而低气场姿势组的志愿者睾丸激素降低了10%，皮质醇水平增加了15%。

有意识地增加信心、冲劲和积极性在重要的董事会会议或决定性谈判中有用吗？绝对有用，如果你可以在两分钟的过程中通过改变你的身体形状获得这些，那么设想一下如果你也有意识地练习情绪自我调节你会获得什么，你就可以在你进入房间之前选择要得到什么样的感受。

通过场景规划，你可以设置自己的练习时间，而不会感觉它只是一项练习，同时确保你从练习中获得现实世界中最真实的结果。记住，这不是你在会议或重要谈判过程中做的事情，而是在大事件之前的一个自我指导过程，是你能够获得积极的建设性结果的最佳思路。

场景规划是一个在领导者已经很忙的情况下使用的工具，同时鼓励我们将实践纳入正常的工作日，而不是一些假设的情况。这样我们就可以体验情感自我调节真正重要的益处，而对于不太重要的情况和事件，我们可以适当缩短练习时间。我已经向一些奥运会运动员传授了这种技能，让他们在比赛开始前关键的几分钟内更加意识到他们正在预演什么。如果运动员有意识地采取更积极的能量状态，他们将会更接近他们的个人最佳状态，而如果他们没有有意识地管理自己的内部状态，他们可能会在起跑线上感到恐惧或紧张。"在比赛开始之前要紧张起来，因为如果你不紧张，你不会表现得很好"的说法是完全不靠谱的。唤醒紧张或消极的情绪会抑制表现。唤醒兴奋或积极的情绪会改善结果。所以，无论你是奥林匹克运动员还是首席执行官，在你开始行动之前，做出区分并确保自己处于正确的状态是至关重要的。

"转换"技能

当你建立了一个更大的情感库，而且你能够更好地经历或体验任何你所选择的"环境"中的生活，那么第二个技能将变得至关重要。这个技能就是随时随地改变你所在环境的能力。作为领导者，当我们应对挑战、制定战略和与他人合作时，能够置身于正确的思维框架之中是至关重要的。置身于正确的思维框架之中需要你处于正确的情感状态。这最终决定了思维的质量，而大部分情况下这些都是听天由命的。

"转换"技能是要教会我们如何有意识地从消极情绪向积极情绪进行转换。这对于企业可能非常有帮助，特别是当我们掌握了一系列可以随时调用的积极情绪的时候。

为了验证这种技能，请尝试以下过程：首先，描述你在生活或工作中正面临挑战的一个领域。记下与挑战相关的想法、感受和行为。然后进行"转换"过程。"转换"（SHIFT）是一个首字母缩略词：

  Stop，停下手头正在做的一切事情，将注意力转移到你的……
  Heart，心脏，用胸腔的中心呼吸并且
  Induce，引发积极的情绪
  Feel，在你的体内感受这种情绪，用40秒左右的时间享受它在你体内的流动，并让它……

　　Turn，重新开动你的大脑。留意你的想法，并将它记录在这一页的底部

　　如果你思考一下的话，你会发现这个过程的许多步骤早已经受了时间的考验，所以当我们尝试解决问题时，我们会使用过程里的大部分步骤。通常来说，当我们面对艰难的情况或棘手的决定时，我们会因此闷闷不乐一段时间。最终我们决定做一些不同的事情，因为我们没有取得进展。所以我们可以决定去外面散步、休息一下或者只是睡觉（也就是说，第一步我们要停下我们正在做的事情）。如果这种挑战中的休息引发了（Induce）积极的情绪，那么我们可以得到新的想法。如果咖啡让我们感觉良好，或者给朋友打电话能分散我们的紧张感，或者睡眠让我们感觉更舒适，那么这个技巧就会奏效。这里的关键是我们不仅仅是诱导积极的情绪，而是要接着去感受（Feel）这种情绪。我们感受到的这种情感的积极性越强，这项技巧的效果就越好。感受到正能量转向（Turn）我们的大脑，我们甚至可能会有一个"突发灵感"的时刻。我们现在有更多的途径来了解我们的认知能力，新的想法和观点就会源源不断地产生。因此，我们可以带着解决方案回到我们的办公桌并继续向前推进。所有这一切都是因为我们在不经意间将情绪从消极状态转向了积极状态。

　　问题在于，我们不能总是去开车兜风或走出办公室去喝咖啡、聊天。不过，我们仍然需要使自己进入更具建设性的心态，并做需要做的事情。

　　这就是"转换"（SHIFT）一词中"H"显得重要的地方。如果你按照我在"呼吸"（BREATHE）技能中解释的方式，有节奏地、稳定地呼吸，同时专注于你的心脏，你就只需要依靠自己做就行了。而且你可以随时随地做这个。记住你的心脏是大部分积极情绪的所在，所以注意胸部的中心将有助于诱发积极的情绪。

　　"转换"技能可以让你把负面情绪转变为你通过情感"掌控"技能掌握的

任何正面情绪。一旦表现出新的积极状态并维持 30 秒，你就可以获得新的见解。只需 30 秒之后，你就可以找到原来写下的挑战，并记下任何产生的新想法或见解。你会惊讶于由于这个过程和想法变化而导致的观点转换频率。

如果情绪"掌控"技能增加了你对更积极的情绪的收集，那"转换"技能可以让你有意识地进入其中一种情绪，而不仅仅是希望它出现。通过有意识地找回对想法和感受的控制，你将不再受外部事件、情况或人的摆布。

明确目的

毫无疑问，现代商界的领导者很容易精疲力尽。不断增加的复杂性、压力和变化性可能会对许多领导者的身体健康造成伤害。很多高级管理人员为了防止因高层政治或个人身体原因突然结束职业生涯而努力积攒养老金，因此，他们"一切向钱看"的动机一点都不令人惊讶。在 VUCA 环境中，特别是在恶劣的市场条件下，保持动力可能是一场艰苦的斗争。

而改变你的欲望和能力以保持自己不断前进，特别是在艰难的时期，最有力的方法之一就是你要确定你为什么要做你所做的事情。明确自己的个人目的可以成为动力和幸福的规则改变者。我们在"它"的外部可观察世界中全天候"做"的事情带给我们快乐和满足，是因为这些事情符合我们的个人目的，因而要比那些我们必须"走走过场"去做的事情容易得多。明确个人目的和方向也加快并简化了决策进程，因为每一步行动都要么使我们更接近于目的，要么离目的越来越远。当我们知道我们的目的地是哪里的时候，更容易保持正确的方向，在没有压力的情况下做出正确的决定。

哈佛商学院"金·克拉克"研究教授克雷·克里斯坦森（Clay Christensen）认为，我们选择工作的原因经常是错误，然后再去解决这些问题。然后我们开始认为选择一个我们真正热爱的事情来谋生是不现实的。我们太多的人走上妥协的道路，永远无法回头。事实上，考虑到你可能把更多清醒的时间都用在你的工作上而不是你生活中的其他任何部分，这种妥协其实就是一种时刻在吞噬你的行为（Allworth and Dillon, 2012）。

弄清你的生活目的是一个微妙的过程。对于大多数人来说，他们对自己存在的真正原因是模糊的。大多数人都知道他们在做什么，他们怎么做，但为什么这样做对他们来说却往往是一个谜。大多数高管都是通过不懈努力、辛勤工作、技能和一定程度的职业管理能力而进入并止步于高管层。但是当你问他们，"你的目的是什么？为什么你做这个工作，而不是其他的工作呢？"他们中的大多数都不能给你一个满意的答案。尽管报纸上说他们有"不菲的收入"，但我还没有遇到一个领导者说他的目的是"赚钱"。金钱是你所做的事情的一个副产品，不是你为什么这样做的原因。这就是为什么金钱是一个相对较差的动机的原因之一。同样，大多数人的个人存在的理由不是"成为一个好丈夫和父亲/妻子和母亲"，这些更像是成为一个男人或女人的理由。我们每个人的存在都有一个独特的理由，这个理由既不是为了钱，也不是为了繁衍后代。弄清这个理由需要仔细反思和有技巧的引导。

许多高管遇到"中年危机"的原因之一，是他们压根就不清楚自己的个人目的是什么。好消息是，确实存在一个原因，也就是你存在的意义，而且它可以被揭示出来。这些线索遍布在你的生活之中，可以帮助你弄清你的个人目的。

你的天赋所在通常总是你渴望做的、很快能学会的、热爱做的事情，或者那些能带给你成就感以及你能轻松做到的事情。通常就是这一最不受关注的特点转移了你的视线，因为你可以毫不费力地使用你的天赋，你可能会错误地认为这没有什么特别的、不难或每个人都可以做到。实际上，除了你以外，每个人都可能认为这些事情是特殊而困难的。熟练的发展咨询教练可以将无意识的信息带入你的意识，并帮助你发现关于你的而不是你周围人的核心目标。

正如史蒂夫·乔布斯所指出的精辟观点："获得真正满足的唯一方法就是做你相信是伟大的工作。做伟大工作的唯一办法就是做你热爱的事情。如果还没有找到，请继续寻找。千万不要停。"（克里斯坦森，奥沃斯和狄龙，

2012）神话和神话学领域的优秀学者约瑟夫·坎贝尔（Joseph Campbell）也表示，获得成就感和幸福感的方法就是"追随你的快乐"。而且，"如果你追随你的快乐，你就会发现，自己所走的路一直在那里等待着你启程，你认为应该拥有的生活其实就是你正在拥有的生活。"

"欣赏"技能

在"它"维度上推动行为变化的最关键因素之一是要培养一种信念，即在"我"维度中改变也是可能发生的。在某种程度上，这种改变可以通过"欣赏"的艺术以培养乐观主义态度来实现。当我们欣赏一切——无论是美好还是糟糕的日子——并将每一次经历都转化为发展经验，这样我们就对生活敞开了心扉，因此我们可以更快地增长智慧。

向 4D 领导力发展的过程并不总是很容易的，垂直发展意味着超越传统的学习方式。这是很具有挑战性的，对于成年人来说尤其如此，因为随着我们的成长，我们从好奇、乐观和如海绵一样渴望吸收新知识的孩子，成长为不那么乐观、愤世嫉俗、经常不喜欢学习的大人，这个过程使我们更加注意到我们所不知道的事情，而不是我们已经了解的事情。

这种不那么开放的态度意味着大多数成年人的学习接受能力较差。我们太多人离开学校和大学后就认为，"行了，任务完成，我已经从学校毕业了"。我们认为除了工作过程中习得的几个技能之外，我们需要学习的日子已经一去不复返了。但是，如果我们要在易变、复杂而又模糊的世界中生存发展，那么这种放弃学习的行为是不足取的，并且这将使我们禁锢在过时和无益的思考之中。或者正如威廉·詹姆斯（William James）所说的那样，"很多人以为他们在思考，而实际上，他们只不过是在把自己的偏见重新排列组合而已"。如果我们想要不断提升自身价值，确保我们不仅仅是在重新排列我们的偏见，那么我们必须坚持终身学习和垂直发展。

改变你的学习和发展能力的一个方法是学会如何欣赏自己、他人和日常生活。我们总结的经验是，我们必须先学会"欣赏"，然后才能真正欣赏我们所学到的东西。

在我们成千上万的情绪中，"欣赏"是最强大的一种，因为它让我们每天早晨醒来，看到这个世界都是新的。因此，"欣赏"技能是学习如何培养将欣赏状态作为默认情绪，这种情绪状态可以大大增强你对其他人的影响力和提升业绩的能力。

"欣赏"技能的第一部分是学习如何欣赏自己。通常我们是我们自己最大的敌人，我们破坏性的自我言论和自我批评可以夺取我们重要的生命力，限制我们的成长和机会。

为了使这个练习更容易，你可以思考一下你欣赏自己的6个不同寻常的方面：

- 心理方面：你欣赏自己的哪些心智能力？
- 情绪方面：你在情绪上欣赏自己什么？
- 生理方面：你欣赏自己的哪些身体素质和能力？
- 社交方面：你欣赏自己哪些社交技能？你如何与他人交际？
- 职业方面：你欣赏自己哪些专业技能和能力？
- 精神方面：对于自己的意义观、伦理观和道德观，你有哪些值得欣赏的呢？

将这个技能看成一次对你所欣赏和感激自己的事情的私人库存进行盘点。将结果列表转换为要点，并将其记录在信用卡大小的纸上。如果你感觉特别有创意，你甚至可以叠加它。如果有人看到了，对他们来说没有任何意义，但你每天都会看到它，并时刻想起自己最优秀的品质。

这个技巧的核心观点是，即使你度过了非常糟糕的一天，你只需在晚上回家时花一点时间看看你的列表，就可以提醒自己你还是"有创意的"或"体贴的"。对自己的欣赏不会随着生活的起伏而改变。你不会停止关心别人，尽管有时候可能会生气，但这并不意味着你不再是一个体贴的人。你可能会像一个白痴一样对你的伙伴大喊大叫,但你仍然可以欣赏自己,因为你内心里仍然是一个"充满活力而且忠诚"的人。你可能曾经使用"敏捷的才智",但却并没有帮助到别人,甚至伤害了别人,但这并不代表你的"机智"到此为止。而且,你仍然可以欣赏这种品质。

加利福尼亚大学河滨分校的心理学家索尼娅·柳博米尔斯基(Sonja Lyubomirsky)发现,花时间去历数使自己感到幸福的事情,即使是每周一次,也能大大增加人们对生活的满意度(Lyubomirsky,2007)。来自同一大学戴维斯校区的心理学家罗伯特·埃蒙斯(Robert Emmons)也发现,"感恩"(在"情绪宇宙"中与"欣赏"处于同一"星系")能够改善身体健康水平,提高能量水平,为神经肌肉疾病患者缓解疼痛和疲劳。埃蒙斯补充说:"受益最大的人往往对于感恩的事情会阐述得更为详尽、更为全面。"(Wallis,2004)

这个技能如此重要和如此强大的原因在于人们往往会花费大量时间进行自我评价和自我批评。个人导向的消极情绪不利于清晰而创造性的思考。另外,自我评价和自我批评是情绪管理不当的标志,对我们的健康和幸福感非常有害。我们中的许多人具有获得成功的自然动力,但是当我们过度关注自己的表现时,它可能确实会导致健康问题。对10000多名管理人员和专业人士进行的一项为期10年的研究表明,那些以完美主义者为特征的人有75%的可能性出现健康问题(包括心血管问题)(Rosch,1995)。

我们只需要学会欣赏我们自己就行了,而不要因为自己不是谁去责备自己。宽恕不是我们给别人的东西,它是我们给自己的礼物。当我们真的原谅某人(和我们自己)时,我们会释放我们身体中无益的能量或情感。

因此,那些负能量不再对我们的健康、思考或表现造成严重破坏。我们原谅他人并不是为了让他们摆脱困境,我们原谅他们是为了让我们自己摆脱困境(Dowrick,1997)。

如果我们学会欣赏,那么我们更有可能欣赏我们所学到的东西。如果我们能够欣赏我们所学到的东西,那么我们更有可能改变我们的行为。我们能看到其他选择，我们对自己也感觉良好，这种乐观态度使我们能够做出不同的选择。

行动步骤

对于大多数人来说，促进"我"维度垂直发展所需的内部工作是异乎寻常的。当然，它不会出现在有关领导力的书里。为了真正卸下业绩的负担，真正将高层管理人员打造为四维领导者，我们需要探索人类系统各个层面的科学发现，包括医学、心脏病学、神经生理学、进化生物学、量子物理学、信号处理和系统理论以及企业绩效、运动心理学和情绪智力等领域。可能令人惊讶的是，我们所涵盖的内容在很大程度上取决于这些不同领域得出的事实。

不幸的是，这些事实只有学术界才了解，它们往往被刊登在晦涩的医学或科学期刊上。这些关键的见解很少能成为主流讨论，在商学院没有相关的课程，商业文献也没有发表过。然而，当我们整合这些见解时，它们让我们得到关于我们自己的一个令人兴奋的结论——我们每一天都可以优秀。我们可以恢复10年前所享有的能量水平，我们可以更聪明、更快乐、更健康。我们可以更成功、有更好的关系，对我们的企业、社会和世界产生更大的影响。但是，只有我们用已经应用于"做"的世界的同样决心和热情来拥抱这个"存在"的世界，我们才能做到上述这些。

以下是你可以采取的一些建议性操作步骤，以帮助你从"我"维度中获取最大价值：

1. 通过培养"呼吸"技巧控制你的生理能力，以确保你的大脑在压力下不会停工。

2. 用能量银行识别你的能量水平提升和下降的原因，并主动管理以确保你每天都拥有无限的能量。

3. 认识到情绪在企业中发挥着至关重要的积极作用，是决策和创造竞争优势的核心。使用"情绪宇宙"应用程序大大扩展你的情感素养，并跟踪你倾向于操作的情感星球。

4. 练习"掌控"技能，并使用"掌控"应用程序来逐步改变你的能力，使你在任何情况下都能到达你需要的任何情感，以做出高水平表现。

5. 使用积极情绪练习和场景规划，以确保你能够在正确的情况下调用正确的情绪，并确保情绪调节被整合到你的日常生活中。

6. 练习"转换"技能，确保你不会受制于任何无益的"情感星球"，你可以根据需求灵活地选择任何情感。

7. 通过"欣赏"的艺术培养乐观主义态度。欣赏生活中的人、情况和事件——包括那些不好的。如果你转变你的想法和感受，任何事情都可以变成一个发展的机会。

8. 与发展咨询教练合作，确定你的目标，并弄清如何将"它"维度的日常活动与该目标保持一致，以提高生产力、幸福感和福祉。

第 4 章
成熟度中尚未开发的潜能

确实，现在市面上关于领导力的书籍数不胜数。为什么呢？因为如果这本书的标题中含有"领导力"一词的话，这本书的销量也许就会很好。但是这些书籍中的绝大部分都与领导力无关。一些作家、管理者和咨询师开口便会说出关于领导力的言论，但是他们对什么是领导力并没有一个清晰的定义。咨询师经常将领导力定性为问题，然后很勉强地提供出一些方案、计划或程序来对其加以"解决"。我并不是说领导力没有问题。正如约翰·科特（John Kotter）所指出的那样，大多数的机构、组织都有过度领导和领导力不足之类的问题（Kotter and Heskett，1992）。与此相反，问题在于我们对于领导力的定义通常太过宽泛。

有些评论家强烈反对柯维、乔普拉、戈德史密斯、麦克斯韦、特蕾西或其他领导力作家的观点，声称他们的逻辑理论专家系统（LTS）以及宗教、自救行为、个人转变、心理分析和神经科学等方面的见解至多只是一些"边缘"的知识（Logan，2011）。而其他的人，在驳斥了他们同行的上述意见后也犯了同样的错误。与此同时，他们也只提供了一些虽然有所区别但同样片面的解决方案来取而代之。通常情况下，批评家所给出的答案往往会将单向成因，比如将文化（Logan，King and Fischer-Wright，2008）、缺乏情感勇气（Bregman，

2013）或领导行为作为真正的问题。但这些都不是真正的问题——真正的问题是我们对于什么是真正领导力的理解还存在偏差，因此我们永远只能得到部分答案。本章旨在从成人发展与成熟的角度拓展我们对领导力的定义。当我们了解了成人成熟度的演变过程，那么我们在理解领导力时面临的许多挑战也会得以明晰，同时通往真相的道路也会变得清晰。

我们在这里明确提出领导力有四个维度，并不仅仅是关于领导行为和领导者的"做"，也不仅仅是精神鼓励和领导人怎样现身说法——他们内部的"存在"，而且这也不单单是关于领导文化以及领导人如何与他人"关联"。它不仅是关于这三个维度的所有内容，同时更为重要的是，它也关乎所述三个维度的纵向成长兼容度。这个高度提供了第四个维度。领导者需要在"做""存在"和"关联"这三个方面同时取得进步。

我们已经探索了一些可以提高"存在"高度的发展技巧。在本章中，我们要更详尽地剖析一条具体的内在发展线——即自我、身份或自己。我们需要特别关注这一系列问题是因为它对业绩有太大的影响，在有关领导力的文章中它经常被误解，自我的很多方面也经常被提及。如第3章所述，人们经常鼓励领导者要"真实可靠"或"完全做自己"。

当然这是一个合理的建议。唯一的问题是，我们中的绝大多数人对我们"自己"的本质并未做过真正详尽的研究。因此我们绝大多数人除了我们做什么和我们有什么之外，并不真正了解我们自己。我们也不知道到底是为什么做我们正在做的，除了知道一些一知半解的"喜欢""不喜欢"或者一些喜好和风格的选择以外，我们很大程度上也不了解自己。我们并没有仔细研究过自我、身份或自己。我们也没有深入思考自己是如何构建或解构的，抑或是如何改变、进化或发展的。因此，我们通常都认为我们现在的样子就是我们一直以来的样子，将来也会是这个样子。但是，如果我们不知道我们究竟是谁，我们的核心目的是什么，也不知道是什么决定了我们在这个世界上存在的方式，那我们又怎么可能保持"本真"呢？

本真的发展对于有效的领导力是至关重要的，但许多领导人在探索他们的内心世界——"我"这一维度时感到不舒服、具有挑战性、没有必要甚至是风马牛不相及。大多数高管并不认为这很重要,自然也不认为这是应该考虑的事情,尤其是当他们完全陷入"做"维度的外部客观事务之中的时候。如果我们认为"做"就是一切,那我们常常不能够理解其实对于商业成功来说,改变我们如何"存在"的能力是与我们的行动力一样重要的,而且它也会对我们首次所采取的行动产生不可估量的影响。人们对"存在"和"做"这两个维度间的紧密联系普遍缺乏认识,也不了解前者对后者的影响。即使当我们和高管们一起讨论逻辑的时候,他们也都承认,如果他们正在生气、郁闷或不安,他们"做"工作的能力就会受到严重的损害,可是即使如此,他们中的大多数仍会立刻复归到"做"的状态中去。他们也会意识到当他们感到积极、乐观、对自己充满信心的时候,他们的行为会带动他人,做起事来也会变得更容易、更愉快。然而,他们却没有意识到事情的结果不管好与坏很大程度上取决于他们表现出来的状态是怎样的,而对此他们也不会去仔细思考,因为这并不是他们习惯性或自然性思维过程的一部分。

我们真的需要接受这样一个事实:任何事件或情况的结果都极大地受到我们表现出来的自己的影响,要么正面的要么负面的,而我们表现出来的自己在很大程度上取决于我们的身份,或者说我们所认为的"自己"到底是谁。所以,让我们来探讨一下有关"自己"的问题,以及随着时间的流逝,它是如何变得成熟抑或是相反的。我们对于自我成熟度的辨识能力非常重要,我们应有意识地采取措施来加强这一方面的发展。因为这些发展有可能会或多或少地改善我们的生活及提高我们的回报率。它可以提升我们在企业中推动转型的能力,因为它可以让我们主动打破"筒仓"式结构、改变行为、提高处理复杂问题以及推进利益相关方协作和沟通的能力。它也可以提升我们的眼界、让我们减少被动反应、让思维更加敏捷以及提升情感意识。我们将不再过于在乎生意场上的起起伏伏,这样我们的压力及疲劳也将得以舒缓,我们的幸福感和生活质量也都得以提升。

即便如此,自我成熟度仍然是一个极富争议的话题,在高管们之中讨论可能会引起敌意和怨恨（这恰恰说明我们迫切需要很严肃地探讨一下这个内在发展线）。没人会喜欢别人对自己的成熟度表示怀疑，但是如果我们要在这个关键发展线上提升高度，我们就必须对自己的成熟度提出质疑，或至少准备要探索这个问题。关键是将成熟度视为我们身份的一部分，而且在我们的领导力上，它可以并且也应该随之得到发展。

身份与"意义疾病"

对于我们大多数人来说，我们所做的事情就可以表明我们的身份。当被问及"那么你是谁"时，大多数人都会在说出他们的名字后马上提到自己是做什么的，如："我是律师"，"我是会计师"或"我是教师"。但我们做什么并不等同于我们是谁。大多数人不能对这两者加以区别是因为如果他们不是律师、会计师或教师，那么他们是谁呢？

如果我们不使用职业称谓，那么接下来的回答通常是一系列关于个人品质的描述。但这种描述通常都是可有可无的，而不是对"自己"本质仔细反思后的结果。如果你问些稍有不同的问题——"为什么我要让你领导我？"或"你具备什么领导素质可以让别人追随你？"大多数高管将会努力给出一个经过深思熟虑后的答案，通常是关于他们是谁并且是他们最亲密的伙伴对他们的看法。

人们很容易会拒绝这种探讨，认为它与经济效益根本就毫不相关，是矫情的、荒唐的行为，和盈利或季度收益毫无关系。然而，我们应该好好考虑一下盖洛普公司首席执行官吉姆·克利夫顿（Jim Clifton）的话，在盖洛普进行全球民意调查之后，他指出："全世界的人都想要一份好工作。"人们曾经对爱情、金钱、食物、居所、安全、和平以及自由的渴望远超其他。然而刚刚过去的30年改变了我们。现在的人们想得到一份好工作，并且也希望自己的孩子也能有好工作。对于世界领导者来说，这改变了一切。他们所做的一切，从发动战争到建设文明社会，都需要在可以提供好工作这一新的背景下进行。通过盖洛普的美国和世界民意调查以及对创造就业及世界经济发展趋势的宏观经济数据进行深度分析，可以得出结论，人们在生活中想要得到的是一份有意义的工作（Clifton, 2007, 2011）。然而，如果我们不知道自己是谁、为什么存在以及我们生活的意义究竟为何，我们又如何能识别和进行有意义的工作呢？谁能告诉我们，我们现在做的是有意义的还是毫无意义的？意义是一个人的探索之旅。如果我们从来没有问过自己我们到底是谁这样的难以回答的问题，那么我们可能只是按照一套别人在我们无意识或未同意的状态下灌输到我们大脑中的规则而生活。

我们都按照一套既定的方式来看世界，按照一套既定的规则来理解现实。我们的父母或关照我们的人都会训练我们要对某些事件或感觉予以"重要性"关注。比如：他们教会我们什么是重要的，什么是我们应该忽略的。这种训练在我们真正意识到它的发生或我们的大脑完全发育之前就已经开始了。尽管训练的内容取决于我们的出生条件、家庭背景以及我们的文化、我们出生的时间和地点，但是我们都逃不过这个训练过程。即便如此，我们仍然可以根据我们受过的训练来理解我们周围的世界，然后再决定是否要遵守或者改变这些规则、信仰、价值观和观察世界的方式。如果我们根本没有认识到这些已经嵌入的思维结构，或者说是"心灵代码"的存在，那么我们又怎么可能去改变它们？

此外，我们的思想不仅习惯于以某种方式来解释现实，而且还会去相信某些与自己有关的"事实"是真实的，不管它们到底是真的还是假的。如果父母不断对他们的孩子说他们很笨或"不够好"，孩子最终也会认为自己很笨或"不够好"，他们的自信心就会受到伤害。太多的人自我感觉极差并低估自己的能力——就是因为在他们小时候家长总是反复说他们做得不够好，于是他们便把这个说法当作事实接受下来。这种不够好的感觉在女性中往往会比在男性中更为常见。除了正常的影响到我们所有人的训练过程之外，女性还要承受另一种压力，那就是延续了几千年的根深蒂固的基于性别的错误说法。这并不是说男性没有感觉到这种压力，他们只是学会用虚张声势、战无不胜或置身事外的外表来掩饰他们的怀疑或不安,以此来保护自己内在的脆弱性。

当我们都患上美国哲学家肯·威尔伯所说的"意义疾病"(disease of meaning,2003)时,我们的世界会因这种自我意识的缺乏而摇摆不定。这种特殊的疾病也就是我们通常所说的"中年危机"。无论是因为裁员或离婚等特定事件,还是因为我们个人越来越强的不满情绪,"中年危机"对我们的影响是非常严重的。通常情况下,"事物注定是什么样的"和他们实际上是什么样子是不一致的,这通常足以让我们不再梦游,开始"醒来"。我们开始意识到,我们几十年来一直遵循一系列的规则以及扮演某些角色,我们认为这样做会带给我们一定的回报。但是如果回报没有实现,或者就算是得到了回报,我们也没有得到我们所想象的那种感觉。

我们感到沮丧,因为我们一直在做我们应该做的。我们为了取得好成绩努力学习,以保证我们能够进入一所好的大学。然后,我们为了获得好的资质证书继续努力学习,确保可以得到一份好工作。我们按照公司的规定,利用夜间和周末的时间勤奋学习拿到了工商管理学硕士学位,接着更加努力工作就是为了获得下一次晋升的机会。我们赚了更多的钱,我们是一个忠诚的丈夫/妻子、父亲/母亲、领导、员工、朋友和同事,但生活仍然没有按照我们设想的方式运行。即使有些物质回报奖励确实实现了,但它带来的"快感"非常短暂,幸福感也转瞬即逝。我们可能遵守了所有社会要求我们遵守的规则:选择职业、买房子、成家、努力工作,然后某天醒来还是感到没有理由的空虚。

为了填补这一空虚,人们通常会在"做"的外部世界付出更多的努力,关注下一次升职的机会、更高的工资、买一辆新汽车、一次全新的男女关系、运动保养或者其他昂贵的灵丹妙药。实际上,他们是为自己的内部问题寻找一个外部答案。他们可能会实现这些外部目标,但依然会感到更沮丧,因为所获得的财富和成功并不能真正填补这片空虚,只会引导我们去追求物质利益。通常这些人最终会感到比他们在变得富有之前更加不安和不快乐。但至少在他们达到目的之前还都心存希望,只要将来他们期望的目标能够达成,他们就会感到满足。那个希望会驱动他们继续艰苦工作至深夜。但是尽管工资再创新高的目标实现了，钱也存进了银行，但是他们所要寻求的意义并没有实现，这种领悟对他们造成了毁灭性的影响。

直到此时我们才恍然大悟，我们是无法用外部方法来解决内部问题的，我们将继续生活在痛苦中。高级领导者经常感到的空虚、寂寞和孤独，就是其自身在"我"这个维度出现了内部问题。最好的外部解决方案可能是分散注意力，但它并不能解决内部问题。

反过来也一样——你不能用内部方法来解决外部问题。如果你没有能力支付抵押贷款，你会知道，设想得到一笔飞来横财是于事无补的。如果你没有能力支付抵押贷款，你需要另外寻找一个外部解决方法来解决这个外部问题。解决内部问题的唯一方法就是内部解决方案，治愈"意义疾病"的唯一方法就是勇敢面对这个问题，认识到它只是发展中的一个阶段，度过它。

对于我们所有人来说，我们探索和理解我们真正的本质要做的还有很多。如果我们想要享受有意义的工作、过满意的生活、成长为一个我们真正想要成为的人，那么这项工作是至关重要的。当我们不了解自己的内在或者我们感到自己与最初的目的及其他人隔绝开来时，我们会感到忧郁、慌乱和失望。在这些情况下，我们通常只是"在生活中走走过场"，并没有与我们正在做的工作或其他一起工作的人产生任何有意义的联系。我们的生活缺乏意义会使我们感到空虚、孤独。

在无助、无意义感、无法有效地谈论个人经历的驱使之下，人们会绝望。但正如温斯顿·丘吉尔曾经说过的，"如果你正在走过地狱，请你继续不断地走下去"（Loftus，2012）。继续不断地走下去是因为困境永远都是暂时的，它只是发展中的一个阶段，如果你可以得到高质量的引导，那你一定会走向光明的彼岸。

救赎之路：忘记、转移注意力，还是成熟

通常，我们的孤独和不满会被放大，因为我们看着身边的朋友和同事，觉得不知道为什么他们并没有受到"意义疾病"的影响。这里通常会有两种可能性：要么是他们在表现出一个精心制作的假象而实际上感觉和我们一样，要么就是他们还没有意识到这个问题！我们很容易会看看别人的生活然后认为他们生活得要比我们好多了，但实际上未必。我们周围的大多数人还没有唤醒自己的潜力。他们可能也同样面临着让我们正在备受折磨的"意义疾病"这个问题，而他们只不过还没有达到我们正为之艰难前行的那个阶段。例如，许多人都记得自己十八九岁时肆无忌惮的、热血乐观的青春，那时候他们感到无人能敌、充满信心并且准备好迎接世界所带来的挑战。你现在的自己与19岁时的自己之间唯一的区别是，在19岁时，你可能永远不会质疑你的生活。它最终都将到来——但我们不应该陷入那个发展阶段不能自拔，我们需要继续前行并找到可以帮助我们度过这个阶段的人。而我们也无法向一个尚未达到我们这个发展阶段的人寻求帮助，因为他们在人生的旅途中落后于我们。他们可能还对"意义疾病"带来的想法和感受根本没有任何概念，所以他们又如何能帮助我们成功度过这个阶段呢。

如果我们没有意识到我们的感受只不过是发展的一个阶段，那么我们只需要勇敢地面对并学会容忍就行了。最常用的"容忍"方式是麻醉自己和转移注意力。

因此，大多数人选择通过酗酒和其他方式来麻木或麻醉自己以减轻自己的痛苦。忙碌的管理人员最常采用的方式就是酗酒，他们几乎每天都会喝多。另外很多人会选择其他的方法来分散注意力，其中包括极端物质享受、强迫性健身或美容美体等。尽管他们并不一定有意识这样做，但这里的逻辑就是"如果我不能有意义，因此不能真正地感到高兴，那么……"或者"至少我赚了一百万美元"，或者"至少我可以住在一个豪华的房子里"，或者"至少我可以看起来非常棒"等。

随着时间的推移，这个中年危机所带来的痛苦可能变得愈加强烈，接着会使人彻底崩溃，也可能会突破自我取得成功。但这会发生在一个人跌入"人生低谷"并进入一个非常黑暗的阶段之前。他们知道自己的生活无法正常进行，但是他们却往往不知道该怎么应对，因为他们仍认为"意义疾病"是永久性的，而不仅仅是发展中的一个路标。虽然在这一刻经历了痛苦，但往往却预示着新转折点的到来。我们正处于真正的转型过程之中——也许就是改变我们整个人生的转折点。如果要取得突破，我们就需要认识到生活并非是我们所期待的样子，我们不快乐，但更为重要的是，除了我们自己也没有人可以让我们重拾快乐。

这是一生当中至为重要的同时也是富有转折意义的一刻。当一个人终于得出了如下的结论：父母帮不了自己；老板帮不了自己；他们的配偶或孩子帮不了自己；社会或政府也帮不了自己；如果希望事情向更好的方向去发展，他们需要"长大"，成熟起来并把握自己的处境以及明白自己到底是谁。

这一刻就是约瑟夫·坎贝尔（Joseph Campbell）所说的"跨越门槛"（2012）——从原有固化的思想体系中解放出来并认识到我们每个人都在自己的"英雄之旅"中；我们应从安全的、已知的世界走出来进入到不安的、未知的世界中去，只有如此我们才能搞清楚我们究竟是谁，我们真正拥有什么。我们最终都必须对"冒险去"的呼唤予以回应，从无知到启蒙，并为个人的转变负责。如同我对自己的成长和今后的发展负责一样，你也要对你自己的成长和上行的发展负责。

成人"自我"的成熟度

威尔伯表示，人类发展有两个关键过程："醒来"和"长大"。首先，无论是个人还是集体，都必须从较强的控制欲和权力的妄想中醒来。当我们谈论精神觉醒时，我们也在谈论着个人成长意识，也就是人们对真相的理解及如何解释现实的问题。但这只是许多具有可能性的观点之一，我们认为是对的或"真理"的事情，只是众多的可能的真相中的一个方面。世界上并没有真理这种东西——只有所谓的你的"真理"，随着人类的发展，我们的"真理"确实并且也应该发生改变从而被超越，这其中也包括我们对现实本质的认识。因此，我们对这个词有了更多的理解。我们能够拥有更多的创造力、更多的智慧、更丰富的观点，我们的处事方法也会变得更入流、更灵活。如此，我们就会像牛顿所说的那样"站在巨人的肩膀上"（1676）。

越过门槛和"醒来"只是真正的自我发现之旅的开始。只是让自己醒来还远远不够。我们还要做一些与"长大"和成为一个成熟的成年人相关的必要工作。我们成长的更高级阶段将会涉及我们"所拥有"的过去的行为、个人的失败、待处理的"阴影"或"黑暗的一面"，甚至还让自己看到了自己所不愿面对的有关自己本质的一面。所有人都会犯错误抑或是做出过糟糕的决定，但是不承认这些错误，会使我们再次犯同样的错误。如果我们的自我意识太过脆弱以至于我们不能承认自己犯错，那么我们注定将要一次又一次地犯同样的错误。当我们能够"坦然"面对自己的弱点时，我们就可以将它们重新整合从而变得更成熟。从"醒来"到"长大"的演变可以使我们的能力发生巨大的飞跃，因为成长会让我们"做"领导者、父母、合作伙伴、兄弟姐妹或朋友的方式都发生巨大的改变。它从根本上扩展了我们究竟是谁以及我们拥有什么的范畴。

做好与自我成长相关的必要工作，是任何希望提高自身商业和组织能力的领导者都可以去做的卓有成效的一个方面。稳定生理机能是关键的第一步，发展情感和社交智慧是至关重要的第二步，培养自我成熟度可以改变内在的、主观的思想世界，并在"我"这个重要维度增加明显的垂直性提升。它也可以产生很强的竞争优势，因为这项工作大大提高了认知成熟度，这使我们能够更有效地了解现代商业中的复杂性和高强度。如果要在 VUCA 环境中茁壮成长，我们需要扩大自己的意识和自我的成熟度，从而提高自身的领导力。

也就是说，意识或自我意识不仅仅只是一个简单的开或关的现象。即使领悟了现实的本质，长大也是一个不断进化的过程，它也有许多复杂的级别和不同的程度。我们的思考和领导企业的方式，在很大程度上都会随着自我成熟度的发展而改变。

从孩童到成年人再到成熟的成年人

如果你曾目睹过一个孩子的成长过程,那么你可以很明显地看到他们经历了各种界限分明的发展阶段。这些阶段包括了他们的生理、情感、认知、道德以及许多其他的发展方面。特定的发展阶段通常都是可以看得到也可以说出来的!许多作家都详细描述过不同的发展阶段之间的种种差别,我们在这里不再加以详述。最初,一个婴儿并没有真正认识到自己是活着的,是独一无二的、独立于他们的父母或环境的人。渐渐地,一切都开始发生变化,他们开始意识到在镜子里盯着他们看的东西实际上就是"自己"。在最基本的层面上,这就是"生理上的自己"的第一次出现。意识的第二个层次往往是由父母所谓的"可怕的两岁"时期开始的。这个阶段之所以如此命名,是因为孩子开始变得令人难以置信地以自我为中心。当孩子想吃冰激凌并扯着嗓子大喊的时候,他们不能理解为什么我们不想吃冰激凌。他们非常困惑,为什么我们不会像他们那样因为吃不到冰激凌而感到心烦意乱!这是因为孩子认为他们的情感需求与我们是一致的。他们尚未区分开他们的情感需求与我们的不同之处。有了这个区别,就出现了"情感性自己",这是发展的第二个层次。随着孩子的发展,他们学习词语并进一步成长,直到他们14岁时,他们就可以习得在成人世界中所要具备的大部分必要技能和能力。(如果你想了解关于发展的各个级别的更多信息,可以抽时间阅读之前提到的《连贯性》这本书。)

如果没有"燃烧平台",或者对于我们进一步发展的强烈需求,我们很可能此后一直保持在青少年的成熟程度上。因而大多数人都以为离开了学校或大学他们的成长期就完成了。但是,从婴儿到孩童再到生理上达到成熟的成年人,我们只是完成了自我成熟中最基本的几个环节而已。然而,从不成熟的成年人到成熟的成年人转变才是最具魔力一刻的开始。社会上以及法律上规定一个人到18岁便是成年人了,但事实却是我们真的只是"被标签化"了的成年人而已。我们在本质上还是婴儿般的大人——我们可能只是在外表上已经达到了生理成熟，但是我们的内心大概只有 14 岁。毫无疑问，我们可能在学校、大学中通过学徒，或在工作中通过各种的"学习曲线"等级，但实质上我们的发展还远远不够。我们没有完全"醒来"并且尽可能地发展自己的自我意识，因此我们必然不可能"长大"和成熟。

我们所需要做的就是努力提高我们内在的成熟度，并使其与我们身边的外部世界的复杂性相协调，但这很少发生。这是内在的、看不见的工作，是构成"我"的维度垂直发展的一部分，也是释放人类巨大潜能的关键。

在关于成熟度和成人发展方面，有许多重要的人物都做过探讨，从早期的皮亚杰（Piaget，1972）、科尔伯格（Kohlberg，1981）和洛文杰（Loevinger，1996）到肯·威尔伯、罗伯特·基根（Robert Kegan）、艾略特·雅克（Eliot Jacques）、库尔特·费舍尔（Kurt Fischer）、苏珊娜·库克－格鲁特（Susanne Cook-Greuter）、威廉·托尔伯特（William Torbert）和克莱尔·格雷夫斯（Clare Graves）——他们都从稍微不同的角度描述了成熟度和成人发展的垂直演变。例如，威尔伯注重自我意识或意识的演变。库克－格鲁特则以"自我"的发展为视角，与"自己"相关联同时对成熟度也加以进一步的解释。托尔伯特的"行为逻辑"则探讨了在商业领域中这些阶段是如何发挥作用的，在行为研究方面他与库克－格鲁特的合作也意义深远。格雷夫斯的"螺旋动力学"（Spiral Dynamics）模型探讨个人和集体价值观。理解某人的价值观可能会带来某种关系的转变，下一章中我们将对此进行更为详尽的讨论。最近，威尔伯等人提供了更多关于大多数人陷入困境后有关重要发展阶段的细节，这使这个发展框架对提高人类自我发展非常有所助益。

尽管如此，不可否认的是这些发展理论中的多数从来没有成功走出过学术界，几乎从来没有被运用到那些极其需要它们的领域，如商业、政府和政治中。我们的目标一直是把一些最好的想法运用到可以受益的领域中并使之与企业的经济效益相关联。为此，我们将借助于一种工具——领导成熟度分析（Leadership Maturity Profile，LMP）——帮助首席执行官和高层领导者评估他们目前发展所处的位置以及可能达到的高度。

领导力成熟度分析

领导力成熟度分析利用各种发展理论中的最佳理论，为领导者们提供了一种准确了解自己及同僚的领导力成熟度和个人整合能力的方式。不同的"位置"如图4.1所示。当领导者们理解这些自我成熟度的发展阶段，以及与每一层次相关的特征和能力时，现代商业中的许多功能障碍都变得容易理解了。这个评估帮助领导和管理团队理解为什么员工敬业度可能比较低，为什么联盟谈判可能不够顺利，为什么在新兴市场增长突然停滞，为什么投资者之间的关系如此复杂，为什么管理团队会议令人不够满意，以及为什么在商业内部和外部都存在着各种挑战。LMP还对人们的行为方式，在什么样的压力状态下他们会退缩以及在哪里会出现促进个人和团体发展的重大机遇给出了清晰的解释。因此，LMP揭示了为什么个人的表现经常会变差，为什么一个团队不工作，最为重要的是，该如何处理这些问题。

这个模型本身由三层组成，尽管我们已经提到了可能出现第四层的情况。我们已经调整了其他发展理论家所使用的术语，使其更贴合商业领域。每层都有两个级别，每一个新级别都能接受一个更复杂视角的检验。每一层还含有4个子阶段（表示为1.0～2.5，3.0～4.5或5.0～6.5）。在每一层中，4个发展子阶段都是自上一个阶段就开始出现的，出现之后遵循某一特定过程发展，这一特定发展过程我们会在稍后加以详细的阐述。但是现在我们已经可以了解到，当一个领导者实现了从第三人称视角到第四人称视角的转换时，大多数企业发展能力得到了最大程度的提升。我马上也会谈到从第四人称视角到第五人称视角的个人跨越也是非常有意义的。这些转变中的阻碍将在图4.1中以粗黑线显示出来。

从第三人称视角发展到第四人称视角的一个关键因素是从"观念意识"到"情境意识"的转变。在第三人称视角中所有问题似乎都有一个"合理的解释"。事物非黑即白，非对即错，世界是非常具体的。在第四个阶段上所有答案往往是在特定的情境下得出的。所以无论应对任何挑战，解决方案通常"取决于"一系列的因素。

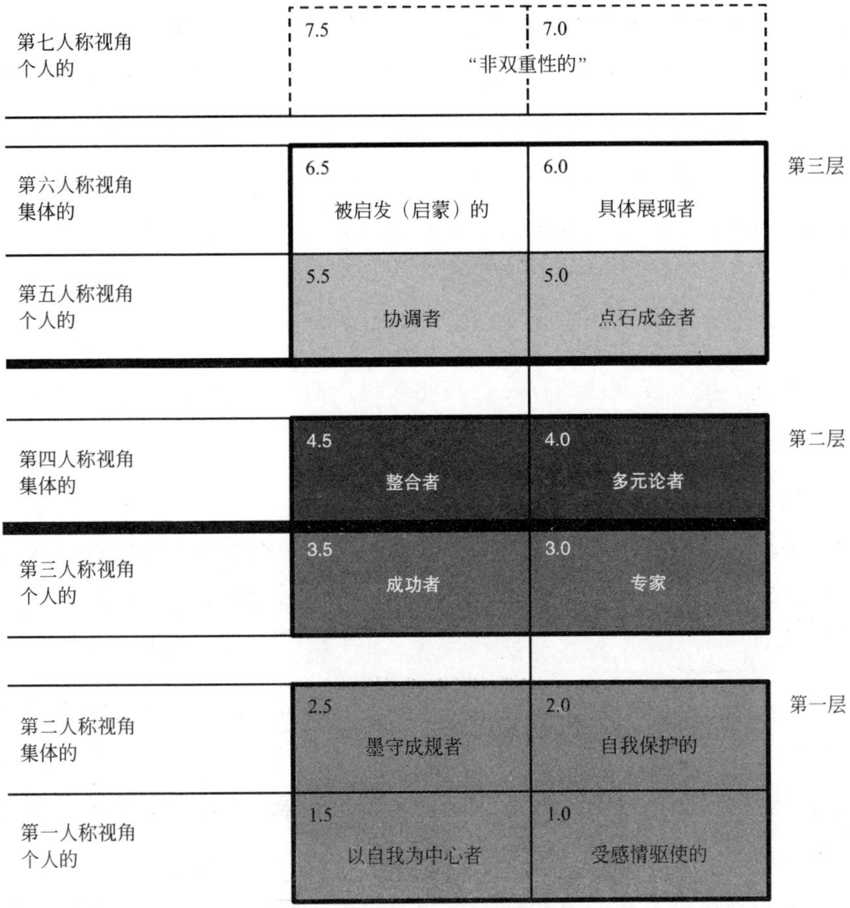

第七人称视角 个人的	7.5	7.0 "非双重性的"	
第六人称视角 集体的	6.5 被启发（启蒙）的	6.0 具体展现者	第三层
第五人称视角 个人的	5.5 协调者	5.0 点石成金者	
第四人称视角 集体的	4.5 整合者	4.0 多元论者	第二层
第三人称视角 个人的	3.5 成功者	3.0 专家	
第二人称视角 集体的	2.5 墨守成规者	2.0 自我保护的	第一层
第一人称视角 个人的	1.5 以自我为中心者	1.0 受感情驱使的	

图 4.1　领导力成熟度分析模型

举个例子，几年前我曾经指导过一家位列富时指数前 50 企业的营销总监。这位总监就是一位在情境意识阶段进行工作的领导者。在向执行董事会提交方案的时候，他会提供几个选项供他们考虑，并向他们说明选择哪一个取决于他们想要达到怎样的平衡。执行董事会要求他针对目前的市场状况给他们提供一个正确的方案。他的回答是"这取决于我们正在努力实现的目标是什么"。董事会成员越来越不满，通常会回应说："可以，但是我们没有时间对这些选项加以讨论，作为营销总监，我们需要你为我们推荐一个方案。"在搞不清楚董事会侧重点的情况下，他也无法为其提供一个解决问题的方案。

在多次陷入这种僵局之后，也就是他入职的第 12 个月，董事会对他的这种（他们认为的）犹豫不决失去了耐心，于是解除了他营销总监的职务，让他离开了企业。营销总监对于离开该企业感到很开心，因为他认为董事会并没有认真考虑他所提供的所有选项。随后，他又转投到另一家公司并且成为一位很成功的首席执行官。这是因为后来的这家公司很赞成在现代企业中有时并不存在一个完美的"一刀切"的答案。这并不意味着营销总监是对的或之前那家公司的董事会是错的，反之亦然。只是因为该营销总监的"自我"成熟度让他看到了更多复杂性的存在。与此同时，他也清楚解决方案是取决于不同的情境。

这是一个典型的因为发展阶段不同而产生误解的例子。从第三人称视角发展到采取第四人称视角是成熟度最重要的转变，大多数企业都需要这种转变。然而，从第四人称视角到第五人称视角的飞跃同样也是一个重要的进步，特别是当我们进入一个日益变动的、复杂的、模糊的世界的背景条件下，这个转变会更具有前瞻性的意义，因为这个世界要求公司变得更具有创新能力。

从第四人称视角到第五人称视角的飞跃是从"情境意识"到"构建意识"的转变。在第四人称视角中，所有解决方案都将在一个特定的情境下进行考虑。没有绝对的真理，而只是一系列的相对真理而已。然而，当领导者在发展第五人称视角时，他们将超越综合考虑背景。他们开始理解所有的情境都是被创建的或者是"被构造的"。事实上所有的现象都是"构造物"，包括个人身份或自己。真正具有这种理解力的领导者会从所有的约束力中完全解放出来。这会使得创造力和创新力得到惊人的释放。

这样的转变经常可以在音乐家们谈论他们是怎样创作了一首热门歌曲时得以体现。第三人称视角的观点是大多数人都生活在恐惧中，害怕他们的创造力将会枯竭。他们的歌曲创造力似乎就是一种上天所馈赠的"礼物"。这是一个具体的概念，缺乏对创造力的工作方式、如何释放他们的潜力和真正发展的深层理解，在考虑这些想法的过程中，他们往往会产生恐惧。如果音乐家已经成熟或成熟到已经进入了成人发展的下一阶段，他们就会认为他们的歌曲创作力更依赖于情境因素。因此，如果他们在合适的工作室里、能与合适的人合作并构建起正确的思维框架，他们就能营造出使他们具有创造力的条件。在最理想的情况下，他们可以长期从事自己的职业生涯。当然，要维持这些条件将会是一个挑战，尤其是如果他们还缺乏其他发展线的高度，如情感和社会智力等。

只有极少数的歌曲作者是在"构建意识"下进行创作的。他们是杰出的人才，无论情境、音乐品味或风格以及文化因子方面如何不同，他们似乎永远都能够有新的想法，创作出新的歌曲，提出新的概念。

因此，成人成熟度的发展代表了一个巨大的商机，因为目前地球上大约有 85% 的人都是在第三人称视角或级别更低的视角下工作的。不要太过纠结于每个成熟度级别的划分。有时，将自己与已经升级的计算机操作系统的成熟度之间来进行比较会更容易也更直观。在这种情况下，我们只是从 1.0 版（Human Being Version 1.0，HBv1.0）升级到 6.5 版（及以上）。每一次升级都改进了软件，修复了之前模式中的一些小故障，并扩展了它的能力和精确度。一些升级，比如 2.0 版到 2.5 版代表小调整，而其他的，如从 3.5 版升级到 4.0 版，正如我们已经讨论过的，代表了在量上的飞跃。

1.0 版：受感情驱使的

在 1.0 版阶段，个体将只关心"自己、我的和我"。这些个体都沉浸在第一人称视角中；他们是冲动的，只受他们自己的需求和冲动驱使。我患自闭症的儿子山姆就主要受 1.0 版所驱使。有时他会完全被自己内心的主观经验所摆布。因此当他感受到内心的冲动时，他就必须要让这种冲动得以满足，否则他会变得很沮丧。在冲动这个层面上，个体并没有意识到他是受自己的主观冲动或欲望所驱使的，他只是有这种冲动。

这种行为我们也可以在年纪尚小的幼童经历"可怕的两岁"阶段时观察到。他们想要冰激凌，为此可能开心（或不开心）地重复要上 50 次甚至更多次。在那一刻，冰激凌就是一切。在这一阶段，学习主要是通过模仿和重复来实现的。他们没有意识到，其他人看世界的角度是不同的。因此，在这一阶段，如果他们拿着一部手机给你看屏幕上的内容，他们会假设他们看到的内容你也同样看到了，而事实上你只是看到了手机的背壳而已。

1.5 版：以自我为中心者

在 1.5 版中人们仍会用第一人称视角来处理事务，其所关心的仍然是"自己、我的和我"，但是他们却开始能够感知到冲动的存在。换而言之，虽然他们认识到自己有点儿自私并以自我为中心这一事实，但在很大程度上，他们仍然是由他们自己的自我需求和欲望所驱动的。当有人做事是基于 1.5 版时，你可能会听到他们说，"我知道我自私但是……"。他们知道自己自私但是这并不会影响最终的结果——因为他们仍期待得到自己想要得到的！这一阶段的儿童具有非常强烈的"我的"的概念，他们倾向于相信一切都是"我"的。基于这一点，关于他们是否能够真正理解"偷窃"这一概念曾有过一场有趣的哲学辩论。如果他们妹妹的铅笔是"我的"，那么他们把铅笔拿走了又有什么错呢？基于这一原则行事的成年团队领导者认为他们只是拿了他们应得的那一份而已，并且会对他们的行为毫无悔意。象征性、例行公事和碰运气在 1.5 版人群的生活中发挥了很大的作用。停滞在这个阶段的成年人通常都经历过某种非常严重的创伤，之后他们的发展就止步不前了。如果想要得到进一步的发展，他们通常需要得到大量的同情和强大的内心。许多成年人已经得到了进一步的发展，但他们却出现了这个阶段所固有的"影子模式"，并且这种模式会在某些情况下出现，这也是有可能的。

这种从容易受到（在本例中我们自己的冲动）影响的 1.0 版阶段到能够客观化（我们自己的冲动）的 1.5 版阶段的转变是在每一层的前两个子阶段都要重复的模式。这个阶段有时会被称为"第一人称晚期视角"。

在商业活动中有很多人都是以 1.5 版来做事的。例如：许多人都写过关于自恋的老板（Banschick，2014）、具有反社会倾向的首席执行官（Babiak and Hare，2007）以及傲慢的管理者之类的文章（Owen，2012）。在对话中，行事基于1.5版的人并不会很仔细地聆听——他们只是听到了他们想要听到的那部分或者是他们想要谈论的那一部分。他们总是会让谈话按照他们的议程进行。

我们都遇到过这种行事基于1.5版的人——我们做过了什么、去过哪里、见过谁对于他们来说都不重要，他们也会说一个相似的经历，用这种相似性操纵谈话，让谈话总是围绕关于他们的事儿。他们会拒绝接受别人对自己的指导，当然他们自己本身也肯定不会去指导他人，他们总是抢着告诉别人答案是什么——虽然他们的答案是从这个发展阶段的角度给出的。

2.0版：自我保护的

当我们开始与他人互动时，我们开始意识到其他人实际上是真实存在的，同时，他们并不一定与我们第一人称视角的观点相同。这时我们意识到除了"自己、我的和我"以外还有很多东西。

要想成功，我们就必须了解那些控制人们视角的规则，因为他们是和"我的"不同的。第二人称视角的出现是个人发展向前迈出的一大步，其对于建立成功的人际关系至关重要。一个行事基于2.0版的人，其行为方式已经开始由以个人主义为主向更加关注集体转变。在这个级别上的孩子会从平行游戏发展到"与他人一起游戏"，尽管如果这种意愿受挫的话，会产生一番意志较量和愤怒的情绪。在这个阶段自身意识还不成熟而且还会掺杂着个人的欲望、想法和愿望，因为这个阶段的目标很大程度上仍是保护自身利益。

在自我保护的世界里，他者原则只有在为了确保个人利益或避免受到惩罚时才会被遵守。此时的思维方式通常会是对错式的二元对立，判断方式也是以简单的、生理上的满足为中心，情感的抒发也是通过简单的单一词汇——好、坏、病了或累了等。因此，在这个级别上的人对"自己"或他者没有什么深入了解，还只是关注于事物的表面。其他人是需要被控制的人，

"自尊"在很大程度上是基于我们对他们控制的程度有多高。机会通常被他们看作是走自己的路。因为行事基于 2.0 版的人仍处于学习社交互动的微妙准则的阶段，他们经常觉得自己是个局外人、孤独者，并且还不清楚如何有效地与他人沟通。他们经常会把反馈当作对自己的攻击，做出负面反应然后采取攻击性行为。

由于目前还不清楚如何控制他人，此时的世界也变得更有敌意，因此他们认为必须时刻做好战斗或逃跑的准备。在这个危险的他者世界里，他们必须保持警惕并做出最坏的打算。他们信任度低并且保持着高度的警觉和反应性。人际关系主要是建立在权力基础上，而且很脆弱。在社会意识较低的情况下，过界很容易。发生冲突也总是别人的错儿。所以责备是常见的事，最重要的是不能表现出软弱。

只有当他们被抓现形时，他们"坏的"道德决策或行为才会被暴露出来。即使被抓，在这个发展阶段的人们仍没有丝毫的悔意或羞愧感。这在一定程度上是因为他们还没有对因果关系有深刻的认识。他们通常认为被抓只是因为"运气太坏"，不过这并不能阻止他们尽可能地逃脱责任。他们会纠结于规则的重要性，因此会希望无论犯的"罪"是什么，都要以同样严厉的手段来惩罚。

在这个阶段接下来的演变中，个体可能会开始变得更加关注社会规则，而被尊重的诉求也会变得越来越重要。不被尊重很快就会成为一个大事件。这可能会转变为一种被集体所喜爱或接受的欲望。在这个发展阶段，个体可能会故意选择不发表意见，而只是赞同达成一致的意见来作为一种自我保护的策略。在此后的阶段中，相处融洽胜过做正确的事。行事基于 2.0 版的人会很容易被集体引入歧途。在商界，他们可能会认同拙劣的或不道德的行为，因为"其他人都在这么做"。

指导 2.0 版或被 2.0 版所指导

行事基于 2.0 版的人其最主要的目的是想在指导中感受到安全和被支持。

例如，如果一个运动员是基于 2.0 版行事，那么如果他们的教练确保设备清洁并做好了所有的后勤工作，他们就会感觉到自己得到了支持。教练可能会在如何表现得更好这个方面提出一些建议，但必须以温和和鼓励的方式才能奏效。行事基于 2.0 版的个体需要了解他们教练的行为是为了帮助他们的，否则建议可能会被拒绝。

行事基于 2.0 版的教练往往比一个普通教练更有助益。他们会用非常实际的、通常很简单的术语来达到他们的目标。处于这个成熟度阶段的教练通常会依赖于特定的体系去指导他们的工作，不管是宗教体系、心理体系，还是其他任何体系复杂的方法。

2.5 版：墨守成规者

一个行事基于 2.0 版的人有能力选择是凭直觉做事（1.0 版）还是凭理性做事（1.5 版）。这种选择遵从我们本能做事的能力让他们能够将自己的 2.0 版与 1.0 版和 1.5 版区别开来。这种选择的能力会显现在每一层的第三个阶段，但是随着我们在各个层次上的发展，选择的内容也会有所不同。当升到下一阶段 2.5 版时，个体开始更清晰地了解到是什么原因导致了他们的决定。这种理解那些让他们做出选择的"体系"的能力具体体现在每一层的第四阶段。

在墨守成规阶段，我们的身份在一个特定的群体内变得更具辨识度。我们所属的组织、团体或族群为我们提供保护和动力。自我认同可能会有所减弱，取而代之的是其在集体中的身份。为"你自己"着想这种观点并不普遍。组织关系中的任何紧张因素都被认为是对生存的威胁。融入组织所付出的代价就是忠诚和服从。作为对他们忠诚的回报，基于 2.5 版的行事者希望能得到对他们表示认可的明确信号——可能是地位的象征、明确的认可、奖杯或金钱。如果这些都没有实现，他们往往会觉得自己没有受到充分赏识。害怕被组织拒绝通常会使基于 2.5 版的行事者努力去避免冲突或是担任解压者这样的角色。如果这些能力得以培养，个体就会变得善于外交。事实上，行事基于 2.5 版的人通常被称为外交能手。在这个层次上的管理者往往待人随和或彬彬有礼，很少会质疑权威。他们觉得自己很难谴责或批评他人，他们认为发挥创造力的空间并不是很大，因为那意味着挑战现状。行事基于 2.5 版的领导者常常会为了提升企业效力降低自己的身份。羞耻感开始在这个成长阶段出现，当出现问题时这种羞耻感会更加强烈。羞耻感也可能来自自己与他人的不同。

行事基于 2.5 版的人通常会纠结于模棱两可的情况，因为他们感到很难按照企业的规则进行工作。他人要么是朋友要么是敌人，有一种"他们与我们"的心态，而不是 1.5 版中的那种"我与他们"的心态。脱离组织或采取个人行动是不可取的。由于需要大家接受彼此，所以语言往往是客观的、过于积极的，同时也充满了陈词滥调。为了保持和平他们会粉饰问题，仅看到光明的一面并且容忍各种各样的错误行为。强烈的负面情绪往往会被抑制，从而导致消极攻击的倾向。盲目从众心理是很常见的，但往往伴随着阴暗偏见的一面（"那群人都是骗子"）、情绪极端化（"你要么爱我，要么恨我"）或僵化主义（严格坚持团队的路线或赞同所谓的"真理"）。在这个级别上，基于 2.5 版的行事者喜欢在基于简化道德的基础上主动提供一些建议（从社交礼仪到荣誉准则），并且这些规定常常会被强行实施。尽管，在这一层面上，惩罚与罪行会更相当。

行事基于 2.5 版的人经常会以貌取人，所以在他们看来"好看"很重要并且他们常常会通过物质条件或看一个人是否打扮得"珠光宝气"来衡量他成功与否。我们会有将芸芸众生简化归类的倾向，比如"共有三种类型的人"之类的观点。尊严常常是基于在组织中的地位。当对个人声誉和威望越来越看重的时候，基于 2.5 版的行事者会越来越担心别人是怎么想的，他们甚至会不惜用法律手段来维护他们的形象。情绪常常被粗略地以固化的和呆板的方式来加以描述，但是他们却对自己描述中的呆板本质毫无觉察。事实上，他们会经常使用组织术语，把自己当作是"他们中的一员"。

指导 2.5 版或被 2.5 版所指导

当有人是 2.5 版下的墨守成规者时，他们的目标是融入团队或组织。所以他们很清楚地知道预期是什么，需要遵循什么规则。

一个行事基于 2.5 版的指导者可能会更多地去扮演一个顾问的角色而非指导者。他们往往会化身为严守行为准则的风纪员。他们会感性地参与到过程中，并让被指导者的身上打上"纪律"的烙印。对于他们来说，服从是一个非常重要的问题。他们喜欢推行标准，相信他们的上述行为与最终的结局互为因果。很明显，如果被指导者行事更为成熟，那么这种指导关系将会变得异常困难，甚至可能是毫无效果的。

在我们统计的样本中，大约有 11% 的人处在这一阶段上，15% 的人处在这一阶段或以下。

1.0 版到 2.5 版：具体阶段

所有这 4 个起始阶段都存在于我们当前的物质世界之中。它们主要聚焦于可定义的、可触及的和具体的现实中。这些阶段没有什么特别微妙之处，都是一些可以观察到的现象。

我们认为这个具体阶段存在于商业领域中的方方面面。经验不足的经理通常将重点放在组织上，以便自己可以得到进身之阶。最初他们会做任何被要求去做的事，从而找到自己的立足点。盲目地认同组织几乎总是会事与愿违，如此反复几次后，他们将尽力地去学习组织规则，从而使他们可以有意识地去按规行事或至少看起来是那样的。在许多职业中，循规蹈矩是必不可少的垫脚石。例如：一个人可能意识到自己需要一张 MBA 证书，因此他们就会忙于去获得证书，因为这是他们要到达顶峰所要遵循的基本规则。

即使一位领导者已经越过了具体的阶段并能基于更高的成熟度来

做事，但在压力下，他们仍然可以退行到 1.5 版阶段并成为一个霸道的人。过强的压力能够使一个在常态下很成熟的管理者变得非常苛刻，也不会太关心或在意他们的行为和决定对他人或人际关系所产生的影响。他们只是想得到他们想要得到的。即使是理事会层面的人员也可能发生这种情况。

3.0 版：专家

从 2.5 版进阶到 3.0 版，不但会实现通过第三人称视角开启一组全新的功能，甚至会发生逆袭，产生从侧重集体意识的 2.0 版和 2.5 版退回到以个体为中心的变化。这一个到第三人称视角的飞跃，尤其对于企业来说，是一次重要转型，因为它产生了合理的客观性。冷静处事并将他们作为"它"维度的一部分的能力改变了一个人处理各种事件的能力。具有讽刺意味的是，处理各种事件的能力带来的最大影响并不是在看得见摸得着的"它"维度中有形的物质世界里，而是在"我"和"我们"的世界里。行事基于 3.0 版的人有能力将自己的内部世界客观化，知道自己的想法、感觉、信仰、态度以及自己的身份或自己。只有认识到自己之外还有它物，我们的认识才会发生真正的转变，并且也只有这样，3.0 版才能融入我们的人际关系意识中。专家因为能够考虑到思维因素，因此他们也能够找出更好的答案。这种将现象客观化的能力也可以延展到人际关系中。因此，当成熟度达到 3.0 版时，我们就可以进一步地发展与客户、同事及利益相关者之间的关系了。第二层意识内容就是将第一层具体有形的事物转变为更加微妙的无形之物。这一层次的第一阶段就是开始经历这些无形之物或让自己"受制于"他们。因此，在这个发展阶段，那些可以被客观化的感觉和思维经常让人们感到不知所措。

有了这种合理的客观化，不断的比较和衡量的能力或倾向也随之而来。

标准定位开始起作用，并带来了持续的改进、竞争力、完美主义、强制力以及各种与运营相关的行为。

第三人称视角的出现也引发了信息和知识的爆炸式增长，这意味着人们开始发展更明确的专业领域。这种专业知识本身就是一种可售或可交易的商品。与1.5版和2.0版以权力为思想中心相比，3.0版更清楚思想的力量。3.0版开启的关键能力之一是能够更有效地区分一件事与另一件事情的不同。不管是关于美国专利的对话，还是关于个人、公司、团队、产品、流程、战略或各种商业事件中所具有的独特性的对话，以上种种都以此为基础得以展开。这种对独特性的渴望与上一阶段的只求一致性形成了鲜明对比。

不幸的是，专业知识也有其阴暗面。标准难免会造成优越感、智力攻击或是幽默以及嘲讽。有趣的是，行事基于3.0版的人毫不介意给别人"不请自来"的"批评"，他们可以毫不留情地批评他人和自己，但往往厌恶被人批评，因为这可能会影响其作为一名行家的自我形象。

为了保护自己专业知识的"独特"价值，基于3.0版的行事者往往爱独处，同时拒绝改变。俗语有云："你总是可以辨别出专家，但你却不能对他指手画脚。"在企业中，专家通常是最难培训或发展的人，因为他们总是站在"我知道"或"你不能告诉我任何事情"的立场上。专家很少有给不出答案的。为了维护自己的立场，他们经常会试图抹去不符合答案的信息，驳回相左的证据，贬低他人抑或是做事总是给人高人一等的感觉。"没错儿……但是"是他们的典型表达方式。在交换知识的过程中，专家往往问题多多并且常常"打破砂锅问到底"。这些常常看起来就是批评。他们喜欢辩论，他们通常认为有必要以一种不请自来的方式将他们的自认为是行家的观点强加于人。

专家也常常会被他人的"描述"所吸引。我们通常使用像布里格斯类型指标这样的类型学方法将人们进行分类，或者使用那些评测"五大人格维度"的各个方面的工具来定义他们的"优势"或他们性格的一些维度。因此人才库管理通常是通过描述法来实现的。不管这些描述是如何具有吸引力，这些类型学可能会成为阻止管理者开启全新等级的能力、潜能和效率的障碍。想要启动全新等级的能力、潜能和效率需要一种完全不同的方法——一种成长的方法。具有讽刺意味的是，"人才战争"通常被企业内外的"专家"给长期化了，他们提供的评测工具产生了各种形式的书面报告但却不能引导能力的发展，因而阻碍了发展。我们需要可以量化管理者发展水平以及下一步需要开启什么阶段的工具——而不是基于类型学做出的一些概括性的"解决方案"。不幸的是，大多数的企业依然被困在描述和误测的泥沼里而不能自拔（Watkins，2014）。

专家们擅长寻找替代品、尝试和创建可以极大增加价值的选项。他们能够进行复杂的比较，但是在优先考虑、排序和综合考虑方面比较弱。通过分析权重来进行综合衡量的能力在下一个成长阶段（3.5版）开始之前还不是很明显。较之前面的成长阶段，专家们更加意识到时间的重要性，并开始更多地思考过去、现在和未来。尽管对于未来的关注很少能超过之后的1～3年。他们倾向于将时间看作线性的固定现象。然而，在推动项目完善方面，专家经常会忘记时间，经常难以预测完成任务所需要的时间。

大多数企业，特别是在总经理这一级别，基本都会遵循着3.0版。事实上，如果没有专家运用技术来处理日常的运营，那么企业是无法运转的。专家们因为具体的专长比如金融、法律、运行和营销等推动了企业的发展。他们遵循特别的训练准则，并以这些专业知识为基础建立自己的职业并且发展到企业的决策层。他们将自己视为"大佬们"，他们主宰着他们自己以及他们周围的一切。不幸的是，他们对自己的专长的盲目崇拜通常会使他们树立错误的信心，认为他们是所有领域的专家——甚至在那些他们根本没有接受过任何正式培训的领域。

行事基于3.0版的人会自觉假定他们是正确的，而其他人应该遵从他们。作为专家他们可以享有好声誉，因此许多人就停在了3.0版的成长阶段。但是事实恰好相反，他们开始转而研究如何利用这些专长来使自己进入公司的高层。财务专家最终会成为首席财务官，然后是首席执行官；或者销售专家成为销售总监，然后成为首席执行官。但作为专家，这些新任首席执行官会制止财务或销售的投入，因为他们就是该领域的专家。因此，他们经常对自己面临的挑战做出非常狭隘的、不完整的或部分的判断，他们可能无法超越自己的专业知识，这也可能是他们致命的弱点。我们可以看到很多首席财务官晋升为首席执行官，然后他们仍会使用分析表来管理公司，就好像他们仍然是首席财务官。

指导 3.0 版或被 3.0 版所指导

在指导一个处于专家发展阶段的人的时候，我们必须认识到真正吸引他们的是获取更多知识和展现其专长的能力。只有如此，至少在开始的时候，他们才会将注意力放在学习而非发展上。如果他们确实参与到指导中，他们将会尊重并更好地回应那些能够在相关领域展示自己专长的人或者是拥有关键性的职业证书的人，而并非去计较他们是否是合格的教练。从专家那里了解到最为核心的那部分知识，可以帮助他们去订立更高目标，同时也鼓舞着他们去寻求完美。

相较于指导别人而言，专家式的教练更喜欢去引导别人。他们喜欢影射他们的客户而不是和他们谈话。专家式的教练设定了非常高的标准，并提供证据，以说服他们的客户这么做的准确性和真实性，然后指导他们如何掌握具体的技能或发展步骤。

处于这一发展阶段的人大约占总人口数的 40%，因此 55% 的人是处在这一阶段或这一阶段以下。

3.5 版：成功者

成功者往往被错误地理解为成年人中最世故和最成熟的，特别是在西方社会中，尽管除了 3.5 版以外至少还有其他 7 个发展阶段。帮助高管和领导者从 3.0 版发展到 3.5 版，可以完全改变个人、团队和组织的绩效。这种转变包括能力和关注点的显著拓展，同时这种转变也会将领导者从狭窄的限制性领域解放出来，并有助于培养其更强大的跨职能工作能力。处于3.5版中的人变得更有能力的原因之一是他们可以作为一名专家从事工作，同时也可以退后一步考虑一下自己的专长。这使他们能更好地控制他们的能力，并允许他们扩大自己的技能，超越他们原来擅长的领域，并提高专注于实现一个具体目标的能力。

从第二层的第一阶段到第二阶段的转变所发生的这种主体到客体的方法如同第一层的第一阶段到第二阶段的转变中所发生的一样。不同的是，在第一层中客观化的焦点是个人的基本的生物冲动，而在第二层中是他们的专长。有一句谚语就体现了主体内化了专业知识的典型后果："如果你有一把锤子，那么你看什么都像是钉子。"在3.0版中的人看来，锤子就是个体所拥有的专业知识，管理人员用锤子（专长）来应付每个挑战。当一个领导者成长到3.5版时，他们开始认识到自己专长的局限性，从而继续发展他们的能力，这时隐喻的锤子可以变化为钳子、扳手或螺丝刀。

专家和成功者将任何现象客观化的能力都受到第三人称视角的发展驱使，产生的结果被称为"概念意识"。处于3.0版或3.5版中的人们就如同生活在非此即彼的世界里。专家们倾向于相信要么我的想法或概念是正确的，要么你的是正确的，但是既然我们不能都是对的，那么另一个人可能就是错的。专家们喜欢争论并向其他人证明他们错得花样百出。相比之下，一个成功者，秉持同样的基本信念，即"要么是，要么不是"的同时，也倾向于采取稍微有点差别的和不那么绝对的观点。他们很可能建议说其中一个答案比另一个更"好"。这使得成功人士非常善于选择他们认为的"最佳选择"，并优先考虑。这点也在他们区分事物的过程中得到增强。然而，不论是专家还是成功人士都会纠结于怎样才能让两种截然相反的观点同时都是正确的。这对3.5版或更早阶段来说没有意义。因此，专家和成功者就会在利益的矛盾中挣扎。

弗朗西斯·菲茨杰拉德（F Scott Fitzgerald）就曾说过："拥有一流智商的人就是大脑中能够同时持有两个截然相反的想法，但还有能力保持一切运转正常的人。"毫无疑问，他所指的应该就是成熟度高于3.5版的人。

成功者的极简主义思维或把问题分解成小问题以更好地理解或解决问题的能力要比专家强得多，因为他们能够更广泛地收集数据。这种能力进一步增强了他们将其他人体现出来的价值进行客观化的能力，并将他们的技能融入解决问题的过程中。成功者总是奋发努力去发现他们认为的"真理"。尽管他们知道真理也可能有更好的或者更糟糕的版本，他们仍会将它称为"深层真理"，甚至追求"绝对真理"。

　　与专家相比，成功者对于时间的理解已经成熟，通常他们可以按时达成目标，因为他们知道没有实现目标的后果。专家倾向于抵制甚至拒绝被人批评，成功者则不会太在意，他们会经常坚持"批评是冠军的早餐"的观点。

　　成功者对所有现象进行客观分析的能力越强，包括他们自己的专长，他们就更有能力应对任何形式的变化。他们意识到他们自己也是一项正在进行中的工作，就像他们成功的团队或企业一样。所以我们在许多领导人、团队和组织的身上看到这样的"免疫变化"（Kegan and Lahey，2009），表明了个人或集体成熟度级别可能是被固化在了 3.5 版以下。

　　认为一切都会变好的信念是一种强大的变革力量，如果利用得当可以将焦点从"学习"（专家甚是喜爱）转向垂直发展。这个简单的事实可能就是最强有力的竞争优势——因为它能使现象发生完全不同的方向性变化。

　　大多数改革项目都是由和问题的管理者处于同一发展阶段的专家或其他人设计出来的。因此，最好的期待值就是在效率或效果方面有小规模的改进。在问题出现的同一发展阶段产生一个解决办法通常会使问题变得更严重，并使团队或企业陷在这个发展阶段动不了。这在有关发展的文献中被称为"自我创生理论"。系统趋向于自我组织，并且保持在相同的发展水平上。对成功人士来说，就可以提升垂直发展的能力并创造"垂直自我创生理论"，即随着周边世界不断变化，自己也得到了随之而变的能力。这是一件非常了不起的事，为个体、团队和组织种下了把握未来力量的种子。

　　与专家相比，成功人士的自信通常也更根深蒂固，更无法动摇，因为它不是由内部专业知识驱动的，而是由世界上的专业知识所驱动的。成功者进一步认识到他们不仅能够决定商业成果，而且可以决定自己的个人命运。人际关系在3.5版中会变得更丰富、更有条理、更热切也更多样化。人与人之间是可以"求同存异"的，可以根据一个人的身份或信仰体系，而不是他们对这个人的忠诚度来评价某人。

任何群体的参与过程都不单单是为了自我保护、身份认同或获取知识，更多的是参与到为某一特定目标的服务中。人们会在任务中结成同盟，因为他们害怕变得过于墨守成规，太过依赖或服从，或者被群体所同化，这一切都激励他们采取行动。然而，成功者永远专注于大目标、中级目标、小目标和结果，这意味着他们有可能被压垮甚至是被困在一个维度中——即行动的世界，无法逃出。这种严格的管理方式意味着在3.5版中的人很少花时间停下来反思他们的行动，以及他们管理的强度可能会损害他们的健康，破坏人际关系。

因为有能力使自己的思想内容客观化，处于3.5版中的人变得多疑，也开始理解事物的复杂性。他们也开始看出任何系统内部都是具有矛盾性的，包括他们自己的生意以及他们自己。关于他们自己的陈述开始变得更加细致入微而不是陈词滥调，并且他们有时候会变得有些自相矛盾："我被无情地撂倒了。"他们运用理性的力量来捍卫自己的观点，而且在智力上会变得有点侵略性。但是他们经常看不到的是隐藏在所有客观性背后的固有的主观性。

在大多数企业中，日常业务的成功都可以归因于专家和成功者。他们都喜欢尝试和解决问题。专家们专注于把工作做到极致和完善相应的程序，而成功者通常会设计出全新的方法来解决问题并简化流程。成功者关注的是营业额、数量、利润、投资回报、市场份额和个人职业满意度。成功者越来越关心结果、证据和指标，因为这能让他们不断地成功。

如果领导者没有升职，没有实现从专家到成功者的转变，那么他们很有可能失败。即使他们作为专家到达了最高管理层，但视野仍然狭窄，无法收集更广泛的数据，特别是在更大更复杂的企业里，这通常意味着他们最终会丢掉职位。

最优秀的领导者明白拓宽他们视野的重要性，并能够认识到，无论什么专业知识，只要是能让他们走到事业顶端的，都是有必要的。这需要真正的勇气，同时这也解释了为什么在世界范围内，专家远多于成功者。我们花了大量的精力与企业合作，帮助管理人员从专家发展到成功者，从而为他们自己、他们的团队、他们的组织以及最终为社会带来巨大的回报。

指导 3.5 版或被 3.5 版所指导

在指导成功者的过程中，重要的是要记住他们的主要目标是结果而不是知识。准确地说，就是"结果"比过程更重要。他们需要看到即时的回报，否则他们就会开始认为教练没有相应的能力，并且相信会有更好的人来帮助他们。因此，尽管新教练几乎与之前的教练处在同样的发展阶段，但经常更换教练的人也并不少见。最初的"蜜月期"后，可能在短时间内有一些好处，但结果却发现这个还不如上一个，因此一个新的循环重新开始。当然，他们真正需要的是找到一个自身发展超越了 3.5 版的教练，这样可以帮助其越过目前取得的成果，从而创造出更可持续的成果。

处于 3.5 版的教练倾向于认为自己促进了结果的出现。他们用逻辑论证，扮演老师的角色、监工角色，必要时与客户"签订合同"。他们乐于接受实验，并准备重新评估他们对客户的服务方法，以客户的主要目标为服务对象。他们往往来自某一特定的"学派"或哲学，并试图利用他们的信念来传递思想。当他们遇到其他选择时，他们可能会通过他们当前的方法来判断这些选择，要么拒绝，要么巧妙地选择任何有用的东西。

在我们统计的样本中目前约有 30% 的人处于这一成长阶段，85% 的人处于这一阶段或以下。

4.0 版：多元论者

只有不到 15% 的个体能够使能力从 3.5 版跃升到 4.0 版。正是这种自我成熟让他们开启发展的"后传统"阶段并带来第四个视角。

第四人称视角所开启的最具有深远意义的能力就是"透视视角"的能力。这意味着行事基于4.0版的人会意识到第一、第二和第三人称视角的存在并且他们可以选择性地运用其中的任何一个。赞同一个观点或者不同意一个观点并且同时意识到我们为什么会这样做就是第四人称视角的精髓所在。"可进可退"的能力也是第二层第三阶段的主要特征。这种能力在第一层次中的重点是主体向客体的转移。在第二层次中,它会稍微复杂一些并且涉及选择视角的能力。能够选择视角的能力会带来不可估量的影响。选择的力量意味着我们不必被第一人称主观视角所压制,因为它本来就缺乏自我认识;我们也不必停留在超级理性的第三人称视角中,因为他们的观点是不相关联的;我们也不必被困在第二人称视角的沼泽里,戒备、屈从甚至为此而丧失自己的身份。我将在第6章中更深入地剖析视角所具有的不可思议的力量。

当第三人称视角转变为第四人称视角,相关的情境世界也第一次全面地展现在我们的面前。这标志着从第三人称视角的"概念意识"到第四人称视角的"情境意识"的转变,意味着基于4.0版的行事者能够在更加老练的程度上去评估自己的方案。答案不再是简单的"正确"或"错误",抑或是"更好"或"更糟",它们将会基于情境的上下关联。因为在4.0版中,在这一阶段能发现很多种可能答案的人通常会被称为多元论者。他们不仅意识到有多种可能的答案,而且他们也有动力去寻找一种方式来接受各种不同的观点。事实上他们允许多个方案的同时存在从而在他们的选择方案中经常会使用"和"而非"或"。

随着"情境意识"的不断展开,人们会意识到一切都是相对的,"真理"实际上是有条件的,没有什么是完全客观的。这就产生了一种意识,那就是,事情并不是他们在早期阶段所表现的那样,解读依赖于观察者的视角。因此多元论者常常会不信任"传统智慧"和"超理性",有时他们甚至会远离这一切。当人们意识到现实都是经过文化限定的必然结果,一些定论也就随之而崩塌。他们认识到理性分析的局限性，并开始寻找其他的"了解"方式。人们对眼前正在发生的事情的兴趣越来越浓厚，同时对"精神享受"变得兴味索然。这可能会使多元主义者与他们同道的成功者和专家们相脱离，因为相较于被动的人他们更喜欢与易于反思的人在一起。

在 4.0 版中人们开始变得具有创造力。人们越来越渴望寻找新的观点并质疑传统智慧。学习热情已经真正被点燃，并很可能实现快速的发展，同时，非常有意义的内在自由也开始出现了。这对于企业来讲真正的好处之一便是可以更好地去实现情境领导。

随着新认知能力的展开，人们的社会意识也变得越来越强。其结果是对他人的尊重、对理解的渴望以及对他人的观点的宽容。主观世界又展示出了新的魅力，出现了从"做"的世界（它）到"存在"的世界（我）以及从结果和成果到关系和非线性现象的转变。4.0 版增强了人们感知他者的外部世界的能力，同时也让人们能更深刻地去看清自己。这种更大的互惠性意味着关系会随着人们大量的情感表达（通常会用大量的感叹词）而变得很紧张。人际关系会得到加深同时信任也会被放大，尤其是行事基于 4.0 版的人可以感受到对方身上具有他们还没有意识到的东西的时候。

然而，行事基于 4.0 版的人也有他们自己的难，因为有这么多的新观点要去接受，从而也使他们很容易变得被矛盾所迷惑。矛盾情绪的加剧以及选择上的纠结都可能会加剧人们的紧张感。因此，行事基于 4.0 版的人可能更注重水平学习而不是垂直学习，但也同时反对人们的阶级观念，他们更倾向于同等对待所有事物。当然，这种观点的盲目性是不管倾向于水平还是垂直，其本身就是一种等级制度。尽管有能力可以找到很多的方案去解决任何一个问题，甚至其中都带有一丝真理性，但是这种能力也会产生轻微的愤世嫉俗感。行事基于 4.0 版的人可以非常有效地解构别人的答案但自己却没有更好的答案能取而代之。多元论者在某种程度上可能有点难以管理。他们可能没有成功者或专家那么强的一致性，他们更倾向于"按照自己的方式"做事，因此就会产生更多的不确定性。因为他们更老练，他们的老板如果处于一个较低的成长阶段可能会发现多元化是"难以理解"的。在那个4.0版里产生的迷惑最后都会发展为对他们身份的迷惑。这就产生了寻找"我的真正自己"的愿望。同时，行事基于4.0版的人开始担心徘徊不去的自我欺骗和犹豫不决的危险性。

行事基于4.0版的人与处于之前的发展水平的人相比更注重集体，而且他们认为不需要以具体的方式来看待群体，而是以一件事情可以变成事实的情境来看待。在这个阶段，文化、文化规范和文化背景可能成为一种魅力的源泉。一切都是相对的，因为环境是不断变化的，行事基于4.0版的人意识到任何细致的精心策划、科学的测量和精练的推理都不能使他们对特定语境的偏见和特殊性产生免疫。多样性可以使行事基于4.0版者如此地包容他人以至于在达成一致时陷入僵局，与此同时，决策制定的速度也会减慢。这可能会由于过度的政治正确性和允许每个人的愿望都能得到实现而得以加剧。

指导4.0版或被4.0版所指导

当一个人以多元化的方式进行管理时，他们的目标是学习。他们意识到，如果他们继续学习，就会出现好的结果。因此，学习胜过结果。几年前，我和一个非常有思想的英超足球经理一起工作。他说过的一些话很有趣："这与我们赢或者输无关。我们更多关注的是传球的质量。如果我们能学会更好的传球，我们将会赢得更多场比赛。偶尔我们可能被对方的一个妙射打击到信心，但如果我们能更好地传球，就会有好的结果。"管理一个在4.0版中的人需要敏锐和能屈能伸的能力。重要的是指出进步，不要侧重结果而是导致结果的学习过程。

行事基于4.0版的教练倾向于训练过程中充当学习伙伴的角色。他们愿意测试自己的理论、尝试不同的方法并对其进行调整以取得最佳的结果。他们认为自己是发展过程的一部分，他们采取折中的方法、管理创新实验室、适应新事物，在需要时忽略或自己制定规则。

4.5 版：整合者

第二层的最终发展阶段开启了另一个更加复杂的能力层次。多元论者意识到了他们的行事角度，并且可以选择是否使用第一、第二或第三人称视角来行事；而达到 4.5 版的人明白在一个更广泛的其他现象的情境下选择视角，这些现象包括时间、社会进化和垂直发展的其他维度。

整合者超越了多元论者的多重答案，并且愿意去寻找不同现象之间的关系及模式，所以他们可以创造一个完整的整体。他们可以看到多重视角对彼此的影响和相互作用。此外，他们还可能将不同的系统连接在一起，构建出元模型和现实的元图。在科学领域，这种综合思维的模式是过去 30 年跨学科研究快速发展的推动力。在商业中，整合思维已经将组织设计和发展推到了前沿水平。成功者可能会提倡矩阵结构来作为企业应对商业世界的复杂性，多元论者可能会提倡一种更有机的方法来实现跨职能的工作和合作，而整合者着眼于当前驱动商业系统的动力并试图通过应对所有层次和所有方面的问题来推动一系列更为复杂的结果。行事基于 4.5 版的人有能力通过整合和构建一个全新的故事并赋予它一定的强大的新的意义。

对于那些从多元论者成长为整合者的人来说，其得到的最基本的新技能是他们能够看到更完整的现实图景。这让人想起鲁米（Rumi）的"盲人和大象的故事"。一群盲人被鼓励通过触摸大象来了解它的样子。每个人都触摸了大象的不同部位，然后告诉了其他人他们的感受。第一个人触摸了大象的皮肤并说道："哇，好多皱纹，好粗糙。"第二个摸到大象象牙的人立刻表示不同意："不是的，你说什么呢，它很平滑。"与此同时，站在大象身后的人也表示反对，因为他摸到的是大象的尾巴，"你们说的都不对，大象很长并且在尾端有着粗糙的毛发。"最后，触摸象鼻的人说："你们都错了，大象就像一个巨大的带皱纹的软管。"当然，他们都是正确的，因为他们每个人"看"到的都是不同视角下的大象。

一个整合者会不断地去尝试看到更完整的图景；他们知道，两个持不同观点的人仍然可能都是正确的，二元性使这种情况看起来并不奇怪。此外，整合者比以往的任何阶段的人都更能意识到自身观点的潜在局限性，他们知道自己可能只是见证了整个事物的一部分。而这种意识是至关重要的突破，标志着在思想层面上的重大成长。整合者不仅探索自己所相信的是什么，而且还要明白为什么自己会相信，这是发展的第一阶段。他们乐于揭示传统科学方法的还原论，挖掘出不为人知的社会和文化假说并公之于众。他们能够容忍模棱两可和不确定性，这使他们在前途不明的时候更有耐心。随着时间的推移，他们可以更容易地看到事物的发展轨迹，比如他们的推理、销售、战略计划或关系动态。他们也更能识别计划中的意外后果，并避免负面结果的产生。

随着时间和体系意识的增强，他们能够清楚地看到在自己的一生中他们做出了多大程度的改变，无论他们是否懂得成长理论。结果，他们可能第一次真正意识到在他们目前所处的位置之外也许还有许多发展阶段。因此，开启这些发展阶段的动机被激发出来，同时"纵向自生成理论"也可能正式开始。他们可能也开始对他们如何支持他人的垂直发展以及他人是否还有自我觉醒的可能性更加感兴趣，因为他们知道在纷繁复杂的世界里，这些因素会带来多么明显的竞争优势。

当他们对"更大的愿景"感到兴奋时，他们可能会发现他们乐于对他人宣讲、打断别人的话或者用他们所具备的惊人的对于事物间的联系来统领一切。事实上大多数人还没有达到这一成长阶段，而这一事实反而加剧了这种趋势，因为它会让他们产生一种孤独感。这种孤独感可以促使他们产生一种更强烈的与他人建立联系的愿望。不仅仅是为了分享他们所发现的令人兴奋的消息，而且有时纯粹是因为一种孤独感。他们的理解的极大扩展以及他们能够解释更加宏观现象的能力可能也会引起一种非常微妙的、常被忽视的自我膨胀。似乎实现4.5版的同时他们也在一定程度上促使1.5版的发展。如果能避免这种不成熟，那么他们就能表现得特别谦逊。

当在多元阶段出现的轻度的优柔寡断让位于对于一个观点的侧重，并清晰而睿智地展现出更大的确定性的能力的时候，通常会造成一种误解。这种转变常常会被处于早期发展阶段的人们完全地误解为傲慢，也就是常说的处于4.5版的人对文化规范的背叛。

4.5版的人们也更注重调整自己的情绪，他们可能会注意到这些年来他们变得不再那样愤世嫉俗和缺乏信任感了。他们明白，如果反馈得当，交流可以成为个人观点的表现也可能成为一种偏见。他们对于如何不去冒犯他人有更强的意识。这通常表现为一种更强的能力，他们可以有意识地创造一个叙事弧，并使用与那些可能处于早期阶段行为的人产生共鸣的语言。这可以让整合者很有吸引力，尽管他们有可能在吸引多名观众的同时，失去一些他们自身的本质和特征而显得过于普通。

他们不喜欢使用一套行为准则来做事情，而是通过把一系列规范升级为新数据让自己升级并能够提升他们的世界模式。1.5版的人打破规则、2.5版的人遵守规则、3.5版的人变通规则，而整合者更喜欢重新定义规则。他们知道悖论和个人的臆断是无法避免的。他们认为反馈是至关重要的，因为它提供了一幅更完整的图景，但主要是来自那些处于当前甚至更高水平的人。这意味着只有一小部分人的反馈对他们是重要的。许多处于早期发展阶段的人认为他们太复杂，也不够脚踏实地。整合者扮演不同角色和做出不同举动的能力往往会让处于早期发展阶段的人们感到困惑。

3.0版和3.5版中的独立性被4.0版和4.5版中的与他人合作共同创造未来的想法所取代。整合者在面对冲突时往往会表现得很轻松，他们视其为人际关系中的一个必要的方面。他们具有良好的人际交往能力，会激励员工、客户和消费者进行文化变革，把价值观和更加可持续发展的对全球负责的企业行为以及社会企业家领域有机结合在一起。

指导 4.5 版或被 4.5 版所指导

要指导处于4.5版的人，你就需要认识到从本质上来说，他们正试图建立的一个可以达到目标的体系。因此，在他们当前模式的情境中形成你的意见是非常重要的，因为只有这样才能够让他们整合你的想法。

行事基于 4.5 版下的指导者认为他们的角色是一个为客户把多种选择整合为一个合适的计划的整合者。他们了解正在发生的事情以及客户可能面临的需求并自发反应，而不是试图预测和控制每一个可能产生的结果。因此，他们往往不那么专注于规划，而是更关注当下的动态，以及如何进行平衡。在帮助客户更积极地去解读事件、看到更大的格局以及在多个系统相互作用的情况下看清形势的过程中，他们经常扮演一个重要的角色。

5.0 版：点石成金者

从第二层发展到第三层是非常罕见的，事实上它也会改变一个人的一生。它开启了一个在早期发展阶段根本无法想象的能力层次。它使一个人能够超越情境和时间的限制，并释放出一种创新的潜能，可以在任何方面提供几乎无穷无尽的想法。这看起来可能有点牵强，但对点石成金者来说，提升自我的成熟度会取得令人震惊的效果。这是因为采取第五人称视角第一次出现在大众的视线中。这一新的视角使个体从想法的世界（概念意识）和对更宏观系统的理解（语境意识）发展到对现实的认知的根本改变（构建意识）。现阶段现实的核心本质让一些作家把第三层定义为"因果关系"层，意思是它的存在牵涉到一个更深、更微妙的"因果"起源或"源"代码。

整合者会将这些点连接在一个更加复杂精致的关系网络上，而点石成金者却对点和关系有着不同的看法。这种对现实认识的转变深深地植根于多元论者和整合者的发展阶段中。在多元论者阶段，人们意识到所有的现象都会受到文化的制约，再也没有所谓的绝对真理了。而在整合者阶段，人们对思维和想法是如何产生的有了更深层次的理解。最终，在 5.0 版下一切变得昭然若揭了，现实中的一切以及我们意识中的所有现象都是被思维创造出来的。这并不是说桌子实际上并不存在于现实中，只是对桌子的概念和理解在我们头脑最初建立概念观念之初就已经形成了。所以一切都是被构建出来的，甚至我们自己的身份或自我认知也是被构建出来的。几年前，美国的一个知名的禅宗大师对我说："当你像我这样对我们的本性、我们到底是谁有过40年的思考之后，最终你会发现'自己'就是一些想法集合在一起的结果。"

基本上我们的身份或"自己"就是构建，就像多年来打造的一个漂亮的漆珠宝盒。然后我们认可了这个构建并开始相信"这就是我"，也就是一种基于我们的个人经历和人们一直说的我们到底是什么样子进行的构建。所有这些都在很大程度上取决于我们出生的偶然性、我们所出生的家庭、我们成长的地理位置、我们身处的文化环境、我们来到世界上记入史册的那一瞬间、性别、我们父母让我们学习和注意的那些东西。我们的思想被局限于以一种特定的方式去理解现实。如果我们在不同的时间出生在不同的家庭，在世界不同地区的不同文化背景下，我们就会认为自己是一个完全不同的人。

这并不是说我们是谁这个问题是没有目的、没有意义或不重要的。它只是一个建构物，但它不是永久的、固定的，同样也不是牢不可破的。在5.0版的建构意识中，我们认识到这一点同时它也完全地解放了我们。我们不再受那一系列与我们被建构的身份相关的编造的故事的制约。

它将我们的关系改变成了"真相"。我记得在帮一个客户理解这一阶段时她说："所以你是说，我在某件事上不够好或者我根本不配都不是事实是吗？"答案当然是：是的——这不是事实。这可能是一个非常坚定的信念，但它依然只不过是经过多年和多层次的熏陶而形成的。虽然对我的客户来说这似乎非常真实，但"她不配"的想法还是在她不了解和未经她同意的情况下直接印在了她的脑海里。而这个"事实"可能根本就是基于没有任何价值的证据上——一个偶然事件或一系列随机并列的个人经历。但好消息是，如果这个"她不配"的想法是人为构造的，那么这个想法并不具有她所认为的真正有效性。因此，她不再需要执着或坚持这个想法了。她比她自己所认为的还要厉害，还要有能力。此前她对自己的评价和描述太保守了。如果她承认这是真实的（实际情况还真是这样），那么她就可以完全放弃对她的"自我"的所有指责、怀疑、内疚和评判，并认识到她究竟是谁。当我说"谁知道呢，也许你可能就是喜欢这样呢"时，她的眼里满含眼水。

将我们从我们对自己的看法中解放出来，进而扩展到世界是怎样运行以及现实到底是什么。我们可以放弃我们所有的想法，完全自由地从一个想法转变到另一个想法，从一个角度转移到另一个角度，拿得起也放得下周围的一切。即使是"我们"这个观念也是被构建的，但因此也是可以改变的。这种无常性听起来是令人恐惧的，尤其对于那些处于早期发展阶段的人来说，他们可能需要确定性、稳定性或"不变"所带来的安全感，但是对于那些经历了各个阶段发展的人来说，这却是真正让人兴奋的。大部分兴奋来自我们认识到在构建意识的世界中，我们可以用独特和新颖的方式把东西放在一起，不受文化的规则、制度之间的联系或任何事情的束缚。这就是为什么行事基于5.0版的人被称为点石成金者的原因。有些人更喜欢称他们为魔术师，但是对于我来说，点石成金术保留了其神奇的品质，但也暗示着一种方法论。这是有道理的，因为即使在这个阶段，当我们受到正常限制的束缚时，仍会有规则要去遵守。

很可能你不认识任何行事基于这一层面的人，因为他们是非常罕见的。因为点石成金者从他们的附着物中解放了出来，在他们身上光彩与平凡矛盾般地混合在了一起。事实上，他们经常同时体现复杂性和简单性；有远见但也注意细节；似乎非常暴躁但也很随和；有吸引力但也令人生畏；幽默风趣但也工作刻苦；混乱中感觉轻松但也推动和谐；眼光长远但也注重当前；有确定性但也接受对立观点。他们经常可以通过自己的洞察力和个人勇气来扭转某个似乎无望的局面。这可能看起来很牵强，那是因为你还没有经历这个阶段。一旦达到这个阶段，那么我们就可以有意识地去控制许多以前我们误以为自己达不到的那些维度。但是我们必须要真正验证一下这些说法的有效性。

5.0版的人在处理人际关系上也是出色的，因为他们往往对竞争对手非常友好并且愿意分享观点，这是别人想都不敢想的事儿。鉴于其矛盾的本性，我们很难以任何一致的方式描述5.0版的人——他们永远是那样令人感到意外。人们经常提到的一种品质，是他们会"正好及时"发展到一个全新的阶段并拥有了神奇的手法，能在正确的时间里去做正确的事情（通常是意想不到的）。

历史上，点石成金者一直是社会发展的催化剂，他们也是远见卓识者，虽然曾经被拒绝、被忽视、被认为是脱离"现实"——具有讽刺意味的是，他们可能比大多数人更了解现实。幸运的是，随着社会的发展和更多的人到达4.0和4.5这两个版本，他们的观点可能会变得更容易被他人所接受。

你可能会怀疑点石成金者与领导力有何关系。但是，如果遇到一个点石成金者，你就不会有这样的问题了。然而，由于行事基于5.0版的人不再注重身份、职称、职位的重要性，所以他们的灵活性、流动性和能力都会快速增强。这带来了精力的巨大释放、飞快地流失，但很快又能恢复。

如果我们要在复杂的、需要高度适应性的体系中茁壮成长，这种开放和活力是绝对必要的。知识倍增本身就意味着今天有用的东西明天可能就没用了或被替代了。坚持事物原来的样子、为了保护知识产权打官司、坚持一个已经商定好的战略，只是因为它以前起作用，或者认为一款市场领先的产品会永远保持这种优势，所有这一切都是不理智的。市场正处于不断地快速地变化中，我们要么学会实时适应，要么清除不起作用的环节并寻求更好的方法，否则我们根本无法生存下去。

当我们发展到5.0版并有构建意识时，我们终于明白，在某种程度上这一切都只是一个假象！如果有什么出问题了，那就换掉它。如果你的策略不起作用了，那就解构它并重构一个新的。如果有办法改善企业模式，那么就丢掉旧的方式重建一个新的、更好的方式。就我个人而言，我对我的上一本书《连贯性》感到骄傲，但那毕竟是以前的事。我没有停留于此，因为我知道它不过只是一个构建罢了。所以当它的里面仍然有很多非常有用的细节而且我相信它可以存在很久的时候，我会选择放手并开始构建更新的方式去迎接今天领导者正面临的那些挑战。所以我写了《4D领导力》这本书来阐述我们思维的演变。

5.0版的领导者已经超越并包含了所有以前的阶段。因此，如果危机中需要他们，他们可以下降到成就者这个阶段来达成结果或执行领导的角色，但是他们是从一个更高、更老练的程度来做的。这些人是完全不受限制的。如果他们想制定策略，他们就不受历史、时间、空间、竞争对手的影响，也不在意业务到底是什么。这在VUCA世界中具有强大的优势。5.0版的人也具有很大的影响力，因为他们不是为了自己个人的发展。相反，他们提出了一种最先进的思维方式，它将在更多时候为更多的人带来更好的结果。

在企业中我们有两个选择——我们可以不断创造更好的产品和服务来保持领先地位，或者一直坚持我们已经拥有的产品和服务直到竞争对手也开始模仿我们并进行削价竞争，最终导致我们客户流失。在这种情况下，我们可以选择在法庭上上诉，打击竞争对手，尽一切努力保持我们的竞争优势。这样做的问题在于，一切正在迅速地发展，我们正在不惜一切手段争取的竞争优势如同一个隐喻中的冰山。当诉讼结束的时候，所剩的就只是一泓池水而已！业务已经被其他竞争对手超越了，也许很多次。

唯一合理的选择是使我们的高层领导者发展到5.0版，并不断对业务进行重建——如果有人要复制以前的产品，就做一个比以前更好的。如果有人盗取他们的想法，就想出一个更好的。领导者和他们的团队不再依赖于过去，而是开辟了一个新的领域。在VUCA世界中真正保持领先地位的唯一方法是提升关键人物的自我成熟度的水平，使他们不断创造新的、更好的东西。如果公司的每个人或只有几位领导者从构建意识层面认识到别人抄袭我们并没什么大不了的，而是把它作为赞美，继续前进。那么你的企业永远不会被他人超越。

指导5.0版或被5.0版所指导

你很难发现自己能够指导一个行事基于5.0版的人。部分原因是因为他们的人数很少，更可能的是他们已经开始了自己垂直发展的过程。

被 5.0 版的人所指导可以是一个迷人而多变的体验，但并不是每一个人都有这样的机会。他们可能以一种极其接地气的务实方式，开开心心地筛选出你"必做"列表中的基本要素，或质疑你的策略的精确性和差异性。同样地，他们也可能扮演镜子的角色，反映出你看不到的另一面，质疑你是否真的能够达到你的核心目标。有一点是肯定的，个人成长和发展几乎是必然的。

5.5 版：协调者

从领导力成熟度分析模型可以看出，在点石成金者阶段的上面还有更多的阶段。然而，遇到从这些阶段来的人的机会非常小，所以我减少了对他们的描述。另外，由于这些阶段的表现比较多样，从 5.5 版及其以上版中获取准确的操作说明就变得越来越困难。然而，重要的是你知道这些阶段是确实存在的。

与第一层和第二层的前两个阶段一样，从 5.0 版到 5.5 版发生的是从主观到客观的转换过程。在第三层中，这个过程的发展注重的是现实本身。因此，点石成金者可以在不同的学科之间、不同的现象甚至是自己的不同发展阶段之间转换。他们通过利用构建的现实本质在任何领域中进行创新，从而实现他们的魔法。行事基于 5.5 版的人对这种流动性以及他们自己的点石成金术有更好的理解和掌控，因此他们能够将其客观化。他们还可以看到构建中所包含的微妙含义，领会关联的质量以及不同构建之间的密切的相互性，从而看出哪些关系更有可能维持下去。随着他们对所有现象相互关联的内在本质的更深入的了解，他们会经常将点石成金变为服务于现实的东西，从而产生了这个阶段的称呼——统一性。

从他们更客观的观点来看，处于统一性中的人能够感知现实构建的内部和周围的空间度。事实上，虚怀若谷或"空无"是这个阶段的一个特征，这可以让第三层的人都有一种内心安静或平和的超然品质，而这些品质经常被误解脱离现实。这是具有讽刺意味的，因为第三层与现实最相关，但他们现在工作的时间框架和他们如何处理各种现象的方式对于那些处于更早期阶段的人来说是困惑不解的。由于他们具有不依附于任何事物就能认清现实的能力，因此他们几乎没有什么需要去防护的，但是却有很多可以观察的。他们不是天生的自我宣传者，而且可能被人发现在幕后以一种谦逊、精确的方式极富同情心地做着不可思议的工作。他们通常会在暗地里努力进行着精神上的严格训练，培养他们的智慧和对现实多个方面的认识。他们可以非常坚强也会非常友善，有勇气在需要的时候挺身而出，而不是因为自我的原因。

虽然处于统一级别的人是非常成熟和老练的，但和他们打交道你会感觉他们非常普通。你可能经常觉得他们"没有什么特别的"，而且他们和你处于一样水平。但不要被骗了。来自不同阶段的人们以这种方式描述他们是因为他们可以出现在1.5版到5.5版不同层次中，并且通常会使你觉得十分亲切。他们不关心社会地位象征、荣誉或者褒奖（尽管如果被授予的话他们也会欣然接受）。明显存在于这个阶段的复杂性开始变得不那么重要了，因为他们更加关注整体的简单性。

6.0版：具体展现者

从5.5版向上升得更高，相应等级上的人就越少。当我们达到6.0版的时候，这个地球上可能只有不到几千人达到了这个罕见的成熟阶段。我将只做简单的描述，因为这听起来会很奇怪。因为在所有层次的第三阶段都会拥有进入这一层次头两个阶段的能力——所以既然6.0版包含了5.0版和5.5版，那么他们也就拥有了点石成金者的魔力或整合者的整合能力。他们克服了在构建意识的早期阶段所出现的孤独感。产生这种孤独感是由于他们觉得周围很多人都不能像他们那样理解现实。认清这个事实可能需要一段时间。最终它的解决办法是依赖于对所有事物"不分离"的更深刻体验。6.0版解决了空虚的圆满和圆满的空间之间的矛盾。正因为有这些发展工作（尽管不太可能被认为是工作），所以他们往往具有极其吸引人的魅力和令人难以捉摸的亲切感。在这个阶段的人们经常将自己视为整个宇宙的导体或多孔式管路。有时候，他们觉得他们正在从集体意识中接收"下载"文件，如同将一份要造福于他人的压缩文件放入了他们的大脑中。

而他们使用的语言可能是生动而有说服力的，伴有强有力的暗喻与简单的真理和寓言故事的结合。他们轻松的感觉中蕴含着对人类、地球和其他世界的深刻智慧和关爱。

人们很容易被 6.0 版的人激励和鼓舞，不是因为他们知识或智慧的宽度及广度（尽管这听起来很奇怪），而是因为他们展现出来的复杂性、细节、关注点和友好慷慨的无私精神。你可能会觉得这只是你遇到的最有趣的人之一，他们的存在就像是精神食粮，可以给你能量、支撑你的生活，而你也不一定要意识到这其中的原因。

超越 6.0 版之上的就是第三层的最后一个阶段——启发。你可能无法辨别站在你面前的这个人是否处于这个阶段。事实上，公平地说，只有点石成金者或以上级别的人才可以准确地判断在这个星球上是否有一些人是基于这个版本来做事的。

这些人接受过去所发生的一切并勇于超越。他们的行为、兴趣和发展轨迹涵盖整个世界。他们的智慧是直接的，他们洞察的深度、广度和范围往往需要一些时间来开启。因此，通常他们能够一口气连续说上几天，涉及的范围和规模可以很大，但是很少有人能够将这样一个全面的智慧进行合理地检验。所有这些智慧只不过用最小限度的支架固定在一起，而他们获取散落在大脑最偏僻角落里的分类见解的能力是非常惊人的。这是第三层的第四个阶段，在每一层的第四阶段，系统性的能力都集中在该层次线上的中心概念上，促使马力的提升。所有这一切都得到了一个确定的表达，并在处于前面那些发展阶段的人之中产生了各种各样的预测和误解。

被 6.0 版或 6.5 版所指导

如果指导你的人行事是基于这个成长阶段之上，这几乎是不可能的。即使他们真的是这样的人，你也不可能知道。你可能需要花一些时间问他们问题以便能发现他们人性的深度和广度，可是即使你这样做，他们也可能不会分享，仅仅是因为他们不想让你不知所措，或者不想让自己听起来很傲慢，或是担心偏离他们仅仅是想帮助你的事实。唯一一个你可能会明显注意到的品质就是他们绝对是言行一致的人。他们说得少，做得多——他们说做就做。

要记住成熟度和指导的关键是指导者和客户之间需要有良好的匹配度。因此，如果一个领导者决定雇用一位指导者来帮助他们的企业实现垂直发展时，他们所需要的这个指导者至少是与他们同样成熟或更成熟的，否则不会产生足够的价值。例如，如果领导者行事基于4.5版（整合者），而他们的指导者行事是基于3.0版（专家），那么指导者的解决方案将会太过于公式化和规范化，因而无法与处于更高级别的4.5版的人员产生共鸣。当他们尝试沟通时，他们往往会使用完全不同的语言。不幸的是，只有二者中更成熟的那个人才会注意到这一点——如果他是客户的话，那指导者就有麻烦了！

如果指导者是整合者（4.5版），而领导者是处于专家者级别，那么这是没有问题的，因为4.5版所处的阶段更高并且包括了之前的所有阶段。所以，如果有必要，一个行事基于4.5版的指导者仍然可以在专家级别上进行指导。因此，他们会很熟练地展现出这个级别的特点与专家领导者进行沟通，以促进垂直发展和改变结果。

专注于最重要的事情

在完整的连贯性中，我们只关注最重要的事情。我们只衡量和改进我们认为最具商业相关性的领导力的成长问题。因此，尽管5.0版之上还有其他的成熟度等级，但他们大多与我们今天企业中的大多数人无关。当我解释领导力成熟度分析模式时，大多数人都了解3.0版和3.5版的所有内容了。他们通常喜欢向多元论者和整合者级别的跃升。一般来说，大多数人只会了解到自己目前的成熟度之上的那一个级别。所以如果有人目前行事基于2.5版，那他们将会理解3.5版的所有内容。然而，他们不会理解4.0版及以上的区别。

因此，为了弄清自我成熟度上限之间的微妙和更细微的区别而让自己深陷在这种智力训练中没有任何意义。此外，在大部分企业内部能够带动最大程度能力提升的最佳发展机会是在3.0版向3.5版转变、从3.5版到4.0版的转变以及从4.5版到5.0版的转变的时间段。不同级别之间的提升在模式中可能看起来很相似，但是从上一个层次到下一个层次的提升通常会产生最大的收益。

值得注意的是，我们无法越过几个级别进行提升——因此不经过两者之间的增量阶段就从2.0版跳到5.0版是不可能的。这是人类进化的本质。一个孩子必须学会站起来，然后才能走路，会走路后才能跑步。他们必须学会如何发出声音，然后才能组词造句，然后才能说话。而我们根本无法在没有经历较低级别成熟度发展的基础上就直接达到较高的成熟度级别。这一切都是一种进化，我们超越了同时也包含了以前所做的事情。然而，考虑到目前85%的人在3.5版或以下阶段，高层领导者仍然有机会增加他们的自我垂直发展，逐步增强他们的能力。

发展投资的商业价值如果只体现在当前自我成熟度提升了一个级别的话，那是不成比例的。如果企业中的每个人哪怕只上升了一个级别，结果也会令人震惊。如果单一级别的发展让一些关键人物达到构建意识，那么企业创造竞争优势的能力将会打破纪录。

领导力成熟度分析的目标是允许领导者将沙棘中的标记放在目前自己所在的位置，领会在目前成熟度上出现的行为，更重要的是要理解如果他们花时间去自觉上升即使是一个级别，他们可能会得到什么样的额外好处和机会。当领导者目前处于3.0版或4.5版，如果他们分别发展到3.5版或5.0版，则将获得巨大的发展收益。每个人都有能力发展到下一个级别，而能力的提升将会改变结果和表现。

重要的是要记住，这个模式，或其他任何成熟度模式，都不是用来竞争的，也不是评估好、坏或丑的工具。这个自我成熟度图谱的优点在于给了我们一个附加的发展框架，而不是一个比较的工具。这些阶段只是与我们获得智慧、成熟度以及理解我们身边的世界的各种方式相关。每个阶段只是前一个阶段的扩展。随着成熟度级别的每一次增长，我们就会越来越意识到我们究竟是谁，并且我们会变得更有能力、更老练，也更有能力去处理更复杂的事情。考虑到商业的复杂性和未来的无法预测性，许多领导者相信他们和他们的团队所做的一切都是为了明天更好的发展，自我的垂直发展给我们提供了一个难得的机会来弥补这一缺口。有意识地发展成熟度实际上是未来的"生命线"，它不仅可以使我们能够应对不断变化的商业性质，也可以使我们在这种不稳定的环境中茁壮成长。

行动步骤

无论怎么评估成熟度发展的重大意义都不为过——这不仅仅是在企业中，而是在整个社会中。事实上，我们人类的命运可能很大程度上取决于我们集体的自我垂直发展能力。我们如果看今天的世界，会看到争斗、逃命中的难民、战争、暴力以及环境的挑战，更不要说商业中不断出现的竞争——想象一下，如果全球大部分人口都不是在 3.5 版（成功者）及以下的，而是在 4.0 版（多元论者）及以上，情况会有多么不同！对于大约 30% 的人们来说，他们只要从现在的成熟度级别提升一级就可以了。如果世界上三分之一的人口都在这个区间里（4.0 版及以上），世界将会非同寻常。想象一下，如果你能在你的企业中做到这一点——结果将远超你现在的想象。

下面是一些自我成长线垂直发展的行动步骤：

1. 评估你整个高级领导团队的自我成熟度级别，搞清楚多少人是处于专家或成功者级别，以及多少人的行事是基于 3.5 版以上。

2. 要了解专家、成功者以及以上级别的人所带来的价值，同时也要知道他们的局限性。当你的高层领导者接受垂直发展并鼓励他们促进他们自己的发展时,让他们围绕能够获得的竞争优势来展开对话。

3. 积极与处于专家层面的高管开展合作,鼓励他们采取更宏观的角度来看待问题,超越他们的技术专长并倡导他们使用成功者的多管齐下的方法。

这可以通过以下途径实现:
- 给专家一个跨职能的工作职责,包括预算职责;
- 鼓励他们与同事以工作小组的形式进行合作并共享集体工作成果;
- 制定奖励机制,只有通过与他人合作才能获得奖励或者才能使其最大化。

4. 积极与行事基于成功者级别的高管进行合作,鼓励对不同的观点有更大程度的反思和开放性。

这可以通过以下途径实现:
- 鼓励他们探索不同视角的价值,以及怎样通过整合来提高团队成果的质量;
- 鼓励他们摆脱非对即错、非此即彼的想法,要更加地具有包容性,而且要多用"和"的方式来思考问题。

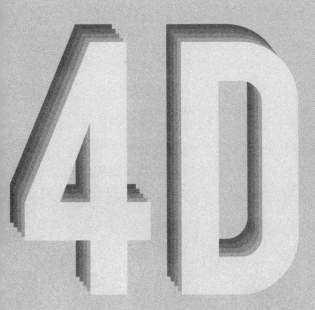

第三部分
无处不在的人际关系世界

第 5 章
"我们"维度的垂直发展

领导力通过"我"维度的垂直发展由内而外开始。然而，俗话说我们只能通过和别人产生联系才能真正了解我们自己。因此发展"我们"这个维度的高度能够极大地加快我们在"我"这个维度的成熟度，还能改变我们的个人表现。随着我们和同事以及顾客的关系改善，"我们"这个维度的垂直发展也能显著改变我们在"我"这个维度的效率。

如果领导者为了匹配他们在外部"它"这个维度的高度，开始发展他们内部的"我"这个维度，他们必须同时培养一个与之相匹配的"我们"这个维度的垂直度，不然他们的发展就会像一个只有两只脚的凳子一样不平衡。因此 4D 领导力需要在"我们"这个人际维度进行投入。这个章节要探索我们为何会经常觉得人际关系难处理，以及如何改进我们至关重要的人际沟通维度的结果。通过剖析发展的价值线，我们才能真正地释放顾客和员工的洞察力，这反过来也会极大地促进产生更好的、更强有力的、更富有成效的利益相关者关系。

我们与别人的关系定义我们是谁

我们可能认为我们的角色、我们的专业、我们的学历、我们的传统或者我们的文化在定义我们。而实际上我们是由我们的人际关系定义的。梵文里有句格言"So Hum"翻译过来是"你在故我在",萨蒂什·库马尔（Satish Kumar,2002）写的一本很棒的书也是用这句名言命名的。

库马尔将该书定位为"独立宣言",他在书中提醒我们只有通过别人才能真正了解自己。我只有知道你是读者,我才能是作者,我只有通过我和我儿子们的关系才能知道自己是一个父亲。我只能通过我和妻子萨拉的关系明白自己是一个丈夫的角色。演讲者之所以是演讲者,是因为他或她是观众。因为我们与别人有着各种关系,所以我们能更好地了解自己。那个人或那群人是谁,在真正意义上决定了我们是谁。

但是我们都知道我们处理关系的能力非常差。不管在任何时候任何国家,我们只要打开电视的新闻频道或者翻阅报纸,就能想起我们在处理关系方面有多么糟糕。我们不能真正处理好与别人的关系是导致我们在婚姻、家庭、朋友、社区和国家方面冲突不断的原因。人与人之间、国家之间和文化之间的隔阂似乎一直在增加。人们常常总是固守己见,坚持那种自己是对的、对方是错的信念。令人遗憾的是,他们经常为了证明他们是多么"正确"而愿意去做一些事。我们已经发现"我是对的,你是错的"这种信念只是一种观点,这种观点来自一定程度地自我成熟。不幸的是全球大约85%的人都有这种狭隘的观点。我们生活在一个前所未有的时代,我们面临许多麻烦的、复杂的、看起来不可能解决的问题——棘手的问题（沃特金斯和威尔伯,2015）。如果这个世界运行在一个燃烧平台上并进行着改变,那么我们肯定现在都在这个平台上。

讽刺的是,这种糟糕的人际关系正使我们越来越远离我们需要的和真正想要的东西。作为人类,我们需要彼此联系。我们对于沟通和联系的需要就像我们生存需要水和食物一样,这在20世纪40年代已被学术界周知。像孤儿院这样的机构中,儿童死亡率与"正常的"儿童死亡率相比要高得离谱。但是直到20世纪40年代以前,人们还是把这个现象归因于卫生条件差。奥地利的精神分析学家和医生雷内·施皮茨（Rene Spitz）认为杀死这些孩子的不是传染病，而是缺少爱和沟通。英国心理学家、精神病医生和精神分析学家约翰·鲍比（John Bowlby）随后提出"依恋理论"，来说明早期保育的重要性以及孩子需要和至少一个主要看护人建立牢固的生理关系。简单地说，如果人类不能在早期建立父母关系、不能感受到关爱或者不能至少和一个家长或看护人建立联系，那么他们的生存机会和成长能力会明显地受到极大的损害。儿童在成长早期受到忽视的伤害通常非常深，并且非常难以治愈。

著名的迪恩·奥尼仕（Dean Ornish）医生说道："我在医学里没有找到任何因素能够像人际关系那样更能影响我们的生活质量、患病率和早逝；饮食、吸烟、运动、压力、遗传、药物、手术，所有这些都不行。"（1998）人类需要沟通就像他们需要空气才能呼吸一样。问题是人际关系真的很棘手。

人际关系是一个棘手的问题

作为人类，我们遇到的最难处理的事情就是人际关系问题。

首先，没有任何两个人是完全相同的。他们拥有各自的信仰、观点、价值观和看法，这意味着我们几乎总是意见相左。不管我们有没有意识到，每一个人都有不同的需求和目标，而我们不能保证用一种语言清楚地说明这些事情后，另一个人就总是能够明白。

其次，首席执行官和其他高级领导者通常都是复杂的个体，这些人可能从未研究过心理学或者人的发展，他们也没有想要去研究这些，因此处理这些层面上的关系变得更加困难。大部分领导者是极度利己主义的，他们更有可能是以任务或目标为中心而不是以人为中心。因为大多数的公司领导者是男性，所以社会智力和情商总是排在认知智力之后的。领导者们没有学过，也很少把人际关系作为一种现象进行研究，因为他们为了追求季度成果，忙于费力地履行他们日常的责任。更糟糕的是，高层领导者更乐于频繁使用那些快捷但表面化的"沟通"方式，比如电子邮件、全公司的公告、视频展示、幻灯片等，而不是使用那些对建立牢固关系至关重要的方式，如详细的电话讨论或者面对面的互动等。

我们可能理解人际关系和社会联系的重要性，但我们却不知道他们到底是如何起作用的。在商业界，现在围绕员工敬业度存在着一个巨大的行业，那就是探索建立富有成效的工作关系、培养信任和友情从而改变结果的方法。但是大部分并不起什么作用。人们都知道企业员工敬业度不甚理想。根据盖洛普对全球工作敬业度的研究，142个国家里，只有13%的员工目前专注于他们的工作——也就是说他们对公司投入感情，并每天专注于为公司创造价值（Gallup，2013）。很明显大部分员工只是在走过场、拿工资罢了。

提高对企业的敬业度是一项巨大的工程，不仅仅是因其衡量标准存在问题。目前敬业度调查方法需要集中的数据经过收集解读，数个月后就会生成一份报告，讨论分数从4.5到4.6的转变意味着什么。等到公司的领导层明白数据转变的含义的时候，几个月都过去了，而敬业度可能已经完全改变了。幸运的是，一些新技术，比如敬业度堆图，能够更快、更准确地即时评估员工或者顾客的真实感受。

最后，人际关系对我们生活中所做的一切事情都是至关重要的。它们在许多方面都是生活的最高奖励——真正的"终点线"。没有同事、朋友和家人分享的成功让人感觉是空洞的、没有满足感的。这种关系可能是在身体层面、情感层面或者概念层面。也可能发生在价值观或者信仰、职业、社会、生活方式或更高目标层面上。但是不论在哪个层面，我们都需要更好地联系彼此。

具有讽刺意味的是，一旦领导者在公司达到一定资历级别，他们接下来在那个级别或更高级别要继续成功几乎都是与人际关系相关，而不是技术能力。这就像是一套游戏规则，让领导者不断攀升公司的权力阶梯，也就是说，具有高技术但人际关系不好的人很难进入公司的最高管理层。以前有助于他们持续晋升的技术能力现在几乎完全没有用处了，他们需要一套完全新的技巧来生存，更别说要取得成功了。他们会极其震惊地意识到对于人际关系他们没有做好任何准备。在他们被主席、同龄人、同事、员工、股东、利益相关者或者被就业市场本身淘汰之前，这些人永远意识不到或者总是太晚意识到这点。

价值体系发展的螺旋动态化

大多数人对于职业关系的经验充其量也就是差强人意的，因为我们没有真正学习过如何建立和维持富有成效的工作关系。商业中令人沮丧的部分是人，因为我们思考、感觉和行动的方式不一致。我们本质上都是美丽而复杂的人类。

当我们不能够理解或欣赏个体和群体之间差异的影响的时候，我们可能最后只能不顾一切地进行我们所希望的改变，但这很少奏效。当我们对身边的人、与他们的关系以及他们会如何变化没有给予足够的关注时，那么他们也必然脱离这些关系。但是如果我们花时间去了解到底是什么让人们愿意作为个体，而不仅仅是员工参与到工作中来，那么我们就可以让人们释放出大量的自发性努力，神奇的事情就会发生。

促进这种共识的最有用的也最具商业性的工具之一就是领导力价值分析（Leadership Values Profile，LVP）。这个领导力价值分析是基于一些学者尤其是克莱尔·格雷夫斯的研究进行设计的，它让我们能够记录一个个体的价值体系是怎样随着他们身处情境的变化而变化的。换句话说，一个个体接触的策略完全采取了与接触人员管理和实施不同的价值层面，这些变化可以对这些情况下的有效性和与他人的关系产生深远的影响。格雷夫斯在担任纽约联合学院的心理学教授时注意到，他的学生写的论文作业可以分为4种回答问题的主要方法。他得出的结论是有4种"世界观"决定了学生写作的方式以及他们强调什么。他的这个模式随着时间的推移不断发展，从最初确定的6个到随后又确定的6个级别或价值体系，每一个都超出和包含以前的级别。

格雷夫斯的两名学生克里斯·考恩（Chris Cowen）和唐·贝克（Don Beck）继续在他的研究基础上建立了名为"螺旋动力学"的框架。螺旋动力学现在是广泛使用和引用的文化评估工具之一,在发展功能性人际关系的研究方面也提供了一些非常有用的观点。

我们的价值观随着时间的推移而发生变化。你 15 岁时候的价值观和你今天的价值观(应该是)极大不同。随着我们不断螺旋式发展,我们不会失去在较低价值体系级别时的能力,我们只是扩展和超越并将其纳入我们的新能力之中。因此,当你学会跑步的能力时,你也不会失去走路的能力。随着我们呈螺旋式的成熟和发展,我们变得更加老练、更有能力和更加思维敏捷,因为我们了解了更多的价值观,并能够从更复杂的角度看待事物。这种演变并不意味着我们比那些处在螺旋的较低级别中的人更好,而且这也并不意味着达到更高级别的人将会更快乐或更成功。它仅仅是对我们能够达到的广度和深度的一种表达。我们在螺旋上面升得越高,我们在行为方式、与他人互动以及可以看到的不同事物价值的数量方面就有更多的选择。

令人并不感到意外的是,每个价值体系的影响也会受到所涉个人成熟度的影响。因此,成熟度和螺旋动力学之间存在显著的相关性。例如,"专家" 3.0 版和"成功者" 3.5 版偏重从"权力""秩序""财富创造"等价值体系(见下文)的角度进行运作。在企业中,我们可以看到成熟的和不成熟的人分别在螺旋的各个级别上的运作。这就是为什么自我是一条明显不同于价值观的发展线,一个领导者在这两条发展线上达到的高度可以客观量化。成熟的个人通常更多地受到其价值体系的积极特征的驱动,而一个不成熟的个人通常更多地受到该级别的负面特征的驱动。

由功能障碍、负面特征或以前级别的不足之处引起的问题,几乎总是刺激文化演变的动力。所以即使在一定级别的价值观发展中出现了问题,但也许其正在酝酿向上进化的力量或势头。换句话说,当每个价值级别固有的负面特征变得抑制作用太强并阻碍我们自身的发展的时候,它们经常会触发"软件升级",所以我们可以超越这个级别的负面特征向螺旋上方发展。正是每个级别的负面特征最终创建了发展的燃烧平台。

螺旋的每个级别都已被指定一个与该级别相应的颜色,并帮助我们记住我们处于螺旋的什么位置（图 5.1）。随着我们级别的逐步提高，关注点就在个体与集体之间不断摆动。螺旋动力学特别有趣的是，无论规模如何，该模型都是适用的。因此，我们可以根据螺旋上的重心位置来对个人、团队、部门、企业、行业、国家、地区或世界上所有人的可能的行为模式进行预测。显然没有任何人是完全处在一个级别上的。我们都是一个万花筒，在多个级别间保持平衡，是否发生变化取决于我们所关注的内容。例如，当我们制定一个战略时，与实施战略相比，我们可能会重视不同的事情，并从螺旋上的不同出发点开始进行。

	正面	负面
青绿色	负有责任，同情	令人不解的，看起来任性的
黄色	创新，全局观	过于复杂的
绿色	关爱，包容性	停滞，评判性
橙色	财富创造	贪婪，控制
蓝色	秩序，稳定	顽固
红色	创造可能	自我中心
紫色	安全，归属	没有方向
米黄色	生存	没有进步

图 5.1 螺旋动力学

米黄色：生存（个体关注点）

螺旋上升之旅开始于我们自身作为人类的发展过程以及我们所需要的东西。在我们最基本的层面上，我们需要食物、水和住所才能生存下去。

这个价值体系可以在工业化社会中的那些无家可归、失业、生病或边缘化群体中见到。在经济困难时期（如破产或裁员），人们会回归米黄色价值体系，因为他们不得不努力去适应经济状况的变化。如果我们要去访问当前世界各地的一些灾区，无论是自然灾害造成的还是正在发生的冲突造成的，我们也会看到人们是使用米黄色价值体系的。他们不再关心物质财富或未来，他们只想今天能够生存下去。

关注生存的人们往往会生活在当下。他们不为未来打算的原因是因为他们不见得相信他们有未来，或者他们根本不考虑未来。我的一个非常要好的朋友安东尼·沃格尔普尔（Anthony Vogelpoel）医生在澳大利亚北部与一个非常偏僻的土著社区合作。他告诉我，经常很难让他的病人去服用他们的糖尿病药，因为他们真的没有任何预防医学的概念。如果糖尿病并发症出现，他们认为这是因为他们的古老信仰或"巨蜥神"的安排，而不是因为他们个人未能服用医疗片剂。

米黄色级别好的一面是个人生存下来，但不好的一面是几乎没有进步或增长态势。米黄色可以是一个非常孤独、可怕和压力很大的级别，所以最终这些负面方面会推动在米黄色级别上的人们采取行动以便寻找与其他人的联系。他们认识到如果成为一个团体的一部分，生存将更容易，而正是这种认识将个人推向螺旋更上面的紫色级别。

紫色：安全、归属（群体焦点）

处在紫色价值体系的人们意识到在群体中生存更容易。魔法、迷信和仪式在这个群体层次上都是重要的，因为每个人都意识到成为一个群体的一员比一个人更安全。

部族行为在商业中是很常见的。在任何行业中都可以找到企业部落，比如销售业或 IT 行业。这些部落可能是有组织的，不是围绕职能命令，而是围绕着地理位置形成的。通常来说，这些企业部落中的人们对本地部落的忠诚度会比对公司本身的忠诚度要高。这种紫色价值体系通常会加强企业中的部落行为，这些企业部落中的每个人都在忙着考虑部落中其他人的利益，但很少考虑他们对企业其他人员的影响。保护主义和抵触心理是很平常的。这个部落会抵制"总部"的指令，并积极观察"其他"群体的"威胁"。在部落内，成员对较大的企业可能会非常不友善，他们在商业运营方面的分析通常比较简单化，并且努力不去破坏现状，因为这样可能会破坏部落的安全。由于安全与保障对他们来说至关重要，因此处在这个价值体系中的人们通常很容易感受到个人或商业的威胁。他们会反应强烈地保护自己的地位和部落的安全。

与紫色级别的人沟通

鼓励处在紫色价值体系中的人去发展或接受改变的最佳方法，是根据需要确定这些变化是必要的，而且将来也会给他们以保障。让他们不要关注变化会是什么，而是关注那些改变仍旧能够让他们保持现状的方面。用简单的语言说出这个价值体系的重要性——传统、祖先、安全、没有变化、团结一致。让紫色部落以小组讨论这些提出的改变并达成集体意见。试着找出部落成员中"最响亮"的声音、"长辈"或最有影响力的人，因为他们也许是最可能做好准备进行下一个发展飞跃的人。如果他们对提出的改变做出很好的反应，那么立即奖励他们的参与，并在组织内给予他们更大的权力和地位。

生活在这个等级上确实有其优点。人们的团队意识和归属感通常很强。人们以群体的方式一起生活，个人层面上感受着"人多的安全"的原则，正如一个很棒的 BBC 电视节目"部落妻子"所展示的一样，让来自西方舒适之家的女性生活在极其偏远的部落社区，看看她们将如何应对。许多女性都有着深刻的情感体验，并且都深深地被这些素昧平生的人对他们表达的情感以及她们从部落感受到的归属感所征服了（BBC 2，2010）。

然而，这个价值观发展级别确实存在缺点。也就是说，决策通常是被动反应性的，几乎没有充分考虑，也没有从长远的角度进行考虑，往往没有真正的方向感。这种方向的缺失最终会让人们继续向螺旋上部的红色级别发展。

红色：创造可能（个体焦点）

红色级别的主要群体是管理人员。红色是权力和激情的颜色，一位红色级别的领导人迟早会站出来负责管理紫色部落，然后一些事情最终得以落实，而不是总在进行漫长的辩论、不可预知的"集体思考"或由最新的"时尚"引导决定，因为人们总是试图追随所谓"时髦一组"的最新流行趋势。

军队通常会把新兵放到不确定的环境中并等待，通过这种办法培养了很多红色级别的领导者。因为他们知道紫色级别的人们缺乏方向，这终将会有人站出来成为带头人。同样的事情也发生在企业中，一位红色级别的领导者从人群中脱颖而出开始掌管事务并坚持不懈，直至一路走到顶端。

红色级别的领导者是我们在全球跨国公司的高级领导层中看到的两个最常见的价值体系之一。他们经常是精力充沛的、有魅力的"传奇性"人物，他们往往也具有很强的幽默感。但是，他们的领导力也可以通过忧虑、恐吓或意志力等手段来实现。他们非常善于简化和澄清有助于提高行动力的优先事项。红色级别的领导者以成事而闻名，所以如果企业要开辟新的市场或进入新的领域，他们是理想的人选。他们总是想在市场上排名第一。他们有极强的紧迫感、焦躁不安、不屈不挠、韧性十足。他们快速采取行动获得掌控权，并利用他们的地位、权力或权威来主宰一切。他们善于战斗，应对紧急情况或在公司面临转机时，他们经常被认为是英雄。

和红色级别的人沟通

激励红色价值体系中的人们去不断转变和发展的最佳方式是让他们知道在一些系统安排的基础上，他们如何能够取得更辉煌的成绩。诀窍是帮助他们更聪明地工作而不是更努力地工作；多一点点技巧、少一点点速度和暴力通常是需要的。一定要强调新方案或行动如何能够让红色级别的领导者贡献自己的才能，别人会如何看待这种贡献，以及它将如何提高他们自己的形象或声誉。如果可能，让他们的发展看起来既有趣又激动人心，这样他们能够保持兴趣并始终寻求清晰的沟通，而不是进行夸张的宣传。红色级别的人们更喜欢开门见山地沟通。

红色级别领导者真正的优势在于他们对"尽管去做"的热情和渴望。然而，缺点是这种进步往往取决于领导者自身。红色级别的领导者可能成为决策的瓶颈，他们过度的责任感可以造成我们在第 1 章中探讨的责任病毒（Martin，2003）。至高无上的权力那令人陶醉的本质可以给红色级别领导者造成自己无所不能的感觉，进而做出一系列无益或狂妄的行为。这种对权力和自我欣赏的欲望会使工作集体非常困扰，他们终会聚集起来遏制红色级别领导者这种过分的行为，接下来就出现了蓝色级别——"秩序"。

蓝色：秩序，稳定（集体焦点）

蓝色代表秩序、保守主义和忠诚度，并预示着回归集体。在蓝色级别上的人们热衷于"做正确的事情"。第一次，"意义"出现了，更高的原则或动机开始变得重要。这与那些红色级别的领导者形成了鲜明对比，因为他们经常太忙于自得其乐了，根本没时间思考事情的意义。

蓝色文化通常存在于政府部门、官僚机构和公共部门的合作伙伴关系中，在这些地方，秩序、等级和规则都是强令执行而且必须遵守的。企业通常也会经历一个蓝色的阶段——通常一旦它发展到一定程度，"凭直觉和经验的管理方式"就只能造成混乱了。蓝色从混乱中建立秩序和基础设施并创造出一个稳定的发展平台。一个企业发展越大，它就需要越多的结构化来取得真正的发展——高质量的做事方法对于大多数公司来说会带来巨大的差异。蓝色推行的规则、规定和准确性也可以为企业带来一些非常需要的纪律，并防止红色过度的行为使企业脱轨。

沟通必须结构化、有条不紊、完美呈现。会议管理必须妥善安排、严格遵守时间、遵循纪律程序。蓝色级别的人们往往都擅长外交，避免冲突，是占领道德高地的高效的终结者。

与蓝色级别的人沟通

鼓励处在蓝色价值体系的人们的最佳方式，是鼓励他们在不妥协自己价值观的前提下尝试并向他人展示主动性或进行改变让集体受益。不管你试图让一个蓝色级别的人做什么，你想让他做的，你一定要把这件事定性为"正确的事情"。如果他不相信他们被要求做的事是公平的，那么你就不会得到他的合作。在这个原则性的立场下，有一粒利己主义的种子。如果与众不同能够带来个人利益——不管是更大的自由抑或是自我决定，甚至是经济利益，那么这也可能成为人们从蓝色向下一个级别发展的动因了。

蓝色的优点是稳定性。但是有太多的蓝色，企业就会变得一成不变和缺乏弹性——靠这两个品质在 VUCA 世界中行进是很难的。像所有级别一样，蓝色的功能障碍最终为向一个新的级别发展创造了条件，就这样橙色出现了。

橙色：财富创造（个人焦点）

橙色显示了一个回归到个人焦点的现象。大多数企业都是由要么处在红色，要么处在橙色价值体系的领导者管理的。本质上来说，橙色领导者是红色领导者的一个更成熟的版本，因为他们已经认识到过程、程序和原则的重要性。他们也更不太可能做出单方面的决定，他们更具包容性，考虑得更周到。

没有太多蓝色规则令人窒息的限制，橙色领导者希望利用蓝色的基础设施和体系的最佳部分，在竞争中更加灵活多变，发展企业并达到预期的结果。橙色的最终目标是创造财富。橙色领导者对世界采取务实严肃的观点，他们乐意为实现目标而做任何事情。

处在橙色价值体系中的人们都想赚钱。他们极具竞争力，也迫切想赢。与红色级别的人们相比，他们的野心更加成熟，并且通常更有技巧利用别人的能力来实现自己和企业的目标。

与橙色级别的人沟通

鼓励在橙色价值体系中的人去进化和发展的最佳方式是以结果为重点，

明确如何推进计划或行动并带来财富和成功。橙色个体只对结果回应，而不是获得结果的方法，所以如果他们能够自主规划过程、自由地应对挑战，并对如何实现结果做出改变，那么他们将会更多地参与其中，也更有可能做你想让他们做的事情。同时我们也要关注这些变化将如何在经济上影响他们或企业。

在现代社会，橙色经常被认为是成功的巅峰。财富经常被视为终点线或是辛勤工作和努力的终极大奖。不足为怪的是，橙色的黑暗面是贪心和贪婪。当我们放松对市场的管制并清除太多的规则时，我们开始创造促进极端橙色行为的条件——比如安然事件、全球经济危机等。人们开始"钻体制的空子"为自己赚取个人利益。虽然橙色的优点是创造财富，但是被少数人的过度贪婪破坏了，而这成为向下一个级别进化的推动力，绿色出现了。

绿色：关爱，包容性（集体焦点）

过多的橙色导致集体焦点的回归，绿色企业或绿色领导者开始出现了。绿色的动力是寻找一种更具包容性的方式来实现多数人的而不是少数人的成功。绿色领导人意识到，"赢家和输家"的心态最终只是一场零和博弈并决意要做出不同的选择。他们采取更善解人意的、以人为中心的做法。这种关爱从人延伸到整个地球。他们对碳足迹、公平贸易、当地农产品、可持续发展和所有的绿色政策都感兴趣。他们也更加适应集体的需要。

绿色首席执行官和领导者的工作风格通常是外交大使式的。他们通常更有情商、同情心，并渴望帮助别人。他们尽力听取各种意见，并非常不喜欢等级制度。

处在绿色级别的人希望具有包容性，为各种观点提供一个平台，达成一个集体意见。他们认为所有的等级中都有没有明确表达的意见，所以等级制度应该推进"好、更好、最好"的思想。因此，绿色通常最有可能拒绝发展的垂直性本质。其实他们真正拒绝的是"统治者或权力阶级"，他们往往无法将这种动态结构与自然阶级区分开。例如，没有原子就没有分子，没有质子和电子就没有原子。说原子比质子好是荒谬的，它们彼此存在于一个自然的层次结构中。如果你去掉了质子，你会破坏掉这一层以上的所有一切。所以分子需要质子的存在，就像领导者需要追随者一样。一个不比另一个更"好"，但是他们扮演不同的角色，做出不同的贡献。

绿色希望把大家带到同一个层面上，这是一个机会均等的环境。但是，在这样做的过程中，绿色价值体系却无视了一个事实，那就是它创建了自己的权力阶级并认为横向分类（"我们都平等"）比纵向等级制度更好。这种视而不见说明处在绿色级别的人们是矛盾的。他们一方面非常有同情心和包容性，另一方面却目光短浅并爱评头论足。

绿色级别面临的挑战与以前的级别一样，他们认为他们的观点和做法是正确的，并大声捍卫自己的立场。事实上，第一级别（米黄色）的所有领导者都认为他们是正确的，其他人都是错误的，螺旋动力学在这点上与成熟度模型非常相似。世界上大多数的大麻烦都是源自这个"我是对的，你错了"的二元性。在企业中，这种动态消耗了大量的时间和精力，个人或小集团都捍卫自己的立场，卷入到办公室政治中并会拖延创新举措，因为他们不同意官方路线。鉴于从米黄色级别到绿色级别的每个人都犯了同样的根本性错误——即拒绝换位思考——大量的能量都被消耗在这种毫无意义的行为之中。

绿色是"第一层次"的最后一个级别。根据肯·威尔伯的说法，这是普遍性发展和进步的主要障碍——尤其在企业中（2003）。大多数领导者不会超越绿色级别，只是稳固地停留在橙色级别的现实状态中，或者是橙色级别以下的价值体系之中。

与绿色级别的人沟通

鼓励绿色价值体系的人们去不断改变和发展的最佳方式，是将改变或创新确定为双赢的性质。采取集体立场，强调其他人会如何参与到改变之中，而且改变是有利于所有人的而不是少数人。绿色级别的人们对别人的真诚总是做出积极的回应，那些真心表达的情感激励他们前进。他们需要参与感，并乐于接受任何参与并表达自己观点的机会。他们会对那些独断专行的领导者做出负面反应，用几句话就打发了。

绿色级别的优点是合作、对多元化的包容性和同情心，但最终他们总是希望达成共识的想法会阻碍他们，因为他们试图确保"每个人都在公共汽车上"。他们能够做到的还远远不够。第一层次价值体系（其中绿色是最后一层）并不足以应对 VUCA 世界，这就加快推动了"第二层次"价值体系的出现，黄色是这一层次价值体系中的第一个级别。

黄色：创新，全局观（个人焦点）

黄色级别又是从集体焦点转回个体焦点。那些处在黄色级别的人们终于明白，这不是"我是对的，你错了"的问题，而是所有以前的角度都在某种程度上是对的，同时在某些方面又都是不完整的。通过超越绿色级别强调的"共识概念"和鲜明的包容性，黄色级别为绿色级别的创造力注入了火箭燃料，变得具有创新性。

黄色是破坏性的。红色也可能是破坏性的，但红色的方法是命令性的——"要么照办，要么滚蛋"。黄色更加细致和复杂。黄色级别管理的企业会成为创新引擎，不断提出更好、更聪明、更有效率的解决方案，以应对不断变化的挑战。因此，他们经常改变游戏规则，创造范式转变，并从竞争中建立"一汪清水"（Kim and Mauborgne，2005）。黄色级别的企业不是在需要激烈防守（白热化的竞争环境）的市场中竞争，而是坚持创新——因此始终在竞争中保持领先一步。黄色级别的企业通常很小，或者是组织成小型的、高度动态的部门。它们具有竞争力是因为它们快速、敏捷并且能够"破解"那些陈旧的、较不优化的结构。弗里德里克·拉卢（Frederic Laloux）在自己写的一本非常出色的书《企业重塑》（2014）中精辟描述了企业中黄色价值体系的力量。

　　黄色级别的领导人知道世界并不是非黑即白的，他们认为他们自身可能是问题的一部分，也可能是解决方案的一部分，但他们会承担起找到解决方案的责任。他们可以看到多个不同角度的观点，可以轻松处理利益冲突。他们会对复杂的问题产生兴趣，并将其视为挑战。他们对新观念感到兴奋，并希望自己的影响力并不仅限于自己公司。

　　尽管之前全球只有百分之一的人属于黄色的价值体系（Wilber，2001），但是在过去几年参与我们价值体系评估的有 2000 多名企业领导；目前这个数字增加到 10%。然而，即使只占到 10%，黄色级别的人们仍然展示了明显的竞争优势，但大多数企业根本就没有对此开发利用。领导力价值分析所做的是让领导者了解他们及其高级团队的运作情况，并采取措施在螺旋上垂直发展。

与黄色级别的人沟通

　　激励处在黄色价值体系中的人们去不断转变和发展的最佳方式是帮助他们表达自己的想法。他们容易把事情复杂化或错误地认为人们能够理解他们复杂的思维过程，但事实上他们周围的这些人几乎都是来自前面那些级别的，根本就没法理解他们。他们可能看起来冷漠、超然，这可能会损害他们与他人的关系以及落实他们想法或观点的能力。

　　为了有效地与黄色级别的人打交道，重要的一点是先对想要交谈的概念框架进行阐述。而且谈话要有实质性内容，否则，黄色级别的人们会认为这无足轻重、不够严肃、不值得考虑。

　　黄色级别的领导者能够承担个人责任；他们富有创新精神，尽管这些创新常常是破坏性的，他们也非常注重学习和个人发展。然而，他们会太过概念化，尤其对于那些在第一层次上工作的人来说。他们通常被认为太复杂，根本让人无法理解，并且看起来超然、没有感情，甚至冷漠。而这种与别人不融洽的关系常常会触发青绿色价值体系的出现。

青绿色：负有责任，同情（集体焦点）

处在青绿色级别的人们让焦点再次回归集体。这些处于青绿色级别的人们和企业往往侧重于提出行动方案而不注重企业的形式。他们的观点是从长远角度考虑的，他们有兴趣为所有人的利益创造文化和社会变革，而不会陷入太规范或自命不凡的陷阱。因此，青绿色的领导者对更大的利益更感兴趣。

然而，这些领导者可能会看起来心不在焉，他们并不一定会参与到企业日常的细节之中，因为他们更关心塑造未来。他们有能力吸收大量的信息、不断变化的因素和不同的观点，并且有能力弄懂所有这一切的意义。这样他们就可以动态地引导企业的发展，尤其是当企业运营过于懒散或那些处于第一层次价值体系中的人们造成不稳定因素的时候。

青绿色级别的领导者可能会从许多不同的价值体系中脱颖而出，因为青绿色超越并包含了所有以前的级别。他们可以根据需要成为强大的商业领袖、创造财富的人或社会传教士。尽管可能看起来反复无常，但青绿色级别的领导者确实不是在担当某个具体的角色，他们只是根据情况需要，在螺旋图上上下移动。

在全球，只有千分之一的人口是在青绿色价值体系之中工作。这意味着全球不到2%的人口是在第二个层次的黄色级别或青绿色级别价值体系中工作。即使在我们正在调研的2000多名领导者之中，我们也只是判别出有两位青绿色级别的首席执行官。顺便说一句，有人说比青绿色高的下一个级别——珊瑚色级别已经开始出现，但仍然处于模糊阶段（Wilber，2001）。

与青绿色级别的人沟通

如果让青绿色价值体系中的人们的才能得到最大限度发挥，最佳的方式是帮助他们多接触自己还不是非常熟悉的那些不是非常复杂的观点。另外在需要的时候，他们也可能有必要在态度上强硬一些。

青绿色级别的领导者比较喜欢开放、宽容和包容。遗憾的是，特别是对于一个红色级别或橙色级别的领导者来说，上述行为可以理解为犹豫不决和懦弱。强调一个项目的社会变革角度，通常可以让一位青绿色级别的领导者热情高涨。公平地说，这些人是非常罕见的，所以在你的企业中能见到的机会非常渺茫！

使用螺旋动力学来更好地了解自己和他人

欣赏我们自己和他人的价值体系可以完全改变"我们"的维度。能够了解我们的观点与其他观点之间的差异并能够看到两者的优点和缺点，可以使我们更好地调和分歧，减少冲突，提高沟通质量。这几乎总是会改善大家的关系。我们一再见到，从领导力价值分析获得的信息经常有助于消除有争议的问题，因而使得讨论和谈判变得不那么个人化。

高管之间的分歧经常被误解为"个性冲突"，但冲突通常与个性无关，而是与双方正在使用的不同的价值体系有关。当我们看到与我们不同的观点都能站得住脚，而这些不同是由与我们不同的价值体系产生的时候，我们就能更好地改变我们的立场以便找到一种方法来调和我们的分歧。比方说两个人正在进行争论，一个人想要做出决定并采取行动，另一个人则想探索更多的选择，找到共识。当两个人都意识到他们争论的大部分事实实际上是对其价值体系的反映，那么这个争论就不会那么激烈了。当红色级别的人意识到他是从红色价值体系的角度做事情，而绿色级别的人意识到他是从绿色价值体系的角度做事情，那两者都会欣赏对方的价值体系，进而可以达成一个妥协的立场，这将有利于找到一个更好的、让人少担心的和更加相互认可的前进道路。

使用领导力价值分析时尤其如此，因为该工具中内置了各种子级别，以显示一个人的价值体系如何根据其所从事的任务而变化。比方说当领导者在考虑战略时，他们可能会从黄色价值级别来进行，因为这代表了一种开放和创新的方法，非常适合制定策略。同一位领导者也可能会转向蓝色级别进行实施，试图跟进流程并实施正确的程序来实施战略。如果实施过程太慢，那这名领导者甚至可能诉诸一点红色价值体系中的专制。了解我们在不同情况下会展示出哪种价值体系可以为我们如何从自己和彼此中获得最大利益创造一个明确的平台。

也可以制定一个工作组或执行团队的工作重心，以了解大多数成员是在哪个级别上进行工作的，进而确定他们的自然偏好是什么。如果一个团队中有更多的红色级别的人，那么除非这个情况被确认并需要这些人"出动"，否则他们可能会试图垄断整个会议，并且粗暴地对待其他人。因此，了解螺旋动力学以及这种动力如何随着任务而发生变化，可以让领导者选择最佳的人来参加不同类型的讨论，以便快速实现决策和实施。本质上，领导力价值分析可以让我们了解我们在领导力启蒙模式的四个象限中所处的位置。我们可以看到当我们被要求概念化在右上角的市场领导力象限的企业长远目标时，我们是如何出现的；当我们在左上角的商业性能象限中执行我们选择的策略时，是什么价值在主导的；当我们在右下角的平民领导象限里管理别人时，什么价值观占主导地位；以及我们在左下角的个人表现象限中的个人表现如何。

这种了解也给我们提供了强大的洞察力，明白为什么领导力会出问题，为什么一个领导者明显缺少可信度。例如，如果一位领导者的个人资料表明他在个人生活中的表现与他在工作中的表现有很大的不同，那么这可能就表明领导者很难做到真实性，或将自己的个人品质运用到工作中来。这种不一致性可能会影响领导者的成就、个人效能，还可能会影响团队。通过围绕所有四个象限进行分析，领导者和高级管理人员都可以意识到，自己的价值观系统和根据其运作的象限发生的动力变化，以及如何影响团队。实际上，领导力价值分析有助于我们更深入地了解自己的价值观的细微差别，因而我们可以更深入地了解自己，更好地向别人解释我们自己、我们的行为和选择。

当一个资深团队被分析之后，每个人都会明白自己在不同的情况下如何做，这些信息可以在重要会议开始时先谈到，然后重新组织会议，并提醒所有参与者他们可能在讨论中存在的优势和弱点。比如说，召开会议的领导者可以说："在我们开始之前，我明白我可能会在谈想法和可能性的时候忘乎所以，我从领导力价值分析了解到我这样做可能会引起至少你们两个人的极度不满；同样重要的是，为了约翰，我们将按照既定程序来开会，所以在开会之前，让我们就程序以及战略性讨论的时间表先达成一个妥协性的一致意见。"这样会使参会的其他人感到好像他们的价值观被考虑到了，并且通过一致认可的会议框架既尊重了大家的各种优势，也缓解了大家的一些弱点。这种相互理解和强调价值观的语言本身就可以大大提高关系的质量和产出，而许多互相较劲和权力争斗都消失了。

价值观螺旋还有助于提高绩效和成果，因为它使我们能够与合适的人员合作并完成各种各样的任务。例如，青绿色级别和黄色级别的管理者在战略会议中特别有用，因为他们有多个视角，并可能提出"跳出条条框框束缚"的创新理念。但是，在实施过程中，这些观点的作用并不大。绿色级别的领导者非常善于为每一个人着想并确保团队的参与感。橙色级别的领导者可以带来商业智慧，蓝色级别在过程和程序上非常出色，而红色级别在注入能量和完成工作方面是极其有益的。这样每个人都可以发挥作用，使企业能够充分利用集体的力量并同时规避集体弱点。这些见解让我们认识到，当我们有效地将具有不同价值观念的人融入决策中时，就可以避免许多企业发展中的绊脚石。

显然，领导者越复杂，那他们在与团队打交道以及一起工作的过程中就有更多的选择。记住，为了配合我们周围的人的价值观，我们可以随意向螺旋的下方走，但是我们必须努力通过垂直发展向螺旋的上方前进。当我们这样做的时候，我们就会提高"我们"维度的垂直度并促进4D领导力的发展。

如何建立"我们"维度的人际关系世界

没有良好的沟通，就不可能有良好的关系。沟通是至关重要的，但我们从来没有真正学习过如何有效沟通。

有效沟通有两个基本方面：表达和接收。然而，作为孩子，我们只被教过这个公式的一半——表达。我们的父母和老师可能会纠正我们，例如，"你不能说'更更好'，只要'更好'就行了"——他们帮助我们了解正确的时态、发音、语法和拼写。我们被教导什么时候使用什么话语以及语言技巧的力量，如类比和隐喻，而最终我们变得相当精通表达。但是，我们没有受到接收信息的培训或者说如何接收信息。我们的父母或老师很少给我们指示，要求我们重复这些指示并确保我们理解它们。相反，他们可能会说："现在听好了。"或者"你在听吗？"或者更常见的是："你为什么就不听呢？"

小孩长大成人，以为听话只是为了"等待说话"。对大多数人来说，听着就是他们说话之前的那一刻。对大多数人来说，倾听甚至不是关注对方刚刚说了什么。结果，当某个人静静地坐在商务会议中，我们认为他正在听，但通常他可能没有在听。相反，他正在做的是思考下一步自己要说什么。或者更糟——他正盘算之后的晚餐吃什么。经常很少或根本没有倾听，这就是为什么人们经常所谈的东西都是背道而驰的。在企业里当我们要求某人去做某事的时候，他们似乎同意了这一要求并看起来很有信心。他们按照我们要求的去做，但他们所做的与我们要求的经常不一样。事实是，我们不知道他们是否真的在听我们的要求——他们可能就是仅仅同意出席一下会议，或者他们可能只是误解了我们的指示，或者是一直在回想昨晚播放的那一集"权力游戏"呢！这不是有意的或恶意的，也不是不专业或甚至不是故意的，只是我们大多数人从未被教过如何倾听。结果我们的沟通水平非常肤浅；我们没有真正倾听对方，因此我们真正做到相互理解的可能性很小。

有效的沟通是关于意义的传递和接受。不幸的是，标准的沟通训练并没有教会我们如何成为有效的接收者。通常来说，标准培训侧重于所传递信息的单词、语气和肢体语言。然而，自 1972 年以来我们就已经知道我们实际使用的字词只占我们理解内容的 7%。加州大学洛杉矶分校心理学荣誉教授艾伯特·梅拉比安（Albert Mehrabian）认为，其余理解内容由 38% 的声音和 55%

的肢体语言组成（1972）。基本沟通的这些组成部分通常被称为"3Vs"，也就是口头（Verbal）、声音（Vocal）和视觉（Visual）。事实上，我们能够通过对方说话的语气和肢体语言了解对方的意思要远远多于通过他们所使用的词语。任何要求下属做他们非常不想做的事情的人都会体会到这一点。从嘴里说出来的话可能是："好的，没问题！"但是他们的语调和肢体语言正在尖叫："什么？你在开玩笑吧！"这就是为什么面对面的沟通总是比手机好，电话总是比电子邮件好。因为当我们不得不只能依靠这些词语的时候，我们并不总是能够得到全部的意义，而且我们自己对这些意义还要进行进一步的解读。

领导者经常误认为他们的工作是给人答案。员工、经理和高级管理人员可能带着问题和难题来找他们，但事情往往不是这么简单的。领导者的真正工作是超越词汇、音调和肢体语言，甚至超越词汇背后的想法和态度，去发现更深层的真相以及这个人的真正意思是什么。通常来说，面对面进行谈话后得出结论，并提供一个现成的、即兴的解决方案，这样也太容易了。当领导者可以准确地了解这个人真正意义的时候——有时需要澄清一个这个人可能都没有完全搞清楚的一个点——他们才可以让说话者感觉被认可和倾听了。让另外一个人感觉到被倾听在大多数工作场所都是罕见的事情，这可以说是非常激励人的。如果我们不花时间发展这样的能力，我们可能最终解决的都是错误的问题，因为我们太专注于沟通的话语、音调和肢体语言了。

理解意义的唯一方法是学习交流公式的另一半。我们需要在"接受"方面做得更好。又会有人说我们已经知道这一点，所以我们派我们的人去参加主动聆听课程或关系建设课程。但是许多这类课程并没有什么效果。如果有的话，它们也只是让一个人更擅于不听！一切都是人为设计的，用数字表达的人际关系——点头三次，重复这个短语："我听到你在说什么……"或者当跟你说话的人身体向你倾斜时，你也向他倾斜，或者当他们跷二郎腿时，你也跷二郎腿！这种训练缺乏真实感，最好的结果就是让人们能够更好地假装沟通。

对于我们大多数人来说，当有人说话的时候，我们开始思考。他们的谈话通常会引起我们的某种想法："哦，不，他又开始说了"，或者"哦，这让我想起我需要去拿干洗的衣服"，或者"这是一个有趣的想法"，等等。

对于对方正在说的东西我们几乎立即就开始思考了。然后，我们开始追逐自己的想法，而不是处理对方刚说的话。结果，我们认为我们正在与某人谈话，实际上双方是与自己进行内部对话！或者一个人正在说话，另一个人正在等待说话并思考他们要说什么。我们在"家庭夺宝"一类的电视智力问答节目中可以看到这一点，其中一个团队的一个成员给出了一个错误的答案，然后同一个团队的下一个成员将给出完全相同的错误答案。当这个问题给出之后，第二个成员就停止倾听对话并开始考虑他在被问到同一个问题时会说什么——他太沉浸在思考之中因而根本没有听到他们队友的回答，最后在国家电视台上看起来像个白痴！我们也可以从那些无休止的、循环的会议中看到这一点。会议时间长、事情没有解决的一部分原因是因为没有人在真正倾听彼此讲话。每个人都只是和自己交谈："我刚说过了！""是吗？""哦，我没听到。"我们甚至直接跟对方这么说！

不仅如此，我们还经常渴望自己看起来很聪明，在别人之前或在我们忘记之前先把自己的观点表述出来，因而我们会打断已经开始的交流。必须说明的是，即使这种打断有合理的原因，但仍然是一次交流中断，因此经常会造成混乱以及刚刚被打断的人的不再发言或怨恨。

我们可以创造更好的人际关系并在"我们"的人际关系世界中得到垂直发展，但条件是我们需要放弃表面化的东西，设法超越词语、语调和肢体语言，这样我们才能理解意义并通过真正的倾听和反应跟他人建立更真实的沟通。能够帮助我们实现这一结果的技能我们称为 MAP 技能。

MAP 技能

MAP 技能帮助我们充分利用我们的社会直觉、同情和融洽关系，使我们能够更深入地了解他人。当我们学会如何欣赏别人时，我们会更易于发展积极的工作关系，即使是和那些通常不是很吸引我们的人。

在过去的美好时光里，即使不去真正在意情感和社会智力（Emotional and Social Intelligence，ESQ），人们的智商、商业智慧和好斗性都有可能在级别上进行上升。但是在 VUCA 世界中，如果没有建立培养良好关系的能力，想要创立一个伟大的公司是不可能的。

MAP 是一个缩略词，表示为了确保我们能真正倾听并理解对方话语的意义而必须经历的过程。

Move（转移）：从你正在思考的事情上转移你的注意力，放松身体并深呼吸；

Appreciate（欣赏）：对发言人表达接受和欣赏；

Play back（回放）：回放对方话语的深层含义。

MAP 技能最初可能会和你认为的正确的沟通和聆听方式完全不同，但还是尝试一下吧——它将改变你的沟通。在掌握这个技能之前，千万不要在高风险对话中检验它。相反，从小的对话开始，这样你就可以很自在地进行这个过程。

当你下一次与某人交谈时，不要立即关注将要说的内容或打断对方，将注意力从自己头脑中的噪音中移开。有意识地将注意力从你对自己、会议、对方或会后马上要进行的工作的个人想法、预先形成的观点和判断之中转移出来，并把关注点转移到你胸部的中心和你的呼吸。使用与第 3 章中我们谈过的相同的呼吸技巧——有节奏地、均匀地呼吸。这将有助于你停止不断想你自己的事情。

当我第一次向高管们传授这种技能时，他们认为如果他们没有思考或者没有完全有意识地参与谈话，那就会听不到任何东西。但是我们已经知道，只有 7% 的沟通是由我们使用的话语决定的，所以实际上并没有必要"主动倾听"对方所说的每一个字。即使我们没有主动倾听，我们的大脑仍然会处理大部分话语，所以我们真的不需要那么集中精力。因此，MAP 技能可以节省我们因注意力高度集中而耗费的大量精力。

接下来进入对说话者表达接受和欣赏的阶段。这是关键的一步。一位非常有影响的心理学家卡尔·罗杰斯（Carl Rogers）将这种状态称为"无条件积极关注"（1967）。不管说话者说什么或做什么，给予他们温暖的接受和支持的感觉。罗杰斯认为，无条件积极关注对于健康发展至关重要，当我们恰当地给予说话者关注而说话者也注意到了，那么他们就会感到温暖和被接受，这种感觉会非常打动他们。

要求老练的企业高管表现出接受对方的温暖表情可以说是很有趣的。通常这是他们以前从未听到过的要求，但只要他们不再有所保留，尝试之后的结果往往是立竿见影而且令人印象深刻的。传递热情的人和接受温暖的人都感受到沟通的转变。沟通变得更有深度、更容易和更真实了。

因为很多先入之见都消失了，所有说话者更易于敞开心扉地畅所欲言，经常会告诉听者他们并没有打算要说的事情，所以听者能得到更多的信息。当我们与顾客、供应商或客户如此沟通时，他们也会告诉我们他们并没有打算说出来的各种事情。此外，当说话者感觉受到鼓舞和赏识的时候，信息表达的质量也提高了。所以我们不仅可以获得更多的信息，而且我们所获得的信息也会更清晰、更准确、更简洁。我们通过欣赏的方式确定问题的关键要远远比表现出不耐烦、打断对方或心神不宁快得多。

下一步是回放——回放你已经听到的信息。你只有做好这一步，你才能确定你认为正在发生的事情确实是正在发生的事情。

通常我们错误地认为已经准确地理解了说话者的意思，但是实际上我们理解的只不过是自己内心的噪音罢了。例如，我们可能在听了员工讲话之后，马上确定他们与顶头上司的关系出了问题，但我们这种理解实际上受到了一个事实的影响，那就是我们自己与顶头上司的关系也有问题。人类社会的怪事之一就是我们能够更好地理解别人与自己有共鸣的问题，这种类同性即使是无意识的，也会使情况变得更加复杂。因此，高质量的回放是至关重要的。我们也可能会重复或总结对方刚说的内容或提出我们自己的观点或答案，但高质量回放和这些都是非常不同的。回放是关于我们对说话者所表达的深层意思的感觉。

重要的一点是在回放的时候不要强加你自己的观点，从你的主观视角进行回放，因此你可以使用"你给我的感觉是……"或"我的感觉是你……"这样的陈述来开始你的回放。这样可以让对方对你的说法表达同意或不同意并提供更多信息。

最好采取一个问题或建议而不是断言的形式来表达你的说法。因此，这种方式能够让对方和你一起进入人际关系的"我们"的空间，你的问题创建了一个他们可以选择是否参与的连接。如果你的主观感觉准确无误，对方通常会确认你的观点，反之则会否认并为你提供更多信息，这样你就可以对回放进行微调。在确认的时刻，你突然和他们处在理解的同一水平线上。说话者会确定你理解他们，因为你已经回放了而且他们已经确认了。这对于那些头一次感受到能够真正被聆听的说话者来说是非常令人感动的事情。

MAP 技能是一种具有欺骗性的强大技能，它可以改善讨论的质量和结果，同时修复沟通渠道并增强稳定的人际关系。它对解决冲突也是非常有效的。

我们将这种 MAP 技能应用于一个 IT 团队，他们被将要面对的工作量逐渐压垮，而且发现很难达到企业的所有要求。他们作为一个团队每个月开一次会，试图超越工作目标但却发现他们越来越落后。他们以一个很长的议程开始一天的工作，循环往复地痛苦讨论，决策很慢，到下午 6 点还没有结束。讨论通常会转移到酒吧，每个人都感到不满意。我们与该团队一起学习了一整天的 MAP 技能，向他们讲述了如何有效地使用这些技能来加快他们对彼此和面临的问题的了解。投入这些时间找出一个更快的方式来解决关键问题会带来极大的改变。在接下来那个月份的会议上，他们发现在午餐时间就完成了整个议程，下午他们都去打了高尔夫，互相之间建立了非常亲密的关系。这就是 MAP 技能的力量。

想象一下面对任何会议或情况都能掌握讨论背后的真正意义，互动更加有效、决策通常更快、交流中的压力小多了——即便听到的是相反的观点。

此外，当你非常准确地回放另一个人所说的一切时，还可以改变别人对你的看法。当你准确地辨别出人们表达的深层含义时，特别是当他们没有真正地说出他们的意思时，他们往往会对你刮目相看。

欣赏别人的技巧

虽然欣赏是设置在 MAP 技能之中的，但它本身也是一个重要的工具。在第 3 章中我们探讨了如何利用欣赏技巧将自己的优势和积极素质发展为意识觉知。这种技能不仅对于发展"我"维度的垂直性很重要，而且当向外转化时，也有助于发展"我们"维度的垂直性。对他人的欣赏是社会智慧的基本技能，可以对沟通和关系产生积极的影响。

当我们真诚地欣赏另一个人身上对于他们自己来说也是很有意义的某些东西时，是非常具有激励性的，而这种交流可以帮助并驱动人们自发努力。对别人的欣赏在企业中并不常见。这是当我和一个全球零售商的总公司董事谈话时他提醒我的。他告诉我，首席执行官对他的赞赏是非常少的，他都能记住确切的时间和地点。就像我们总是记得当我们听说肯尼迪总统被暗杀或戴安娜王妃遇害的时候我们在哪儿一样，他也记得在 25 年的职业生涯中受到罕见的赞美和欣赏的那些时刻。

认可某人的技能和贡献并在公共场合说出来对于这个人而言可能比奖金更有激励作用。但这还是一个完全未被充分利用的企业工具。然而，这种技能在和我们通常不会相互吸引的人打交道的时候尤其有用。通常在我们的职业生涯中，我们都需要能够与我们不一定感兴趣或喜欢的人合作。对对方技能的欣赏使我们能够更有效地做到这一点，我们可以有意识地自觉地找到关于这个人的事情来欣赏，进而在彼此之间建立更好的沟通和信任。

拥有高度社会智慧的领导者能够在他们遇到的每个人身上找到值得欣赏的东西，而不仅仅是他们能产生自然共鸣的东西。通过提高情感和社会智力，我们可以学习与任何人进行沟通并建立富有成效的关系。

当你遇到某人时，你不会立即对其产生好感或厌恶感，花一点时间在这个人身上找一些你真心欣赏的品质。也许你可以欣赏他们的苛刻机智，或者是他们的聪明才智，或者是他们的数字能力，或者是你与这个人的互动只限于每月一次的会议的事实！没有赞赏，你永远不会有有效的沟通。如果我们不能进行有效的沟通，那么我们就永远无法建立和培育在 VUCA 世界中发展所必需的人际关系。

我们都需要其他人来实现我们的目标。学会注意和你经常打交道的人的特别之处也是一个非常重要的习惯。创建一个列表，把那些在你的职业和私人生活中与你有固定联系的人写进去，并花一点时间思考他们拥有的你欣赏的特殊品质。考虑这些特殊品质以及这些品质会在何时、何地以及会如何出现。

确保你每次与别人沟通时，都会至少花时间注意他们的一种品质，并在适当的时候抓住机会告诉对方你欣赏他的这种品质。

将自己转移到更积极的情感"星球"对于提高你的表现通常更有帮助，这是一个普遍原则。这就是为什么第 3 章的转移技能非常有用，因为它可以让我们诱导积极情绪并改变大脑功能，从而改变我们看待事物的方式以及我们与他人的互动方式。欣赏是应对主观臆断或任何消极情绪的有效办法，可以从根本上提高我们建立强大工作关系的能力和发展信任的能力。

四维领导者可以与任何人一起工作并达到结果，因为他们在以人际关系为关键因素的"我"和"我们"维度上已经得到了垂直发展。这种能力将越来越与企业在 VUCA 环境中能否取得长期成功密切相关。

行动步骤

当提到从"我们"层面提取商业价值，"我"和"它"维度中的许多行动步骤都会对关系世界产生积极、渐增的影响。但下面是一些建议性的行动步骤，可以帮助我们从"我们"维度获得最大价值：

1.考虑使用领导价值分析来评估你自己和你的执行团队的价值观，从而辨识出价值体系的 8 个层次。

2.了解你自己是处于这 8 个级别中的哪一个级别以及当你在致力于策略和实施（"它"）、人员管理（"我们"）或者仅仅做自己（"我"）的时候这个级别是如何产生相应变化的。价值级别在四个象限中的每一个显示出来的值都有所不同。

3.澄清每个价值体系的优缺点，因为它在四个象限中的每一个都有显示，所以你能知道你在该级别可以在哪些方面增加价值，而同时哪些方面会损害业绩。

4.作为你个人发展计划的一部分，重点将你的价值体系发展到下一个级别。这可以通过了解下一个级别的特点和行为并齐心协力将其纳入你的日常生活中。

5.了解到你在价值螺旋上的位置之后，你需要知道它与你的团队中的其他人如何联系在一起，这样你就可以"发现差异"，了解他们带来的价值，这可能与你带来的价值有所不同，然后确定你需要如何改变你对待他人的态度和行为从而使他们能够充分展现价值。

6.花时间练习掌握 MAP 技能，提高沟通和建立理解。一开始可以尝试不重要的一对一讨论，以便你可以在此过程中建立信心。

7.通过明确表达对他人以及他们的努力表示欣赏，尝试积极推动他们的精力和动力。

第6章
"我们"维度中成功关系的秘诀

每当谈及关系，大部分的人都困惑于究竟该如何建立富有成效的、成功的人际关系，正如他们困惑于如何才能持续创造出高绩效一样。以绩效为例，我们很困惑：究竟是什么促使它产生而又是什么阻碍了它呢？有些关系的处理方式对一些人有用，但是对于其他的人却没有用。这种结果的不一致性，促使人们在不断试图提升商业界或体育界的绩效的过程中提出了很多的"解决办法"。同样，各种关系的不一致性以及关系策略不可预知的结果，也让人们就如何改善与他人的沟通提出了各种各样的想法。但是尽管如此，大多数人仍然感到困惑，并将"我们"维度上关系的失败误认为是因为个性冲突、风格差异、类型、国籍、宗教信仰，乃至一些更随意的解释，例如星座不合等。

然而我们发现，绩效并不神秘，人际关系同样也不神秘。创造高绩效或建立良好的关系都是通过在许多发展线上培养不断增加的高度来实现的。人际关系对于大多数人来说仍然是一个谜。本章将深入剖析人际关系的神秘与魔幻之处，这样我们就可以深入了解人际关系的结构并懂得如何才能在人际关系领域获得成功。除此之外，我们还将探讨视角选择、领导习惯、团队发展、有效反馈以及如何通过网络分析提高"我们"维度的垂直发展。

各种成功关系的建立始于对人类沟通的动态结构的真正了解，尤其重要的是需要了解各种人称视角以及第一、第二和第三人称视角之间的区别。我们在第 4 章已经提到,在领导力成熟度分析模型中至少有 6 个级别的人称视角,但是如果为了真正理解究竟是什么在对人际关系起作用(或不起作用),我们就要着重关注前 3 个级别的人称视角,即第一、第二和第三人称视角。

视角选择

在过去的 20 年中,我有幸和世界上许多公司的执行董事会成员以及许多奥运队伍和精英运动队一起工作。所有这些团队做的绝对一致的一件事情,就是这些团队内部的动态交流方式几乎是一模一样的。不管议程如何,团队成员的相互交流经常会演变成我们所说的"爆米花会议"。也就是说,房间内的一个人情绪激昂地表达自己的观点,没多久第二个人插了进来,他完全不顾及前一个人说了什么,只是表达一个完全独立的观点;这也引发了第三个人的想法,于是他也插进来表达了与前两个人表达的观点完全不同的第三个观点。这种情况在会议中基本会持续一段时间,因为每一个新加入的人基本上都会表达他自己的观点并不断地寻找机会回到自己的观点上,希望说服大家自己的观点是有效可行的。这就像是听爆米花在平底锅里不断炸开的声音一样——也许有间歇性的安静,接着又是爆响,此起彼伏,直至所有的玉米都炸开了花。所有的会议中都会发生这样的情况。

与会人员表达观点主要有两种形式,要么是以激情高昂的第一人称视角,要么是以理性的第三人称表达。我经常看到这样的会议持续了 45 分钟还在进行,直到行政主管意识到这样下去不可能有任何进展。尽管有些人已经了解了各种成功关系的秘诀,并且基本了解视角选择的重要性,可是运用第一人称或者第三人称视角表达自己观点的冲动太根深蒂固、太强烈了,所以他们会马上忽视他们刚刚学到的关于视角选择的知识,又开始给出一个完全不同的观点。

如果一位领导者总是囿于第一人称视角,他交流的角度通常是"我或者我的""我认为"或者是"让我告诉你我对这件事的感受……"等,这说明该领导迫切地想表达自己,因为他认为自己的观点很重要,迫不及待地希望大家接受自己的观点。他们没有意识也没有注意到他们想发声的欲望已经控制了他们,即使他们迫切想表达的观点可能根本不会推动谈话向前进行。他们的观点经常只不过是将讨论的重点引向完全不同的方向,即使有人及时指出"我们已经跑题了",也不可能让一切停下来。第一人称视角的能量来自个人的信仰、价值观和信念,所以经常受情感的驱动。因此,我们经常听到领导者或资深经理人说"依我看来"或者"根据我的经验……"之类的话。

当然从第一人称视角表达观点并没有错。事实上,第一人称视角对于领导者来说非常有用,因为权力、激情和真实感就是来自第一人称视角。当马丁·路德金说"我有一个梦想……"时,这种使用第一人称传达出的信息就会自然而然地给人们一种力量。假如这一信息是通过第二人称视角上的"你有一个梦想"或者仅仅是"有一个梦想"来传达,不仅削弱了这种力量,恐怕也不会被人们记住。

当我们使用第一人称视角进行交流时,我们对于自己想要表达的愿望、思想和观点是非常确定的。因此,我们通常非常在意用第一人称表达的内容。当我们用第一人称表达观点时,如果有人插嘴打断,我们就会立即进行防守,要么直接忽视,要么奋起反驳。这有点像个人攻击,容易激怒互动双方,从而更加坚定地使用第一人称视角。如果我们习惯用第一人称表达,那么我们就要面临各种反馈和挑战。我们根据自己的内在信仰来看这个世界,这个内在信仰当然有自己的情感和感受。使用这个视角的目的就是要在辩论中"获胜",并把自己的个人观点强加于人。我们就会困在"我是对的你是错的"这种二元对立的局面里,因为"我们两个不可能都正确"。

即使领导者没有习惯用第一人称,他们也几乎习惯用第三人称来表达观点。这个视角牵涉的感情成分少,更加超然、理性和客观。因为第三人称视角是远观世界,采取的是一位观察者的角度。任何事情都成了意识的对象,包括观点、计划、人甚至是关系。世界上到处都是各种事物、东西、其他人、你、它。

惯用第三人称的领导者认为这样表达的观点具有无法批驳的客观"真理性"。这样世界就更有意义了，因此领导者会"提出理由"，引用"证据"，相信精英教育和"事实"。"如果我掌握了事实那我就不可能错，因此肯定是你错了。"领导者采取这一视角时通常会说"有证据表明……"，"根据数据……"，"……数字不会说谎"或"事情的真相是……"等诸如此类的话。一位领导者是不可能输掉辩论的，因为他们是正确的，事实站在他们一边。资深领导者常常更加倾向于使用第三人称视角而不是第一人称视角。很多人以使用第三人称"直升机视角"为傲，因为听起来这"与个人无关"，只是"公事公办"。

这种交互方式的结果就是两个人辩论时要么他们都使用第一人称或者是第三人称，要么一个使用第一人称，一个使用第三人称。如果双方都使用第一人称，那么辩论会越来越大声、越来越激烈。如果双方都使用第三人称，辩论不会太激烈，最后双方还非常有可能"各自保留不同意见"，但辩论有可能最后陷入僵局，不管都使用第一或第三人称，或者各自使用两者中的一个，双方都想要去赢，双方都不可能轻易认输，因为如果这么做的话就意味着采取第一人称视角的人必须放弃自己的"信念"或采取第三人称视角的人放弃自己的"事实"。而双方都同样认为自己的观点就是"事实"。就采取第一人称视角的人来说事实是基于自己的信念基础上的，而采取第三人称视角的事实则是基于"客观证据"。

当人们在争论中毫无进展的时候，他们通常会迅速地从第一人称视角转向第三人称视角以便"赢得"争论。同样的，如果这些使用第三人称视角的理性主义者也面临这种情况时就会转而打情感牌。如果他们认为的"真理"遭遇挑战，他们不仅会非常生气而且还会在争论中"恐吓"对方。如果对方是领导的话，那么这么做的危害性就非常大了。同样的，如果充满个人信念的人没有达到自己的目的，那他们就会转而寻找一些证据来证明自己的观点，或者他们干脆从第三人称视角来使用证据和数据把第一人称视角的观点说清楚。换句话说，就是他们使用数据来证实自己的个人观点。但是这里同样存在问题，他们通常会歪曲事实，或者只是挑选那些支持自己观点的证据而忽略其他的。

通常来说，比起从第一人称视角向第三人称视角转换来说，从第三人称向第一人称转变更容易一些。但具有讽刺意味的是，陷于争论的两个人，无论他们使用的是第一人称视角还是第三人称视角，都想得到同样的东西——那就是第二人称视角。不过因为很少有人了解视角选择，或者根本不知道有第二人称视角的存在，所以他们也就不可能成功地使用第二人称视角，最后还是囿于原处。

无论是有偏好还是两者混用，绝大多数的领导者一辈子都在使用第一人称视角或者是第三人称视角。基本没有领导者从第二人称视角表达观点，他们甚至不知道第二人称视角为何物。

在上一章里我们已经谈过，人际关系是很棘手的一件事，说它棘手是因为我们没有进行真正的沟通。我们从不倾听，因为我们的沟通理念就是"等着说话"。但是这里还有更深一层的原因，那就是我们根本就没有理解人际关系的结构。

自我成熟与视角选择

随着我们越来越成熟，我们也越来越意识到他人的存在。当我们从 1.5 版"自我中心"发展到 2.0 版时，我们开始了解其他人的想法与我们的不同，为了保护自己我们可能开始重视这些与我们不同的观点。但这并不意味着我们擅长使用第二人称视角。我们必须带着第三人称视角的客观性和第一人称视角的同理心了解第一人称视角的内心世界，只有这样我们才能理解其他人的内心世界。这样我们或许才能理解他们为什么有不同的观点，理解他们为什么采取第一人称视角，但真正的第二人称视角是要创造共赢和共享的东西。仅仅了解他人为什么使用第一人称视角并不意味着我们已经创造了任何共享的东西。为了我们自己的安全,我们可能会做出一定的让步以呼应对方,但是这也并不意味着我们已经具有创建共赢和共享的能力。

当我们从 2.0 版发展到 2.5 版时,我们会更加理解人际关系的规则,但是我们只是有选择性地遵从。当然,就社会规则而言,双方或许会达成某些共识,但是通常不会表达出来。因此,在一定程度上,稳固的第二人称视角都没有必要存在。2.0 版和 2.5 版观察现实本质的方式还是相对比较复杂的。在这些成熟度级别上我们认识到世界上并不仅仅只有"我和我的",但是我们对于人际关系结构仍然没有任何程度的理解。因此,虽然我们垂直发展自我,但是人际关系在很大程度上仍是一个谜,追随潮流则是最安全的方法。

在任何成熟度级别上、文化复杂程度上或者地理环境上建立起来的良好的人际关系都有这样一个特点:有能力创造共识,尽管一些已经这样做的人们并没有意识到他们是在做什么。任何形式的良好关系都有一个秘诀,那就是使用第二人称视角。

这个术语乍一听起来让人感觉抽象,为了帮助大家理解,我通常会举一个大家都司空见惯并能马上联系到自己的例子。想象一下,一对夫妻正在家里吃晚餐。妻子对在工作中发生的事情感到心烦意乱。事实上,她已经烦躁了一周左右,不仅因为公司业务重置,还因为她不喜欢那位新来的经理。这位妻子继续告诉丈夫她这些日子有多糟糕,她的新经理有多可怕。听了两分钟后,丈夫意识到昨晚他们已经谈过这件事了,于是他打断妻子并自认为很有帮助地告诉她:"唉,你看看,很明显你现在很讨厌这份工作,辞了吧。明天就递交辞职书吧。"丈夫很开心,他认为他不仅表明了自己支持妻子,还帮助了妻子,然后就继续吃晚餐。吃了一会儿后他抬头看了看他的妻子,发现他的妻子很生气,这时丈夫开始考虑还要不要继续吃饭了。情况变得越来越糟糕,最后只能在沉默中或者相互争吵中结束晚餐。

那么究竟发生了什么?

妻子生气是因为她并不想要一个解决方法,而是希望丈夫倾听她并表明他理解自己目前的困境。她一直使用第一人称视角解释她为什么生气,目前的状况有多糟糕。事实上，她的丈夫对这样的谈话已经表现出了不耐烦，况且这次对话与前一天的一样。因此他就立即转向了冷静理性的第三人称视角，提出了一个自认为完美有效的解决方法。

这样做导致两人之间产生了巨大的分歧，因为他们对这样的谈话都感觉困惑和不满意。妻子生气是因为她认为丈夫没有倾听她、理解她，自然也就不关心她，因为丈夫并没有分担她的痛苦。丈夫生气是因为他认为妻子同样没有倾听更没有重视自己的意见。毕竟，自己在一个星期前就对同一个问题提出了同样的解决方法，如果她按照自己的建议去做的话就根本不会有这次谈话了。

夫妻双方都很生气，两人开始担心他们的关系是不是出现了重大问题。事实上他们的关系并没有出现任何的问题，只是他们没有认识到他们采取了不同的人称视角，这样只会使他们离对方越来越远，而不是在同一条道路上更加的亲密。产生这样的问题是因为他们对这三种人称缺乏认识，并不是他们的关系中真的出现了深层的问题。

具有讽刺意味的是，他们双方想要的完全可以通过第二人称视角成功解决，因为它是关于两人能够分享的东西。第二人称视角是一个共享的视角。妻子想让丈夫分担自己的痛苦；丈夫想让妻子考虑自己的解决方法。他们都想让对方分担或者是考虑自己，但是他们都不知道如何有效地进入第二人称视角，因此只能分别困在第一人称和第三人称视角里。这就是他们关系变差的原因所在，因为他们没有认识到第二人称在促进互动、提出解决方案以及加强关系方面起着重要作用。即使我们真的知道有第二人称视角的存在，我们也不太可能会有意识地去学习如何从第二人称视角进行交流。事实是，我们非常抵触使用第二人称视角，这种抵触是我们工作和生活中关系恶化的关键所在。

第二人称视角稀少的原因

第二人称视角非常罕见的原因有两个。第一，困于第一人称视角的我们感觉到可能必须放弃一部分的自我认知。第二，困于第三人称视角的我们认为可能要放弃真理。正因如此，提高自我发展的维度就显得尤为重要。因为我们的自我成熟度越高，我们就越能够放弃我们的立场，没有这种放弃我们就会感觉失败或者丢脸。放弃看似是弱点，但恰恰是力量和成熟而不是懦弱的展现。但是对于处在 3.5 版或以下阶段的人来说，屈服是非常艰难的。令人遗憾的是，这就意味着对于 85% 的人来说屈服几乎是不可能的。这当然也可以解释为什么世界上充满了冲突。

如果自我成熟度级别足够高（4.0 版及以上），我们就会认识到我们并没有真的放弃任何东西。从第一人称视角看，我们的想法和观点仍然存在，从第三人称视角看，事实也仍然存在，只不过我们都将其暂时搁置，然后转向第二人称视角寻找共享的现实。

理解和学习选择人称视角可以极大地提升在"我们"维度的有效性，同时也让领导者和执行官体验这三种人称视角之间的差异。我们经常进行下面这样的练习。从四个小组中选取两个执行官，使用第一人称视角讨论当前各自在业务中遇到的困扰他们的问题。他们不需要相互考虑，就在目前的角色上发表观点。然后第三个执行官加入，充当一个促进者的角色，他的工作是尽力创建一种共识（第二人称视角）。最后一位执行官使用第三人称视角充当报道者和见证者的角色——记录发生了什么。当每一个人都理解了他们在讨论中充当的角色之后，整个讨论仅仅进行了 5 分钟就陷入一片混乱的境地。两个使用第一人称视角的执行官通常都会试着去表述自己的观点，但因为他们的目的不同甚至相反，因此他们基本没有真正的沟通。他们基本上都是在自说自话。使用第三人称视角的观察者观看了整个讨论过程，他发现很难维持他观察者的身份。相反他变得非常沮丧，因为他注意到，在那两个使用第一人称视角的执行官的谈话中，有些东西他迫切地想去分享。因此，他最后就从第三人称视角转向了第一人称视角，不仅打断了讨论并且还补充道："嘿，打断一下，因为我刚才注意到你们在谈论……"如果担任协调者的执行官也失败了的话，情况就更加混乱了。

促进者本来应该促进讨论并且将使用第一人称视角的两个人引向第二人称视角的共享空间中,但他只是在那里静坐着,因为他逐渐认识到自己根本没有掌握将这两个人引向第二人称视角的技能。为什么呢?因为他根本不了解关系的动态结构,所以他做了他唯一一件知道怎么做的事情——使用不带个人感情的第三人称视角说一些诸如"伙计们,看看你们正在做什么……"。最后这个本来充当促进者角色的人只会解释这两者之间究竟发生了什么,而不是努力创建一个共享的空间。有时他也会转向第一人称,参与进来并表明立场或就某一件事表达自己的看法。

这种实验的结果大体相同,使用第一人称视角的两个执行官还是没能达成有意义的沟通。那个本该使用第二人称视角的执行官转向了第三人称视角,那个本该使用第三人称视角的又转向第一人称视角,但就是没有人转向第二人称视角。

偶尔,其中一个使用第一人称视角的人,可能会认识到讨论根本不可能有什么结果,于是他会暂停自己的议程转而倾听对方的意见。我们曾经一起工作过的一个医疗队就发生过这样的情况。在这个团队中,一名女性执行官和一名男性执行官都使用第一人称视角,最后他们发生了冲突。根据传统观念来看,这个男性执行官完全支配了这次谈话。女执行官意识到他们的讨论毫无结果可言,于是她就搁置了自己的问题转而与她的同事一起讨论他的问题。不管她是不是有意识地这样做,她最后都放弃了自己的第一人称视角转而进入了第二人称视角的共享空间中。这样做之后,他们很快就紧密联系在一起。这位女执行官开始与男执行官一起分享他面临的挑战,并就这些挑战向男执行官询问一些问题,男执行官也感受了被倾听和被欣赏的感觉。因此,他同这位女执行官的联系就更紧密,自己也就会自动地转向第二人称视角。一旦双方就男执行官的某些问题找到了解决办法,他会迫切地想要回报,就开始询问女性执行官面临的挑战。对于实验中的促进者(调解人)和观察者来说,他们也就变得无关紧要了,因为陷入争论的双方最终都从第二人称视角出发,自己达成了共识。最让人惊奇的是，包括另外两位高管在内的会议室里的所有人都认识到不同寻常的事情正在发生。每一个人都感受到了由争论双方带来的这种力量。这个影响太明显了，当争论结束了的时候双方仍然想在一起分享更多，想更深入地了解对方的问题。

关系的许多奥妙之处就存在于第二人称视角的使用。当我们了解了关系结构，明白什么时候采取哪一种人称视角，关系也就不再神秘，我们也就能够建立信任，加强理解并极大提高我们沟通的效果。

进入第二人称视角

要想进入第二人称视角，你必须寻找与他人的连接点。这个连接点可能包含在讨论的具体细节中，也可能需要你从争论中抽身出来站在一个更高抽象度去找到双方的共同点。举个例子来说，两个人正在讨论医疗保健，而双方对这个话题都显示出了极大的热情，但观点却是对立的。在讨论的过程中，他们很快就发现他们在是否要优先考虑医疗保健预算这个问题上存在意见分歧。如果他们能够从这个问题中抽身，转而站在更高目标的诸如分娩免费医疗保健这样的问题上，他们就很可能达成统一意见。一旦他们找到共识之处，无论这个共识是什么，他们都能从该共识出发进行沟通。达成共识之后，他们可以降低一个层次，找到他们观点产生分歧的地方并转而探讨这个分歧产生的原因。把它想象成一个拉链。拉链的上面部分已经连接起来，放在这个案例中，这个连接起来的部分就是"分娩免费医疗保健"，但是随着讨论的深入，就如何在实践中操作产生了分歧。与拉链相似的是，连接点可能很具体，但是不同的是随着讨论的问题变得复杂，分歧也就随之而来。

想想自己的人际关系。当你刚刚成年时，你的各种各样的人际关系中可能生理相容性比较强，但是就情感方面而言，专一与易变并存。关系最终也会由于这种分歧而破裂。大学时代，你也许偶尔会和朋友进行心灵上的交流，从而建立起一种简单的生理层面上的亲密关系，但是你不能从心理上融入进去，这种关系也只能以破裂告终。而从第二人称视角上建立起的关系就如同拉链，只能越来越强。一条完全拉上的拉链的牙齿从一端到另一端互相咬合，这要比仅仅上端或下端拉上的拉链结实得多。

记住，仅仅分享观点或事实，并不意味着在"我们"的维度里的任何东西都是"共享"的，正如我同你分享我的铅笔，但是这支铅笔并不会自动地变成"我们的"铅笔一样。如果双方都使用第一人称视角，也并不意味着能够转向具有共识的第二人称视角——这只不过是第一人称视角的叠加而已。

充分理解他人第一人称的内在含义，当然可以提高你在"我们"的维度中建立良好关系的能力，但是这和我们谈论的第二人称视角上的关系不一样。这种观察力产生于不断变化的理解程度和理解深度。我们在第 5 章中已经提到，MAP 技能的第一部分就是揭示个体表达背后的深层含义，而不仅仅关注外在的语音、词语和肢体语言。MAP 技能的第二部分才是旨在创造一种强大的第二人称视角。

再提示一下，MAP 是首字母缩略词，意思是：

Move（转移）：从你正在思考的事情上转移你的注意力，放松身体并深呼吸；

Appreciate（欣赏）：对发言人表达接受和欣赏；

Play back（回放）：回放对方话语的深层含义。

对说话者表示欣赏，让听者从自己的第一或第三人称视角转移出来，而当他进一步"重述"说话者的深层含义时就完全建立了第二人称视角。欣赏能够帮助我们消除任何阻止我们进入共享空间的敌意和主观臆断，而回放对方话语的深层含义要求自己将对方第一人称或第三人称视角的观点从自己的第一人称视角再一次解读，其目的就是在参与者间建立起共识。"重述"说话者的深层含义在于让双方都能清楚交流背后的意义，这样他们就能分享理解。

如果我们用更复杂一点的方式解释在我们使用 MAP 技能时到底是怎么回

事以及它为什么具有这么强的转化性的话,那就是它给我们提供了一幅地图,指引我们作为听者通过对自己内心的更深层感知到达不易达到的第二人称视角,然后与说话者的内心达成一致。

如果双方都使用第二人称视角而且表达的内容不是个人意见(第一人称视角)或事实和数据(第三人称视角),而是至少在讨论的一些内容上达成的共识,那么真正的沟通就开始了,也就会可能取得真正的进展。

这正是传统的沟通训练无法改变我们关系的质量和力度的原因。往往参加会议的人都会说,"我理解你"或者"我听见你说什么了",不管这话是不是真的。这些表达充其量也就是,从第三人称的视角上对说话者的第一人称视角表达内容的简单复述,但绝不是重述对方讲话的重点内容以确定我们真的理解对方正在说的是什么。毕竟,理解一个人说什么(不同程度上的)并不难,即使我们并没有发展任何程度上的第二人称视角或共识。但是正是这种共识对于在"我们"维度上建立强大的关系并取得成功是至关重要的。

在通常的会话中,这种对于重要内容的回放是非常不可能发生的,因为人们只不过是假装认同和理解,不时会点点头说:"我知道你的出发点。"通常来说他们并不清楚对方的出发点,因为他们要么根本就不关心,要么就是认为即使不深入思考也能知道。他们通常尝试做的,就是将谈话转回到他们的第一人称或者是第三人称视角,然后将自己的观点完美表达。

学习如何有意识地进入第二人称视角是在"我们"维度进行垂直发展的关键环节,因为它会建立信任、极大提升沟通效果并进一步发展更加强大的关系。

领导行为与视角选择

在第 2 章中我们探讨了将 11 种领导行为提升到"优势"或者"策略优势"级别会显著改善领导的表现和效果。这 11 种行为可以被归类为四种集群：想象、参与、激发和实施。其中参与和激发两个集群是与人相关而不是与任务相关的行为，因此对于"我们"维度上的关系发展至关重要。

参与和激发的行为主要有：

1. 情感关联——我们怎样真正倾听他人的观点，并将他们表述的重点放到正在讨论的议题中？
2. 促进互动——我们怎样真正支持并且促进互动，从而建立一种协同一致的团队理念？
3. 发展人才——我们支持他人的发展并确保成功的能力到底如何？
4. 影响他人——我们怎样影响其他与成功紧密相关的人并与他们建立伙伴关系？
5. 建立自信——我们怎样激励他人，并且让他们对计划、任务、自己和他人充满信心？
6. 扩大影响——我们怎样清晰有力地同他人就理念和任务进行交流？

在这些领导行为中最少见但同时也是最有价值的就是促进互动。非常少见的原因是它要求领导者具有转入到第二人称视角并创建共识的能力（和自我成熟度）。

正如刚才所讨论过的，在团队辩论、探讨或会议上经常发生的是一个人试图将自己第一人称视角的理念强加给别人，或者是用第三人称视角的数据赢得辩论并统一大家的意见。决策制定通常有赖于证据事实、精英领导班子或是那些带有最具有说服力的、独断专行的第一人称视角的人。

几乎没有领导者愿意坐下来倾听团队讨论，也几乎没有领导者会发表意见或者是补充什么内容。相反，他们为了能够促进达成共识或了解是否所有人都能协同一致，他们会保留意见。为了将第一人称和第三人称视角发展为第二人称视角的共享空间，领导者可能会说，"看来大家这些不同观点之间的共识之处是……"这种第二人称视角的"呼出"和表述是一种技巧性很强的促进互动的领导技能,因为它是以一种邀请的形式出现的,而不是像第三人称视角那样宣称事实。

而 MAP 技能则给领导者提供了一种方式,来改变和发展他们在促进互动及创建第二人称视角的共享空间方面更加熟练的能力。

如果领导者知道有第一、第二和第三人称视角,而且他们可以娴熟地使用其中任何一种并知道自己究竟使用的是哪一种,那么当他们真正沉浸其中时,他们就发展了第四种人称视角。从第四种人称视角做事情不仅增加了关系维度的高度,同时也加强了领导的 4D 领导能力。

第四人称视角不仅包括第一、第二和第三人称视角,同时也超越了这三种视角。比如,当危机发生时,我们可能充当的是权威而果断的角色(通常采取第一人称视角),或者,我们可能会采取理性的第三人称视角,利用得到的数据为企业做出最好的决定。但是有时境况可能迫使我们必须创建强大的共享空间,快速做出决策,促进建设性互动,推动共识下的协同一致。所谓第四人称视角就是选择可以带来最好结果的视角,并且可以相应地调整我们的交流。换句话说,就是我们必须知道我们采用什么样的人称视角并在什么时候采取这样的视角,这就要求我们非常精明老练,但恰恰这也是现代领导的不足之处。

我们在企业中总是能听到关于需要"让人们追随你"的说法,这绝对是一个好想法而且完全正确,但是大多数人都不知道该怎么做。他们几乎总是采用两种已经被反复测试和验证的方法——要么是第一人称视角的热情鼓吹,要么是以数据为依据的第三人称视角。

到目前为止,让人们追随我们的最有效方法是让他们参与进来然后愿意跟着我们走。从第二人称视角上让他们参与进来,他们就会主动与我们协同一致,而不是被说服或是被恐吓妥协。从长远来看,这种方法更持久可信,因为它激活了追随者的内在动机,因此也就不需要被不断刺激和提醒。只有我们都采取第二人称视角并创建一个共同目标,并且围绕所有人都想达到的同一个目标全心投入,人们自然就会真正地追随。掌握第二人称视角技巧，意味着我们要区分顺从和合作之间的差异，这对有效的团队发展至关重要。

团队发展

企业的发展速度现在都非常快，并且变得越来越复杂，我们必须在跨职能合作、建立伙伴关系和发展紧密的团队等方面做得更好。从多方面看，创建高效强劲的团队是"我们"维度的核心，它越来越成为杰出领导的标志。

对于许多领导者和资深执行官来说，团队发展以及如何让团队有效地协同工作，是他们一直面临着的挑战。大部分领导者与团队合作的结果都不是很好，因为他们几乎没有受过正规的团队发展训练——至少他们的训练没有超越诸如"制定规范、头脑风暴和执行实施"这样的陈词滥调。结果，纸上谈兵和数不尽的通识课程对团队建设都没有太大的作用。一提到团队建设就是集体叹息、面面相觑。

但这并不是说团队建设是浪费时间。事实上，我们认为企业要想充分发挥潜力或引领市场的话，团队建设是非常重要的。但是我们必须承认，真正的团队建设需要时间。当与首席执行官和高级管理人员一起工作时，我们经常建议，一位领导者一个季度应该至少投入两天的时间来开展团队建设，否则他们就没有建设的必要了，因为这时候真的是在浪费时间和金钱了。想一想第 3 章提到的运营董事会和执行董事会之间的结果差异吧。一年之内，运营董事会（一季度两天时间进行团队建设）的运营水平远高于执行董事会（一年进行两次团队建设）。值得赞扬的是，执行董事会认识到了自己的差距，开始在团队建设这条路上投入更多的时间。仅仅 6 个月，他们不仅超越了运营委员会还推动了企业转型。

同工作表现和各种关系一样，到底是什么让一个团队成功通常被认为是一个谜。但是表现不佳的团队通常是某些企业自身问题的必然结果。几乎没有领导者或员工在跨职能合作与团队协同一致建设方面受到任何的奖励。相反，奖励通常更取决于个人贡献，这就妨碍了团队的重点和重心。这通常会引起"症状思考"而不是"系统思考"（Cockerill，1989a）。另外，人们很少能够理解技术层面的问题，例如团队建设水平的级别如何划分、这些级别如何测量？如何将团队从一个级别引向另一个更高的级别？

科克里尔（Cockerill）、施罗德（Schroeder）及其他人员（Bales，1951；Cartwright and Zander，1968；Fisher，1999；Katzenbach and Smith，1993；Peterson et al，1998；De Dreu and Weingart，2003）通过长达25年多的研究为从7种不同级别来划分团队建设发展打下了基础。这7种层次在《连贯性》中有详细的介绍：

1. 天才的个人；
2. 好斗的专家；
3. 依赖型专家；
4. 独立的成功者；
5. 相关联的多元论者；
6. 一体的多元主义者；
7. 整合团队。

像我们所讨论过的所有的发展模式一样，进步总是一个进化过程，跳跃式发展是不可能的。那些注重团队建设的队伍在各级别的发展速度相对较快，而那些不关注团队建设或者团队建设指导力不足的队伍通常会在低一个的级别运作。采取措施改变团队的能力不但对企业有利，而且也是重要的专业资产。毫不奇怪，投资团队建设的战略决策，是领导者在领导力模式的"平民领导"象限中实行的最具商业意义的举措之一。

任何一个已经这样做的领导者都会告诉你好的团队工作不是命令出来的。任何强制性要求团队协作的努力几乎都会产生相反的结果。但是在某些条件下团队协作还是更容易产生：

1. 建立相互依赖的关系——设法使每一个团队成员的成功和其他团队成员的成功相互依赖，进而培养跨职能合作。

2. 寻找共同的目的——设法让团队联合起来为一个共同的目的奋斗。这可以是团队的展望、目标、抱负或战略。无论是来自董事会会议，还是来自车间的，只要是大家共享的概念都可以成为一种团结的力量。

3. 明确权限——如果团队享有一定程度的自主性，并且在一定的权限内可以决定自己的命运，那么这个团队会表现得更好。

4. 控制团队规模——设法建立小规模的团队，把团队合作的复杂性和可能面临的管理问题降到最低。最合适的规模取决于该团队的目标、寿命和能力。许多企业认为6是一个有魔力的数字，但是我们也看到过4人团队运营不良而18人团队工作非常高效。更大的团队只不过是需要更加训练有素的管理。

5. 培养发展的决心——团队建设的举措可能遭遇质疑，这也是情理之中的。然而为了提高团队效率，加强团队精神、活力以及团队中的人际关系，培养团队共同的决心是非常重要的。但它必须是认真的，而不能是空头支票或"官僚程序"。

6. 领导参与——团队成功的一个最大的决定性因素是领导者参与到团队以及团队的发展过程中来。如果领导没有参与，那么不管团队的其他人如何满腔热情，团队还是不会有真正的发展。

7. 一条船——培养"我们团结一心"的意识——一个团队，一条船（图6.1）。以划船作比，虽然划船的节奏、频率以及方向都由首席执行官或者是团队领导决定，但是每个人都承担一个角色，没有谁比其他人更重要。事实上，如果有人想"成为英雄"，这反而会拖团队的后腿（Hunt-Davis and Beveridge，2011）。热衷于使用权利和权威的领导通常也是阻碍团队发展的主要原因。

图 6.1　管理团队——"一条船"意识

如果上述团队发展的条件都已具备，那么通过这 7 个团队发展的级别来指导和促进团队发展和建设就有可能实现。这个过程并不是自动的，因此让团队去自己摸索或者是"放养团队"的策略都不会促进这个发展过程。事实上，这些策略反而可能让团队停留在第三级或以下（图 6.2）。这种团队发展的非结构化方法是造成团队建设失败的主要原因。成功的团队发展需要我们更深层地理解团队发展的各个级别以及如何去引导不同级别的发展，阻止倒退，并最终挖掘出团队可以提供给企业的巨大潜力（Watkins，2014）。一个高效运作的团队是将成功企业与失败企业区分开来的主要原因，尤其是在 VUCA 世界里。

如果一个团队从第三级发展到第五级，那么这个团队的会议成效就会发生巨大的变化，团队的凝聚力的变化也是显而易见的。这种成熟的特点使团队不仅拥有了从多个视角考虑问题的能力，而且可以在各个职能板块之间自由发挥。团队成员之间关系的深度和交流的质量变得也更强，也更加愿意敞开心扉接纳外部的意见，这些都是团队发展的关键因素所在，是处在第五级别上的团队表现更上一层楼的钥匙。通过高质量的有效反馈可以提高团队在这些级别的发展速度。

图 6.2　团队发展级别

有效反馈

　　大部分领导者都会向团队成员提供反馈，但是几乎没有领导者深刻剖析反馈过程的特点，以便发现究竟什么样的反馈才是有效的反馈。有效反馈本来是一种潜在的有效推动团队发展的途径，可是因为使用不当反而损害了团队关系或造成团队成员人心涣散。我们需要牢记的是有效反馈，是指我们把需要反馈的信息传达给当事人而不是我们，即使我们有很重要的东西要说。那么信息反馈的有效性，也是取决于我们所认为的信息传递的最佳方式是什么，以便在接收者身上产生我们所期待的效果。

　　反馈的整体目的是促使自我认识再上一个台阶，进而推动行为改变。自我认识是真正改变的第一步。有效的反馈为自我认识"打开一扇窗"，穿透别人可以看到而我们却不知道的盲点（图 6.3）（Luft and Ingham, 1955）。同时自我剖析也打开了一扇窗，两者结合起来不仅为学习提供丰富的资源，也对发展至关重要。

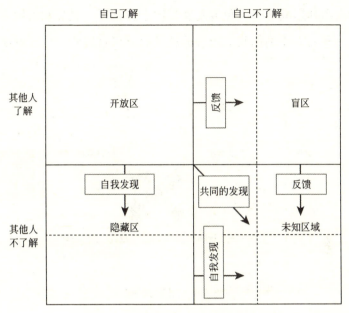

图 6.3 乔哈瑞窗口（Johari Window）

意图与影响

在反馈过程还没有开始之前，明白意图和影响之间的差异非常重要。许多领导者认为因为他们很清楚自己的意图，那么反馈带来的影响自然也就会和意图相吻合。但是事实却并非如此。我们或许清楚自己的意图，但是我们的影响通常与意图并不一致。我们也清楚别人对我们的影响，并经常仅仅根据这一点来认为我们了解他们的意图。因此当别人打扰到我们时，我们就会错误地认为这就是他们的目的，他们是"故意这样做的"。

在给予他人反馈时去掉这种假设是很重要的，而且要核实反馈的效果如何，确保它和我们的意图是一致的（图 6.4）。换句话说，我们需要征求别人对我们反馈的反馈。

但是，你不仅需要检测你的反馈带来的影响，你也可以根据他们对你的反馈的反映来判断他们的意图。因此，如果你感觉接收者对你的反馈不屑一顾（这就是他们对你的影响），你就要注意他们是不是故意对你的反馈不屑一顾。清楚意图和影响对于避免混乱和误解十分重要，混乱和误解在反馈阶段最常发生。我们需要确保我们想说的就是对方接收到的，这样就没有混乱和误解了。

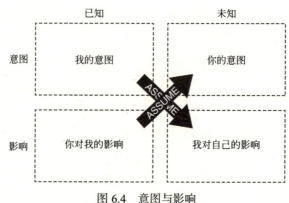

图 6.4　意图与影响

MAP 技能和关系缓冲

使用 MAP 技能和别人沟通是一个非常重要的能力，因为它使我们能够就意图和该意图的影响达成一个共同的理解，建立第二人称视角并在此基础上建立我们的关系。

MAP 技能要求接收者以他们自己的方法产生自己的理解，这样就改变了互动能量。学者埃米莉·希菲（Emily Heaphy）和咨询师马歇尔·洛萨达（Marcial Losada）所做的研究表明，造成最成功和最不成功的团队之间最大差异的因素是积极评价和消极评价之间的比率。表现最佳的团队这两者的平均比率是5.6∶1（Zenger and Folkman，2013）。约翰·格特曼（John Gottman）是一位心理学方面的退休教授，由他主持的对幸福婚姻的研究也得出了相似的数据（Gottman and Silver，2015）。

如果我们真的希望反馈有效，那么对于每一个艰难的互动，我们都应该争取获得 5∶1 的比率。如果我们给别人的唯一一个反馈是消极的，那么这个反馈就很容易被置之不理，部分原因是因为我们从来没有和他人建立一种关系缓冲区。

如果那个我们给予反馈的人尊重我们或者和我们的关系良好，那么我们的反馈就更加可能会有效。但这恰恰是大部分老板欠缺的。他们错误地认为，因为他们是老板，所以无论他们的反馈正确与否，团队成员都会接受并且实施。但是如果老板基本不重视关系建设，也很少鼓励团队成员，很可能反馈要么被忽视，要么其影响力降到最小，因为情感因素在起作用。

反馈的维度

在提出反馈时，非常重要的一点是我们从哪一个维度（"我""我们"或者"它"）发出反馈。如果没有这种区别，那么人们很容易把接受的关于工作方面的反馈（"它"维度的反馈）理解成"我"维度的反馈。

例如，你可能对一个同事说："这份工作做得很不好，并没有达到我们的目标。"他们听到的可能就是"你太没用了……你不适合这份工作……你这个笨蛋"这样的话。他们会将这种"它"维度的反馈转变成"我"维度的反馈却浑然不知。

给予反馈者的意图是提高工作表现，就质量标准和工作目标提一些看法。但是反馈的效果恰好相反，因为接收者接收到的是关于"我"而不是"它"的反馈，这样接收者就会自我感觉很糟糕，他们的表现就会进一步恶化。为了避免这种混乱的情况，我建议最好明确是从哪一个维度（"我""我们"和"它"）提出反馈，并且检测对方是如何理解反馈的，以确保反馈的接收和理解与反馈者意图中的那个维度相关。

一般来说，相对于"我们"维度的反馈，"它"维度的反馈更容易一些，而"我"维度上的反馈是最棘手的。让反馈不那么难以接受的一种方法就是使用第一人称视角表达自己的观点，而不是使用表明事实的第三人称视角。因此你可以说，"我觉得你最近的报告并没有达到你应该达到的高度，是不是有什么影响了你"，而不是"你最近的报告太差劲了"。

定制反馈

除了指明反馈的维度，我们也可以根据接收者最依赖的价值体系来定制反馈。根据他们的价值体系去阐明我们的信息能够明显加强反馈的有效性。此外，如果我们能够和接收者的价值体系达成一致，我们就可以给反馈设置不同的目标，调整风格，定制语言，以确保信息的传达和反馈的有效性达到最大化。

表6.1就如何根据人们接收反馈的价值体系定制反馈提供了一种见解。记住，必须根据反馈接收者的价值观而不是自己的价值观定制反馈。

表6.1　价值体系的定制反馈

价值观发展级别	反馈目的	需要的风格	首选话语
青绿色	和谐	讲述式	任何形式
黄色	学习	探索式	多样化
绿色	参与	对话式	体贴的
橙色	目标进展	数据驱动式	实用的
蓝色	真相	跟进过程	真诚的
红色	剖析	直接迅速	简单的
紫色	安全	热情友好	友好的
米黄色	生存	示范式	直接的

提供任何反馈之前我们都应该花时间准备一下信息，问问自己这个反馈的目的是什么？这个反馈与接收者有关吗？自己有没有在试图改变接收者的行为习惯？如果有，为什么？这次反馈期望达到的理想结果是什么？理清自己的意图后，再花点时间确保自己的情绪状态是稳定的。

很多人在生气或者是沮丧的时候提供"反馈"。这并不是反馈而是咆哮，不仅起不到一点作用，还可能产生破坏性的影响。转变这种反馈进程的一种方法就是直接询问接收者他们喜欢哪一个维度上的反馈（"我""我们"或是"它"），甚至可以问一问是这些维度的哪一个方面。接收者选择的维度可能与你想要提供的维度不同，但是如果接收者感觉他们真的抓住了反馈的重点和方向，那么反馈的效果将会变得完全不同。如果接收者的维度恰好又与你想提供反馈的领域吻合，那么这种转变的力量就会更大。

一旦你检视过自己的意图，并且确保自己控制好了自己的情绪，那么你要做的就是考虑接收者。你的信息是专门给他的吗？现在提供反馈合适吗？如果他们非常忙或者正赶着完成什么任务，那么如何改变提供反馈的时间？这样不仅表明了自己考虑周到，而且对该反馈能否顺利传达会产生巨大的影响。

当这些准备工作都做完了之后，你会改变反馈的效果，其实也真不需要太多的时间。当这种有效的反馈得到很好的传达，我们的关系也会发生相应的改变。处于第五级的团队以及成熟的人际关系，都具有一个特点就是具有这种高质量的交流。它给团队增强了活力，并增强了团队的信任度以及团队间的连通性程度。

重新审视网络分析

除了将有效的反馈嵌入到团队建设核心之外，了解企业内部现有的关系网络也能促进团队迅速通过 7 个层次的发展过程。

在我们的工作中，我们通常运用领导者网络分析（LNA）、团队网络分析（TNA）和组织网络分析（ONA）诊断方法来帮助资深领导者定义当前企业内部的连通性。这些评估使我们准确知道谁和谁联系在一起，他们为什么联系在一起以及识别这些联系究竟有多牢固。

我们已经在第 2 章中谈到了网络分析作为一种工具对提高"它"维度上的表现很有用，同时，它对于发展团队建设的垂直性也非常有用，而这种垂直性能够从"我们"维度发挥更大的效用。

几乎没有企业会去研究他们企业内部人员的关系。他们可能仅仅建立一个企业图表，从概念上说明企业内部人员之间是如何关联的，但企业图表并不能真正的反映企业内部究竟是怎么运行的。企业图表仅仅可以说明等级关系和汇报程序，但是就是这些汇报程序往往也不能发挥实际功能。

为了企业的成功，特别是在 VUCA 环境中，如果我们想实现目标，强大的关系和强劲的团队至关重要。我们是否能够实现目标的能力，很大程度上取决于企业中已经存在的职能网络、情感网络以及领导网络。

职能网络揭示的是在信息流动过程中谁重要。同时，职能网络还能识别网络中是否存在交流障碍，如果有，说明信息的获得过于依赖某一个人了。在压力之下，这个人就很容易成为企业发展的瓶颈。

情感网络为一个执行者或领导者的发展需求提供了强有力的认识，因为一个人如果只是在职能上而没有在情感上同团队建立紧密连接，那么团队成员也只是不得不同这个人联系，而不是他们真的想同这个人联系。这就会最终抑制那个人的发展。同时情感网络能够让我们深刻了解团队运行混乱或者企业发展疲乏的原因。

我们曾经同一位总经理共事合作，他同团队有很强的情感联系，但是在企业重组时他只是被平级调动。遗憾的是，该企业在实行企业重组前并没有做任何的情感网络分析，结果这一变动给其原所在部门带来了巨大的骚乱。因为这位总经理对于该部门员工在情感上是非常重要的，他的平级调动使他的原团队以及其他一些员工都感觉非常不舒服，进而失去了对领导层的信任，并且导致了业绩的突然明显下滑。

领导网络能够告诉我们谁能够对该企业或部门产生最为重大的导向性影响。我们又常常看到这样的情况，一位领导者有许许多多的情感联系，但他可能并没有拓展他人的思维。那么其他管理人员在碰到重大问题时并不会去找这位领导者。相反，如果一位领导者具有创新思维，也能拓展他人思维，但在情感上与其他人并没有联系，那么这位领导者的能力可能也得不到施展。他们没有增加自己本来可以增加的价值，这就表明有需要改进的地方。

例如，我曾经和一个全球企业的领导团队一起工作，团队中有一个人的思维品质非常高，提出非常实用的顶级商业理念的能力也非常强。遗憾的是，他的领导力网络显示，他的同事们在一些重要的事情上很少去向他寻求指导，虽然他完全可能针对这些问题提出一些有价值的建议。另外，尽管他的职能网络非常强大，但他的情感网络却非常脆弱。通过情感网络分析，他清楚地认识到这些问题后，开始明显改变和同事们相处的方式。他认识到自己为了"落实"其聪颖的想法，从来就没有接近过他曾经渴望或者是需要的影响。

网络分析，包括我们在第2章讨论过的深层网络分析，能帮助我们真正理解业务运行机制，这样我们就可以在选择谈判对象、策略参与人员以及员工敬业度管理等方面采取相应的策略。只有这样，我们才能显著改善我们的关系和影响范围。

通向4D领导的这条路，最艰难的部分或许就是应该知道从哪里启程。即使你认识到迫切需要通过"我""我们"和"它"的维度来进行垂直发展，大部分企业并没有足够的发展预算。因而网络分析就能揭示预算应该投入到哪里才能产生最大化的早期影响。这一过程得到的结果，可以让有限的预算目标明确并带来重要的早期成果，进而推动关系和表现进一步改变。

例如，在一个员工敬业度不高的企业，就可以使用网络分析找出网络中情感联系度最高的那些人。这些人可以激励他们周围的人，对这些人投资足以显著影响员工的参与热情，因此也就没有必要激励每一个人的发展动机。

换句话说，你可以搞清楚到底应该派谁去参加发展项目，而不是被动地把每一个人都输送到发展的浅显阶段中。让每一位员工都参加到团队建设课程或者销售培训中，只是为了"以防万一"，这不仅是浪费时间和金钱，而且还会使大部分人士气低落。网络分析能够让我们了解谁需要什么样的发展，因此我们要为个人定制发展需求，而不是试图找到一揽子解决方案而进行泛式训练。这种方法会为我们的发展投资带来更多的回报。

行动步骤

"我""我们"和"它"是3个不可分割的维度。当我们为创建4D领导力而在每一个维度上都提升了高度的时候,我们就会对企业的发展产生巨大的积极的影响。下面的这些步骤将帮助你从"我们"的维度保持这种积极影响,并且发挥最大的优势。

1. 开始注意你习惯性使用的视角——是第一人称视角还是第三人称视角?有意识地练习在第一人称视角和第三人称视角之间进行转换。

2. 尝试搁置自己的第一人称或者是第三人称视角,试着运用第二人称视角与你的同事创建一个共识和共享的观点,也包括促进互动行为。

3. 第二人称视角可以促进互动,而会议中使用富含个人情感的第一人称视角或者是客观的第三人称视角,也可以促成会议成果,但是你要明确两者之间的不同。

4. 无论是采取上升到一个更高的抽象的层次,还是降低到一个更具体的层次,我们都要训练一种能力,即识别谈话双方的共识之处。

5. 培养自己有意识地在第一、第二和第三人称视角转换的意识和能力,并且发展第四人称视角。

6. 在给予任何人任何的反馈之前,要认真进行规划,包括目的、时间以及语言,确保效果更明显,能够带来行为上的改变。

7. 在提供反馈之前,可以考虑询问一下接收者受众的意见,看他们更希望在哪些领域得到反馈,让他们指明他们认为最有用的反馈焦点。

8. 清楚自己反馈的意图可能和它带给别人的影响不一致,并且别人给你的影响也可能和他们期望的不一样,因此使用MAP技能分清意图和影响。

9. 审视你人际关系的质量和力度,并且理解这些联系所带来的价值。设法识别出这些关系是不是在正确的级别上正确的那些,使用这些洞察引导发展。

10. 了解团队发展的不同级别(Watkins,2014),并对团队大部分情况下是在哪个级别层级上运作加以真实评估。也要清楚团队发展的下一个级别是什么,这样你就能积极推动团队发展向前进步。

结 语

世界对于变革性的 4D 领导力的需求迫在眉睫。自从米尔顿·弗里德曼在自己写的一篇具有里程碑意义的文章中，嘲笑了那些认为企业也应该关注利益之外的其他事物的人之后，企业就开始很狭隘地看待自己。弗里德曼不认为企业可以在促进值得拥有的"社会"目标中发挥作用。他也不认为企业需要有"社会良知"或在诸如消除歧视、道德操守和减少污染等问题上承担责任。他错了。企业的意义比金钱更大也更重要，而那种认为企业仅仅是关于季度收益的想法必将被视为 20 世纪的遗迹，现在已经过时了。企业当然承担着社会责任——对它的员工、供应商、顾客、社区以及它所处的环境。但是太多的人并没有认识到这些，这种错误的判断已经将我们引向了一条不仅前景黯淡而且非常危险的道路上。然而，改变这种不公平的说法，并把企业恢复为给社会带来积极影响的核心力量是可能的。如果企业要履行这种社会责任，领导们首先要面临 4D 领导力的挑战。

但是这种社会责任不仅仅是提供有意义的、回报适宜的工作岗位和交税，做这些事情不仅仅因为企业运行中的顾客和社区要求这样做。企业应该接纳 4D 领导力，因为只有这样才能在一个越来越复杂、竞争越来越大的世界中走在前列，充当行业领袖。

越来越多的企业认识到竞争优势不是来自一个维度——"做"的理性世界。竞争优势来自所有三个维度的全面发展——"做""存在"和"关系"。"我""我们"和"它"维度上的垂直发展有效地改变了个人、团队和企业的效率，这比单一关注任务和目标带来的效果要好得多。这三个维度上的垂直发展不仅为4D领导力提供了很重要的第四个维度，而且创建了一个我们可以快速适应我们正面临的变化的机制，这种变化前所未有但在未来的日子会不断出现。要想在一个充满了动荡、不确定性、复杂以及含混的世界里蓬勃发展，4D领导力就是一个得到证实的秘诀。

本书已经概述了现代企业面临的在"它"这个维度上的诸多改变以及这种改变所带来的挑战。迄今为止，我们为了应对这些发生在我们周围的变化而付出的努力已经外化为技术上的进步，让我们有能力做得更多。我们已经建立了更复杂的系统，把我们的客观世界划分出越来越复杂的层次。问题是，这些在客观世界里取得的成绩，一直没有和我们对"我"维度（内部世界）、我们维度（人际关系）的投入达到匹配的程度。很显然，在接受这个传统上，企业在低估了的维度的垂直发展方面发展一直很缓慢。

在这本书中，已经概述了一些在有关"我"维度以及我们人类到底是如何发展等令人兴奋的新领域。我们的转型之旅不仅迷人、富有回报，同时也是自我救赎的关键。领导者必须深刻探索他们内心世界的"我"——毕竟，真正的领导力来自内心。培养内在不仅是通向健康和幸福的最快捷之路，也将改变我们的商业能力。"我"维度的发展不仅帮助我们理解世界、市场以及所发生的变化，还逐步改变我们制定新策略、推出新产品和服务以及激发员工和顾客的能力。令人难以置信的是，如果我们在"我"维度上投入即使是我们目前正在"它"维度投入的一小部分，我们也将会得到更大的显著回报和防患于未然的竞争优势。

此外，当"我"维度上的垂直发展同"我们"维度上的垂直发展并行时，"我"维度上的纵向发展就会得到真正的驱动力。具有讽刺意味的是，"我们"维度的发展是一个企业从一开始能够成立的关键。企业是拥有共同个人利益和社会利益的相关人员的集合。"我们"维度是所有企业都必须遵从的组织原则。但是我们总是急着去拿到季度红利、利润,以及税息折旧及摊销前利润(EBITDA),并按照我们的计划清单去做事,所以我们可能已经忘记了这个事实。事实上,在团队建设、跨职能合作和相互的伙伴关系上,"我们"的维度还有很多可以挖掘的潜力。

如果我们能够让"我""我们"和"它"这三个维度在垂直维度上得以发展,我们的未来会更加光明。如果我们使用和平衡全部思维才能的能力得以发展,集体智慧的强大力量得以释放,并将其同新型的企业模式以及我们正在研发的创新技术结合起来,我们将成为明天的四维领导者,满怀信心、昂首阔步迎接明天。

Babiak, P and Hare, RD (2007) *Snakes in Suits: When psychopaths go to work*, HarperBusiness, New York

Bales, RF (1951) *Interaction Process Analysis: A method for the study of small groups*, Addison-Wesley, Cambridge, MA

Banschick, M (2014) The narcissistic boss, *Psychology Today* [Online] https://www.psychologytoday.com/blog/the-intelligent-divorce/201406/thenarcissistic-boss

Bass, BM (1999) *Two decades of research and development in transformational leadership*, European Journal of Work and Organizational Psychology, 8 (1)

BBC News online (2013) Barclays' Sir Hector Sants resigns citing stress [Online] http://www.bbc.co.uk/news/business-24925872

BBC Two (2010) *Tribal Wives*

BBC Two (2013) *Horizon*, Monitor Me, narrated by Dr Kevin Fong

Boyatzis, RE (1982) *The Competent Manager: A model for effective performance*, Wiley, London

Bregman, P (2013) *Why so many leadership programs ultimately fail*,

Forbes [Online] http://www.forbes.com/sites/peterbregman/2013/07/11/why-so-many-leadership-programs-ultimately-fail/

Campbell, J (2012) *The Hero with a Thousand Faces*, New World Library, Novato Cartwright, D and Zander, A (1968) Group Dynamics: Research and theory , Harper & Row, New York

Childre, D and Martin, H (2000) *The Heartmath Solution: The Institute of Heartmath's revolutionary program for engaging the power of the heart's intelligence*, HarperCollins, London

Chorvat, VP (1994) *Toward the construct validity of assessment centre leadership dimensions: a multitrait-multimethod investigation using confirmatory factor analysis*, University of South Florida, Unpublished doctoral dissertation

Christensen, CM, Allworth, J and Dillon, K (2012) *How Will You Measure Your Life? Finding fulfillment using lessons from some of the world's greatest businesses* , HarperCollins, London

Clifton, J (2007) Global migration patterns and job creation, *Gallup Business Journal* [Online] http://www.gallup.com/businessjournal/101680/Global-Migration-Patterns-Job-Creation.aspx

Clifton, J (2011) *Coming Jobs War* , Gallup Press, New York

Cockerill, AP (1989a) *Managerial Competence as a Determinant of Organisational Performance*. Unpublished doctoral dissertation – sponsored by the National Westminster Bank, University of London

Cockerill, AP (1989b) The kind of competence for rapid change, *Personnel Management* , 21 , 52–56

Cockerill, AP, Hunt, JW and Schroder, HM (1995) Managerial competencies: fact or fiction? *Business Strategy Review*, Autumn

Cockerill, AP, Schroder, HM and Hunt, JW (1993) *Validation Study into the High Performance Managerial Competencies*, London Business School. Unpublished report – sponsored by National Westminster Bank, Prudential Corporation, Leeds Permanent Building Society, the Automobile Association, the UK Employment Department and the UK Civil Aviation

Authority

Collins, J (2001) *Good to Great: Why some companies make the leap and others don't*, Random House, New York

Complete Coherence Ltd (2015a) The Universe of Emotions [Mobile Application Software] Available from Complete Coherence website, iTunes and Google Play Complete Coherence Ltd (2015b) MASTERY [Mobile Application Software]

Available from Complete Coherence website, iTunes and Google Play

Croghan, JH and Lake, DG (1984) Competencies of effective principals and strategies for implementation, *Educational Policy Analysis*

Csikszentmihalyi, C (2002) *Flow: The classic work on how to achieve happiness*, Rider, London

Cuddy, A (2012) Your body language shapes who you are [Online] http://www.ted.com/talks/amy_cuddy_your_body_language_shapes_who_you_are/transcript?language=en#t-653614]

De Dreu, CKW and Weingart, LR (2003) Task verses relationship conflict, team performance, and team member satisfaction: a meta-analysis, *Journal of Applied Psychology*, 88, 741–49

Deepu, CJ et al (2012) Biomedical Circuits and Systems Conference (BioCAS) Denning, S (2013) The origin of 'The World's Dumbest Idea': Milton Friedman, *Forbes* [Online] http://www.forbes.com/sites/stevedenning/2013/06/26/the-origin-of-theworlds-dumbest-idea-milton-friedman/

Dowrick, S (1997) *Forgiveness and other acts of love*, Norton, New York

Duhigg, C (2012) How ,ompanies learn your secrets, *The New York Times* [Online] http://www.nytimes.com/2012/02/19/magazine/shopping-habits.html?pagewanted=1&_r=2&hp&

Dweck, CS (2007) *Mindset: The New Psychology of Success – How we can learn to fulfil our potential*, Random House, New York

Farbrot, A (2014) Narcissists picked as leaders [Online] http://www.bi.edu/

bizreview/articles/narcissists-picked-as-leaders/

Fisher, K (1999) *Leading self-directed work teams*, McGraw-Hill, New York

Fitzgerald, FS (1945) *The Crack-Up*, New Directions Publishing, New York

Friedman, M (1970) The social responsibility of business is to increase its profits, *The New York Times* [Online] http://www.colorado.edu/studentgroups/libertarians/issues/friedman-soc-resp-business.html

Fuller, RB (1981) *Critical Path*, St Martins Press, New York

Gallup (2013) *The State of the Global Workplace: Employee engagement insights for business leaders worldwide*, Gallup Press, New York

Garrard, P (2013) Dangerous link between power and hubris in politics [Online] http://theconversation.com/dangerous-link-between-power-and-hubris-inpolitics-20169

Gerber, ME (2001) *The E-Myth Revisited: Why most small businesses don't work and what to do about it*, Harper Business, New York

Goleman, D and Dalai Lama(2004) *Destructive Emotions: And how can we overcome them*, Bloomsbury, London

Gottman, J and Silver, N (2015) *The Seven Principles For Making Marriage Work*, Harmoney, New York

Hari, J (2015) Chasing the Scream: *The first and last days of the war on drugs*, Bloomsbury Publishing, New York

Hayward, M (2007) Hubris: bad for business, *BizEd* [Online] http://www.e-digitaleditions.com/i/57872/67

Holmes, R (2012) NASA-style mission control centers for social media are taking off, *CNN Money* [Online] http://tech.fortune.cnn.com/2012/10/25/nasa-stylemission-control-centers-for-social-media-are-taking-off/

Hunt-Davis, B and Beveridge, H (2011) *Will It Make the Boat go Faster?* Matador, Leicester

Hunter, JE, Schmidt, FL and Judiesch, MK (1990) Individual differences in output variability as a function of job complexity, *Journal of Applied Psychology*, 75, 28–42

IBM Global Technology Services (2006) *The Toxic Terabyte: How data dumping threatens business efficiency* [Online] http://www-935.ibm.com/services/no/cio/leverage/levinfo_wp_gts_thetoxic.pdf

Jensen, MC and Meckling, WH (1976) Theory of the firm: managerial behaviour, agency costs and ownership structure, *Journal of Financial Economics*, 3 (4), 305–60

Johnson, B (1996) *Polarity Management: Identifying and managing unsolvable problems*, HDR Press, Massachusetts

Katz, D, MacCoby, N and Morse, NC (1950) *Productivity, Supervision and Morale in an Office Situation*, University of Michigan

Katzenbach, JR and Smith, DK (1993) *The Wisdom of Teams*, Harvard Business School Press, Boston, MA

Kegan, R and Lahey, L (2009) *Immunity to Change: How to overcome it and unlock the potential in yourself and your organization*, Harvard Business School Press, Boston, MA

Kim, WC and Mauborgne, R (2005) *Blue Ocean Strategy: How to create uncontested market space and make the competition irrelevant*, Harvard Business School Press, Boston, MA

Kohlberg, L (1981) *The Philosophy of Moral Development: Moral stages and the idea of justice*, Harper & Row, London

Kohn, A (1993) *Punished by Rewards: The trouble with gold stars, incentive plans*, A's, praise and other bribes, Houghton Mifflin Company, New York

Kotter, JP and Heskett, JL (1992) *Corporate Culture and Performance*, Free Press, New York

Kumar, S (2002) *You are, Therefore I am: A declaration of dependence*, Green Books, Devon

Kurweil, R (2001) *The Law of Accelerating Returns* [Online] http://www.kurzweilai.net/the-law-of-accelerating-returns

Kurzweil, R (2013) *How to Create a Mind: The secret of human thought revealed*, Penguin Books, New York

Laloux, F (2014) *Reinventing Organizations: A guide to creating organizations inspired by the next stage of human consciousness*, Nelson Parker, Belgium

Langer, EJ (1975) *The Psychology of Control,* Sage Publications, Beverly Hills

Loevinger, J and, Le Xuan, Hy (1996) *Measuring Ego Development (Personality & Clinical Psychology)*, Psychology Press

Loftus, G (2012) If you're going through hell, keep going – Winston Churchill, *Forbes* [Online] http://www.forbes.com/sites/geoffloftus/2012/05/09/if-youre-going-through-hell-keep-going-winston-churchill/

Logan, D (2011) The lie of most leadership books, *CBS MoneyWatch* [Online] http://www.cbsnews.com/news/the-lie-of-most-leadership-books/

Logan, D, King, J and Fischer-Wright, H (2008) *Tribal Leadership: Leveraging natural groups to build a thriving organization*, HarperBusiness, New York

Luft, J and Ingham, H (1955) The Johari window, a graphic model of interpersonal awareness, Proceedings of the western training laboratory in group development, UCLA, Los Angeles

Lyubomirsky, S (2007) *The How of Happiness*, Penguin, New York

Martin, R (2003) *The Responsibility Virus: How control freaks, shrinking violets and the rest of us – can harness the power of true partnership*, Basic Books New York

Martin, RL (2011) *Fixing the Game: How runaway expectations broke the economy, and how to get back to reality,* Harvard Business School Press, Boston, MA

Mayer-Schönberger, V and Cukier, K (2013) *Big Data: A revolution that will transform how we live, work and think*, John Murray Publishers, London

McLennan, W (2014) Gary Barlow's 'aggressive' tax avoidance criticised by David Cameron, *The Independent* [Online] http://www.independent.co.uk/news/people/cameron-attacks-aggressive-tax-avoidance-as-he-is-pressed-onbarlow-judgment-9353156.html

Mehrabian, A (1972) *Silent Messages: Implicit communication of emotions and attitudes*, Wadsworth Publishing Company

Muslumova, I (2003) *The Power of the Human Heart* [Online] http://hypertextbook.com/facts/2003/IradaMuslumova.shtml

NHS Choices (2014) UK's suicide rate highest among middle-aged men [Online] http://www.nhs.uk/news/2014/02February/Pages/UKs-suicide-rate-highestamongmiddle-aged-men.aspx

Neville, S and Malik, S (2012) Starbucks wakes up and smells the stench of tax avoidance controversy, *The Guardian* [Online] http://www.theguardian.com/business/2012/nov/12/starbucks-tax-avoidance-controversy

Newton, I (1676) private letter sent to Robert Hooke

Nosowitz, D (2010) How many books are there in the world, *Fast Company* [Online] http://www.fastcompany.com/1678254/how-many-books-arethere-world

Ornish, D (1998) *Love & Survival: The scientific basis for the healing power of intimacy*, HarperCollins Publishers, New York

Ostrow, A (2010) Inside Gatorade's social media command center, *Mashable* [Online] http://mashable.com/2010/06/15/gatorade-social-media-missioncontrol/

Owen, D (2012) *The Hubris Syndrome: Bush, Blair & the intoxication of power*, Methuen Publishing, York

Peterson, RS, Owens, PD, Tetlock, PE, Fan, ET and Martorana, P (1998) Group dynamics in top management teams: Groupthink, vigilance, and alternative models of organisational failure and success, *Organisational Behavior and Human Decision Processes*, 73, 272–305

Piaget, J (1972) *The Psychology of the Child*, Basic Books, New York

Rath, T (2007) *Strengthsfinder 2.0*, Gallup Press, New York

Rittel, WJ and Webber, MM (1973) Dilemmas in a General Theory of Planning, *Policy Sciences,* 4, 155–69

Robertson, BJ (2015) *Holacracy: The revolutionary management system that abolishes hierarchy*, Portfolio Penguin, New York

Rogers, CR (1967) *On Becoming a Person*, Constable & Company, London

Rooke, D and Torbert, WR (2005) Seven transformations of leadership, *Harvard Business Review* [Online] http://hbr.org/2005/04/seventransformations-of-leadership/ar/1

Rosch, P (1995) Perfectionism and poor health, *Newsletter of the American Institute of Stress*, 7

Sackett, PR and Dreher, GF (1982) Constructs and assessment centre dimensions: some troubling empirical findings, *Journal of Applied Psychology*, 67

Schilling, DR (2013) Knowledge doubling every 12 months, soon to be every 12 hours. *Industry Tap* [Online] http://www.industrytap.com/knowledgedoubling-every-12-months-soon-to-be-every-12-hours/3950

Schroder, HM (1989) *Managerial Competence: The key to excellence*, Kendall Hunt, Dubuque, IA

Sinek, S (2009) *Start with Why: How great leaders inspire everyone to action*, Penguin, New York

Steiner, S (2014) Does high-frequency trading change the game? *Bank rate* [Online] http://www.bankrate.com/finance/investing/does-high-frequency-tradingchange-the-game-1.aspx

Stogdill, RM and Coons, AE (1957) *Leader Behaviour: It's description and measurement*, Bureau of Business Research Ohio State University,

Columbus OH

Tappin, S (2012) *Dreams to Last*, Beijing University Press, Beijing

Tappin, S and Cave, A (2010) *The New Secrets of CEOs: 200 global chief executives on leading*, Nicholas Brealey Publishing, London

The Candidate [accessed 7 January 2015] [Online] http://www.welovead.com/en/works/details/6d8wnutAe

The Economist (2006) A heavyweight champ, at five foot two: The legacy of Milton Friedman, a giant among economists Online Extra [Online] http://www.economist.com/node/8313925

The Economist (2009) Rolls Royce: Britain's Lonely High-Flier [Online] http://www.economist.com/node/12887368

Thomas, E (2014) Mohamed El-Erian says he left job as Pimco CEO to spend more time with daughter, *The Huffington Post* [Online] http://www.huffingtonpost.com/2014/09/26/mohamed-el-erian-pimco-daughter-note_n_5883390.html

Treanor, J (2011) Lloyds chief Horta-Osório takes time off with fatigue, *The Guardian*

Wallis, C (2004) The new science of happiness, *Time Magazine*

Wallop, H (2007) £1 in every seven now spent in Tesco, *The Telegraph* [Online] http://www.telegraph.co.uk/news/uknews/1548742/1-in-every-seven-nowspent-in-Tesco.html

Watkins A (2014) *Coherence: The secret science of brilliant leadership*, Kogan Page, London

Watkins, A and Wilber, K (2015) *Wicked & Wise: How to solve the world's toughest problems*, Urbane Publications, London

Wilber, K (2001) *A Theory of Everything: An integral vision for business, politics, science and spirituality*, Gateway, Dublin

Wilber, K (2003) *Boomeritis: A novel that will set you free*, Shambhala Productions, Boston

Yerkes, RM and Dodson, JD (1908) The relation of strength of stimulus to rapidity of habit-formation, *Journal of Comparative Neurology and Psychology*, 18, 459–82

Zenger, J and Folkman, J (2009) *The Extraordinary Leader: Turning good managers into great leaders*, New York: McGraw Hill

Zenger, J and Folkman, J (2013) The ideal praise-to-criticism ratio, *Harvard Business Review* [Online] https://hbr.org/2013/03/the-idealpraise-to-criticism.html

Zolfagharifard, E (2014) The (almost) WATERLESS washing machine: System uses plastic beads to clean clothes and it's more effective than detergent DailyMail [Online] http://www.dailymail.co.uk/sciencetech/article-2548677/Thewashing-machine-WITHOUT-water-System-uses-tiny-plastic-beads-cleanclothes-works-better-detergent.html